高职高专"十四五"资源库精品教材·经管系列

上海市精品课程配套教材

商务礼仪

（第四版）

李兰英　肖云林　主　编

葛红岩　郑陵红　副主编

上海财经大学出版社

图书在版编目(CIP)数据

商务礼仪/李兰英,肖云林主编.—4版.—上海:上海财经大学出版社,2021.3
(高职高专“十四五”资源库精品教材·经管系列)
ISBN 978-7-5642-3688-5/F·3688

Ⅰ.①商… Ⅱ.①李… ②肖… Ⅲ.①商务-礼仪-高等职业教育-教材 Ⅳ.①F718

中国版本图书馆CIP数据核字(2020)第242757号

□ 责任编辑 刘晓燕
□ 封面设计 钱宇辰

商 务 礼 仪
(第四版)

李兰英 肖云林 主 编
葛红岩 郑陵红 副主编

上海财经大学出版社出版发行
(上海市中山北一路369号 邮编200083)
网 址:http://www.sufep.com
电子邮箱:webmaster@sufep.com
全国新华书店经销
上海华业装璜印刷厂印刷装订
2021年3月第4版 2021年3月第1次印刷

787mm×1092mm 1/16 14.75印张 378千字
印数:29 201—33 200 定价:48.00元

前　言

《商务礼仪》自2007年出版以来，受到众多读者的支持。以本教材为主的“商务礼仪”课程被评为2013年度上海高职院校市级精品课程，详见沪教委高[2013]66文件，我们继续本着务实求真、与时俱进的思想，在汲取该教材第一版、第二版和第三版的经验基础上，对本教材做一次修订。

本次修订的原则是：首先，保持第一版生动版面和务实知识体系的优点；其次，理论与实际相结合，以案例引领教学的理念来编写本书；再次，在案例内容上去旧更新，保留了部分经典案例，更新了部分“引入案例”“微型案例”“案例研究”“实验实训”等，增加了与礼仪相关的一些小资料；最后，将原有部分不适合当前要求的内容进行了删减。

在第四版中，编写人员的具体分工如下：第一章、第二章、第五章、第八章由上海外国语大学贤达经济人文学院李兰英老师负责编写及修订；第四章由湖北荆州职业技术学院肖云林老师负责编写及修订；第三章、第七章由上海金融学院葛红岩老师负责编写及修订；第六章、第九章由湖北荆州职业技术学院郑陵红老师负责编写及修订。李兰英老师设计了全书的框架与体系，并负责统稿、整理与修订工作。

感谢上海财经大学出版社以及其他兄弟院校对本教材一如既往的支持，感谢广大读者对本书的厚爱和建议，所有这一切将始终鞭策我们不懈地努力和不倦地追求。我们衷心希望第四版教材能够得到广大读者的认同，能为读者们的学习和工作提供应有的帮助。但是，由于我们的水平有限、时间仓促，书中难免存在疏漏与不妥之处，敬请读者批评指正，以便在教材修订时进行完善。如有相关意见，可发电子邮件至：lshhl2001@163.com。

另外，为了方便教师的教学，上海财经大学出版社备有教师教学用的课件。如有需要，请致电或者E-mail联系。联系人：李成军；电话：021-65904706；E-mail：littlelcj2@163.com。

编　者

2020年10月

目　录

第一章 商务礼仪概述

学习目标

知识目标：掌握礼仪和商务礼仪的基本概念。

技能目标：学习商务人员应具备的礼仪修养。

引入案例

上海世博会礼仪小姐的训练

要知晓各参博国家和地区的风俗禁忌，并能举起6斤旗杆一分钟而手不抖，这是上海世博会礼仪小姐要具备的基本功。世博礼仪工作看上去很光鲜，但并不是件容易的事情。世博会历时6个月之久，其间大小活动无数，每天都要为游客服务，仅每天来回走的路程都有可能不下10公里，因此，过人的体能和意志力是礼仪小姐首先要具备的。她们首先要过的就是体能关，300名选手在教官一对一的严厉监督下完成30个标准仰卧起坐，再加匍匐前进20米。目的是把选手们按体能排出先后，用时较长的那一部分女孩将面临更多挑战，才有机会晋级前30强。体能的挑战不仅在军训环节有，在她们的基础礼仪培训中也处处皆是。早晨空腹40分钟慢跑、站姿、穿高跟鞋举杆……挑战一个接一个。每天，女孩们都要穿着6厘米左右的高跟鞋，以优雅的站姿，面带微笑，手举2米多长、6斤多重的铁杆，一动不动，保持时间从一分钟开始，慢慢加到一分半钟。

世博会，是一场全球盛宴，其间会有不少外国友人来参观，礼仪小姐无疑是中国形象的直接代表，因此世博礼仪小姐选的不仅仅是美貌，更重要的是气质与仪态。她们要向世界展示中国"东方美人"的魅力。为此，主办方特别邀请了多名全国知名礼仪专家来培训这些年轻佳丽们，从仪容仪表、举手投足、说话声音、餐桌礼仪等各个方面进行训练。礼仪专家李国辉让礼仪小姐知道了礼仪人员的标准手位是右手放在左手之上。就一句"您好！请这边走"，就不知道练了多少次，手该怎么放，身体该怎么倾，微笑如何保持，声音应怎样，都是有讲究的。为了练习微笑，她们每天口衔筷子进行练习。从内心透出的微笑才更加甜美、灿烂而不做作，这样的笑容才是最美的，用筷子仅仅是形式上的练习方法，最终要源于礼仪小姐热情参与世博会的内心。

> 资料来源：根据新浪网的材料进行删改，http://news.sina.com.cn/expo2010/news/roll/p/2010—04—01/062219984517.shtml。
>
> 问题：世博会的礼仪小姐是怎么训练的？

第一节　商务礼仪的内涵

“礼仪”一词，最初是从法语 Etiquette 演化而来的，原意是一种长方形的纸板，上面书写着进入法庭所应遵守的规矩、秩序，因而这种纸板就被视为“法庭上的通行证”。后来，“礼仪”就引申为“人际交往的通行证”。如今，对于商务人员来讲，礼仪仍是一种“通行证”。

一、礼仪的起源

礼仪的起源最早可以追溯到远古时代。《礼记・礼运》曾记载：“夫礼之初，始诸饮食，其燔黍捭豚，汙尊而抔饮，蒉桴而土鼓，犹若可以致其敬于鬼神。”意思是说，在远古时代，人们把黍米和猪肉放在滚烫的石头上炙烤而食，在地上凿坑作为酒樽，用手掬捧而饮，并且用茅草茎捆扎成鼓槌，敲击土鼓，以表示对鬼神的祭祀。这便是远古时代拜祭神灵的礼仪。

“礼”字最早见于殷墟甲骨文中。在原始社会，社会生产力非常低下，原始人类在大自然面前经常显得惶恐不安。人们不了解各种自然现象，也无法解释这些自然现象发生的原因，便对神灵产生了敬畏，开始祀神。这便是礼仪的起源。古代一些原始部落崇拜太阳神是为了克服对黑夜的恐惧，祈祷太阳留在人间。当地球上出现日食时，这些部落的人们就认为太阳将要死去，为了使它复活，就将燃烧着的木炭绑在箭头上向天上射去。日食过后，太阳复出，他们还认为是自己的力量使太阳复活了。有些部落崇拜风雨等自然现象，到了缺雨的干旱季节，便举行祀雨活动。有些部落认为人生病死了是触犯了天神和鬼怪，人病死之后必须开始驱鬼祈神的巫术活动。出猎时要举行仪式，作战前要占卜。古人的这些祀神的活动已经体现一定的礼仪要求。

进入阶级社会后，祭祀的重点由祭人鬼改变为祭君主的祖先，那时人们普遍认为只有君主的祖先才能见到天神，在人与天神之间起到沟通的作用。人们按照对君主血缘关系的亲疏远近分别到宗庙、祖庙祭祀。统治者用隆重繁琐的仪式祭祀宗庙，体现宗法统治和皇权意志。按照古代礼仪制度，周天子在每年夏秋之际，向各诸侯国颁发“历书”。历书主要规定明年有无闰月，每月的朔日(即初一)是哪一天，诸侯要把历书藏在庙里。每逢月朔(每月初一)便宰杀一只羊，亲自去告祭宗庙，称为告庙，然后，戴着皮弁(一种用白鹿皮做成的帽子)在太庙听政，称为“视朔”，然后再祭于祖庙，称为“月祭”。这些祭祀活动有着严格的礼仪规范，以此来体现统治者的权力。

以上这些都是礼仪的最初形态。当社会发展到现在，礼仪也有了更新的解释。

小资料

中国在商代，社会结构逐渐紧密稳固，道德文明也逐渐形成。到了周朝，制礼作乐，以礼治天下，使中国成为礼仪之邦，为中华文化奠定了文明的根基。周朝传下了三种典籍：《周礼》为典章制度之本，将百官所学，详细记载。《仪礼》一书，为人事、举止进退制定了相关的社会规范。《礼记》是阐释礼仪的经义，记述礼的制度。孔子也十分注重礼教，礼也成为儒家中心思想之一，克己复礼为仁，使礼不但是用来克己，而且用来节众。礼仪孕育于商，成于周，发扬于孔子，一直延续到现代。当然并不是古代的礼仪到现在还全部存在，随着社会的发展，许多古礼现在已经不存在了。

资料来源：秦丹、胡东莉主编：《商务礼仪》，经济科学出版社 2012 年版。

微型案例

尊崇礼仪的皇帝

1793 年，乾隆皇帝八十寿辰，英国国王乔治二世派特使前来，以贺寿为名来华洽谈扩大通商事宜。清政府坚持要英国特使按照中国习俗向皇帝行跪拜礼，英国特使认为那是奇耻大辱，拒绝行礼，弄得主宾双方不欢而散，早早结束了此次的商务洽谈活动。

问题：从上述案例中，我们能看到在中国古代宫廷礼仪有哪些要求？

二、礼仪的概念

“礼”，《辞海》中的解释为：(1)本谓敬神，引申为表示敬意的通称；(2)为表敬意或表隆重而举行的仪式；(3)泛指奴隶社会或封建社会贵族等级制度的社会规范和道德规范。

礼仪就是指人们在社会交往活动中约定俗成的一种敬重他人、美化自身的行为规范与准则。其宗旨是使人们感到舒适、得体，其本质是通过各种规范的言行表示人际间的真诚、尊重、友好和体谅，它是人的社会关系的集中体现。

“礼”应该属于人类社会范畴，一般概念上理解，“礼”不外乎礼貌、礼节、礼仪三方面。

礼貌：指在人际交往中通过动作、语言、表情表示对对方的尊重、恭敬的一种行为规范，如尊称、主动打招呼、道谢等。

礼节：指在交际场合人们相互问候、致意，表示尊重、友好的惯用形式，如挥手致意、握手慰问、亲切拥抱等。

一般而言，礼貌是一个人内在素养和品质特征的外在表现，礼节是礼貌的具体表现方式，可以说“没有礼节，就无所谓礼貌；有了礼貌，就必然伴有具体的礼节”。礼仪则是对礼节、仪式的统称。

应该说，礼貌是礼仪的基础，礼节是礼仪的基本组成部分，礼仪在层次上要高于礼貌、礼节，其内涵更深、更广，它由一系列具体的表现礼貌的礼节所构成，是一个表示礼貌的系统的、完整的过程。

微型案例

小赵眼中的一件小事

一次，某企业公关部职员小赵负责某重要客户的全程接待工作，在将客户接到下榻酒店的途中，客户主动跟小赵闲聊，从闲聊中小赵得知该客户想到酒店安顿好之后，去看望一位住在该城市的老同学。下车后，小赵马上为其叫好出租车。当客人见到待命的出租车时，既感激又惊讶，因为他根本没有料到小赵会帮他叫好车等他下来，因此，他很高兴地连声向小赵道谢。在接下来的一周里，该企业与客户洽谈得非常顺利，并取得了满意的订单。在庆祝双方合作成功的酒会上，该客户对企业的经理提起了小赵所做的事情，并说："这次之所以和你们合作得这么愉快，主要因为小赵的行为加强了我对你们企业的信任。"之后又对坐在旁边的小赵表示了感谢，瞬时，小赵也惊讶了：自己只不过主动为客人做了些力所能及的小事，客人却记在心里。一阵惊讶和喜悦之后，小赵露出了甜甜的笑容。

资料来源：杜明汉主编：《商务礼仪》，高等教育出版社2010年版。

问题：从这个案例，你得到了哪些礼仪方面的启示？

三、礼仪的原则

尽管世界各国各地礼仪习俗不同，但基本原则是一致的，所谓礼仪原则，就是人们在社交中处理人际关系的基本准则。熟悉礼仪的基本原则，有助于在具体礼仪活动中自觉、主动，也更加自然得体。

1."自律、自爱"原则

自律原则就是要求自身树立良好的道德信念和行为准则，自我要求、自我约束、自我控制、自我对照、自我反省，正所谓"己所不欲，勿施于人"，同时更要提倡"严于律己，宽以待人"。在交往中，我们要求对方做到的，自己首先要做好。

2."谦和、宽容"原则

谦和包括谦虚与和善，谦虚是人类的美德，和善是处理人际关系的基石。只有举止、言谈、神态都谦恭有礼时，才能从别人那里得到教诲，这也符合谦谦君子之道。

古人云："有容乃大。"宽容也是一个人良好品德的外显。宽容就是心胸坦荡、豁达大度，既要严于律己，更要宽以待人。会容人，体谅人，有较强的容纳意识和自控能力，不能求全责备、斤斤计较，甚至过分苛求别人，咄咄逼人。

微型案例

威尔逊的宽容

有一天，英国首相威尔逊在一个广场上举行公开演说。当时广场上聚集了数千人，突然从听众中扔来一个鸡蛋，正好打中他的脸，安全人员马上下去搜寻闹事者，结果发现扔鸡蛋的是一个小孩。威尔逊得知之后，先是指示属下放走小孩，后来马上又叫住了小孩，并当众叫助手记录下小孩的名字、家里的电话与地址。

台下听众猜想威尔逊可能要处罚小孩子，开始有些骚动。这时威尔逊对大家说："我的人生哲学是要在对方的错误中，去发现我的责任。方才那位小朋友用鸡蛋打我，这种行为是很不礼貌的。虽然他的行为不对，但是身为一国首相，我有责任为国家储备人才。那位小朋友从下面那么远的地方，能够将鸡蛋扔得这么准，证明他可能是一个很好的人才，所以我要将他的名字记下来，以便让体育大臣注意栽培他，将来也许能成为棒球选手，为国效力。"威尔逊的一席话，把听众都说乐了，接下来的演说更有亲和力。

资料来源：秦丹、胡东莉主编：《商务礼仪》，经济科学出版社2012年版。

问题：这个案例给你什么启示？

3."尊重、真诚"原则

人际交往中互相尊重最为重要，尊重是礼仪的情感基础，只有彼此间相互尊重，才能保持和谐、愉快的人际关系。每个人在人际交往中都处于平等地位，"敬人者恒敬之，爱人者恒爱之"。正所谓"精诚所至、金石为开"，一个人的思想、观点、愿望和要求能否为对方所接受，往往与他对对方的真诚程度成正比。

微型案例

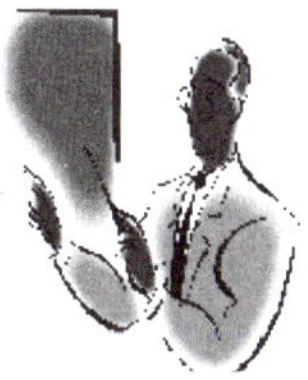

雨果与稿纸推销员

有一天，雨果在大街上看到一位衣衫褴褛的稿纸推销员，心中顿时生出一股怜悯之情。他把一法郎丢进卖稿纸人的怀中，就急忙走开了。

走了没多久，雨果忽然觉得这样做很不妥，于是，他连忙转身返回，从卖稿纸人那里取出一本稿纸，并抱歉地对卖稿纸的人笑了笑，说道："对不起，刚才是我一时大意，忘记取稿纸了，希望你不要介意。其实，我知道你是一个商人，你有稿纸要卖，而且上面有明确的标价。"

五个月之后，在一个社交场合，雨果遇到了一位着装整齐的推销商。这位衣衫整齐的推销商迎上前紧紧握住了雨果的手，并自我介绍说："先生，你可能已经忘记了我，我也不知道你的名字，但是，我永远忘不了你。你就是那个用一句话重新给了我自尊的人。没有遇到你之前，我一直觉得自己就是一个推销稿纸的乞丐，直到那次你跑来并告诉我，我是一个商人，我才知道我不是乞丐，而是一个商人，我要好好经营自己的推销生意，我要积极热情地去生活。现在，我已经取得了一些成绩，我有了自己的商店。以后我还要扩大经营，努力去拥有属于我的文具公司。先生，谢谢你！"

雨果没有想到，自己当初简简单单的一句话，竟然使得一个处境窘迫的人重新树立了信心，并且通过自己的努力取得了可喜的成绩。

资料来源：王玉苓编著：《商务礼仪案例与实践》，人民邮电出版社2018年版。

问题：这个案例给你什么启示？

4."适度、从俗"原则

适度原则要求应用礼仪时，必须注意技巧，合乎规范，掌握好社交中各种情况下的不同交往准则和彼此间的感情尺度，凡事当止即止，过犹不及。古语说"君子之交淡如水，小人之交甘若醴"，一旦交往尺度有误，很容易引出完全相反的结局。

从俗也就是所谓的入乡随俗，由于国情、民族、文化背景不同，客观上就存在着完全不同的具体礼仪表达方式与方法，以及对同一种礼仪行为的不同的评价标准，贸然采取自以为是的礼仪方式，很可能触及禁忌，引起对方的反感。

微型案例

北京奥运会礼仪小姐：将展示中国女性含蓄大气的气质

2008年7月26日下午337名奥运颁奖礼仪志愿者在北京进行结业汇报演出。27日，她们将全部入驻奥运比赛场馆。7月29日，奥运颁奖礼仪小姐形体训练教师马妮接受了专访。

《中国青年报》：大家都很好奇，奥运颁奖礼仪小姐的选拔标准是什么？

马妮：自信、美丽、大方。当然，个头也有要求，基本在165厘米以上。在素质上，我们也有要求，因为训练太艰苦了。我们是在昌平区一个职业学校的篮球馆进行训练，没有空调，球馆顶上是透亮的，阳光可以照进来。大热天，就是站在外面也比在这里面强，何况在这样的场馆里一次就有200多人一起训练。时间也很紧张。每天早上8∶30前，她们都会先跑2 000米，从早上8∶30到晚上8∶30，共计5场，一共7个半小时的训练，有的姑娘甚至可能一天要穿4个多小时高跟鞋进行训练。有时我担心，安排这么多训练，强度这么高，她们这一代独生子女吃得消吗？可她们全部过关了。训练快结束的一堂课上，我给她们深深地鞠了一躬。我被她们的吃苦精神感动了。

《中国青年报》：您希望通过对她们的训练，让世界看到什么样的中国女性？

马妮：我希望世界看到中国女性的含蓄和大气。含蓄是我们中国女性特有的美，是骨子里的东西，外国人如果学含蓄，会让人感觉貌合神离。在这次训练中，我运用了一些中国的古典元素，比如“道万福”，还有中国京剧的云步等。她们走路时要走出一串树叶，一路走下来，脚印就像一串叶子，这是汲取了戏曲里面的步伐。大家可以在她们颁奖的时候看到。

中国古代女子见人会“道万福”，行礼时，不能看对方的眼睛、脖子，给人很含蓄的感觉。但现在越来越突出女人也要有飒爽英姿的形体美感，如果再照搬传统的“万福”之礼，多少会让人觉得过于小家碧玉。在重要的场合，这样会显得气质不如人，上不了台面。西方芭蕾舞中要求昂首挺胸，显得很高贵，这是西方的一种形体感觉和状态。我们把它借鉴过来，同时保留我国女性的含蓄、端庄。将这些元素都收拢在我们的姑娘身上，我相信世界会看到中国姑娘是最美的。

《中国青年报》：在形体训练时，您发现她们最欠缺的是什么？

马妮：很多孩子刚来时，可能由于长期背书包，缺少体态意识，两个肩总是很抠，脖子老往前伸。我一再告诉她们，要挺起高贵的胸，拉长美丽的颈，因为胸是最高贵的部位，伸脖子是乞丐动作。我告诉她们，我们不能有乞丐样儿，这样会让人感觉很卑微。中国这么强大了，我们为什么还要谦卑？我们要的是谦和而有尊严的形体感觉——谦虚、和蔼、不卑不亢。再有，很多姑娘为了保持形态而节食，不怎么吃饭，训练的时候就歇菜了。我一直觉得，吃好了才能健康，健康了才有好的体态。我还告诫她们，你现在的训练不是为了你个人，而是为了国家，你代表的也不是你个人，而是一个国家的形象，我们不能以一个瘦弱的“东亚病夫”形象上台，我们要的是一个健美、阳光灿烂的中国女孩。

《中国青年报》：微笑是北京最好的名片，也是全世界最通用的礼仪。微笑也能训练吗？

马妮：有人建议让姑娘们学习微笑，还说必须露几颗牙齿，这是我坚决反对的。她们应该发自内心地高兴和喜悦，有一种自豪感和幸福感。这样的笑哪怕没露牙，也是美的。我告诉她们，你们很幸福，祖国强大了，奥运会第一次在中国举办，而你们能站在奥运会上颁发奖牌，代表中国的形象，这是多么令人感到幸福和自豪的一件事啊！最后，她们全做到了，因为她们心里都有我说的那种感觉。

我还告诉她们，在颁奖和引领的时候，你虽然只是个配角，但你即使在给刘翔颁奖，也不要想全世界都在看刘翔，谁还看我？你应该想，这个奖是我颁给刘翔的，我很幸福，这样你就会不知不觉微笑起来。

当然我也提醒她们，别把自己当主角。如果一上台总是想今天会不会给我几个特写，那你绝对不会好看。你要知道，你就是一个颁奖的中国姑娘，那么你就会美丽。

《中国青年报》："最是那一低头的温柔，恰似水莲花不胜凉风的娇羞"，这是徐志摩形容日本女子的一首诗。不少国家和地区在礼仪上都颇有地方特色。比如东南亚佛教国家的人，见面时通常双手合十于胸前，互致问候。在您看来，我们中国作为一个拥有五千年文明的国家，有什么特色的礼仪方式可用？

马妮：我建议你开赛后注意一下颁奖小姐的手位，是非常具有中国古典美的"兰花指"。

现在很多女孩子一伸手，要么五指张开，要么像个"木锨"。我的老师曾对我们说，梅兰芳大师第一次出现在好莱坞时，他的手一出来，好莱坞的男人、女人都不敢出手了。他们被东方一个男人能拥有这么美的手位给镇住了。好莱坞一些女明星就很聪明，她们硬是把梅兰芳的兰花指给学过去了，很多演员现在一招手都是兰花指——好优雅，好漂亮。当时我的老师就说："这个兰花指是我们中国的，中国女人不把它继承下来，难道还非要外国女人把它继承下来吗？"这句话在我心里深深地留下烙印，至今难忘。

我现在还给很多孩子做形体训练，我经常告诉她们，在外国，要大胆地用我们的兰花指，你不要认为外国女人用得很美丽就不好意思用，你们要用得比她们自信。

我们中国有很多好的东西，挖出来，用都用不完。"站如松，坐如钟，行如风"，还有"意守丹田"，这些形体感觉、形态、状态太值得挖掘了。我小的时候，爷爷奶奶经常教育我说，"小姑娘要笑不露齿，坐要双腿并拢。"这也是一种最朴实、最自然的礼仪教育。但是这一代青年的父母压根儿没有给孩子讲过这些事情。这样一代一代下去，中国作为礼仪之邦，很多礼仪可能就要失传了。

资料来源：肖舒楠：中国青年报，http://news.sohu.com/20080801/n258522224.shtml。略有删改。

问题：从上述案例中，请分析礼仪的特点体现在哪些方面。

四、商务礼仪的内涵

1. 商务礼仪的定义

商务礼仪是指公司或企业的商务人员在商务活动中，为了塑造个人和组织的良好形象而应当遵循的规范或程序，是一般礼仪在商务活动中的运用和体现。一般来讲，商务礼仪的范畴不仅包括在商务活动中言行合情合理、优美、大方、得体、符合要求，而且也包括按约定俗成的规矩办事、礼貌待人。商务礼仪体现在商务活动的每一个细节之中。

微型案例

林肯的胡须

美国历史上最著名的总统之一——林肯，出身于一个拓荒者的家庭，他竞选总统之前的职业是律师。林肯在竞选总统时名气并不是很大。他在竞选过程中收到了一个小姑娘的来信，信中说，“您的相貌太平常了，您的下巴又光秃秃的，不够威严，不像男子汉。如果您蓄上一大撮胡子，那么我们全家都会投您的票。”林肯采纳了小姑娘的意见，蓄上一大撮胡子，这为他的形象增添了几分光彩，赢得了许多选民的好感。林肯仅通过对胡须加以修饰，就使自己原来的形象得到了改善，变得更完美、更有魅力，因而获得了更多选民的支持和认可。

资料来源：王玉苓编著：《商务礼仪案例与实践》，人民邮电出版社 2018 年版。

问题：商务礼仪主要体现在哪些方面？

2. 商务礼仪的特征

商务礼仪具有区别于其他礼仪的特征。

第一，商务礼仪的文化性。商务活动虽然是一种经济活动，但文化含量较高。因此，商务人员要体现文明礼貌、谈吐优雅、举止大方的个人形象，就必须不断提高自身的文化素质，树立良好的企业形象，在商务活动中表现出文明典雅的素质。

第二，商务礼仪的程序性。部分商务活动有着严格的礼仪程序的要求，例如签字仪式、开业庆典等，这就要求商务人员在筹备商务活动时除了掌握必备的礼仪外，还需知晓商务活动的礼仪程序，并按照一定的规范的礼仪程序进行，以免出错，引起误会。没有形成一定程序的礼仪是杂乱无章的礼仪。

第三，商务礼仪的规范性。商务礼仪除了具有程序性之外，还具有规范性的特征。商务礼仪是人们在商务活动中逐渐约定俗成的礼仪规范，在商务活动中的礼仪要求具有一定的规范性。

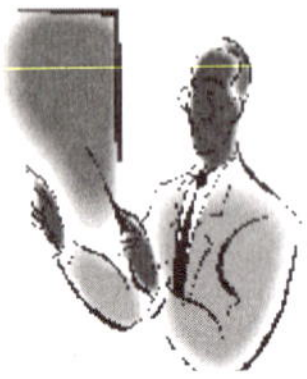

微型案例

尼克松的外交

40 多年前，当时的美国总统尼克松为了准备他的“改变世界的一星期”的中国之行，费尽心机。他知道到了中国免不了要用筷子，临行前就专门练习了一番。1972 年，尼克松一行抵达北京的当天晚上，周恩来总理设宴款待他们。宴会上，尼克松自如地用筷子夹取食物，使得在场的人大感意外。尼克松的这一举动为他收到了预期的外交效果，并为世人津津乐道。

资料来源：秦丹、胡东莉主编：《商务礼仪》，经济科学出版社 2012 年版。略有改动。

问题：这一案例主要体现了尼克松总统在商务礼仪方面的哪些特征？

第二节　商务礼仪的作用与原则

一、商务礼仪的作用

1. 商务礼仪的形象作用

商务礼仪的基本目的就是塑造个人及企业的良好形象。个人形象是个人在公众观念中的总体反映和评价。个人形象对于商务人员来讲十分重要，它体现着每个人的精神风貌与工作态度。一名商务人员在商务交往中如果不重视个人形象，就会直接影响其所在企业的形象。正如一位知名的大师所说："在世人眼里，每一名商务人员的个人形象如同他所在企业生产的产品、提供的服务一样重要。它不仅真实地反映了每一名商务人员本人的教养、阅历以及是否训练有素，而且还准确地体现着他所在企业的管理水平与服务质量。"企业的每一名商务人员，在与他人接触的过程中，其一言一行、一举一动，都关乎企业的形象。良好的企业形象是企业巨大的无形资产。

微型案例

有关专业机构评估，雀巢咖啡的商标价值是85亿美元，可口可乐的商标价值是244亿美元。在这巨大品牌价值的背后，是企业形象的震撼力。一家企业具有良好的企业形象，意味着有较高的、良好的知名度和美誉度，它可以赢得广大客户的信赖。美国华盛顿一市场调查机构的调查结果表明：如果在某商业企业受到非礼待遇，96%的人不会直接抱怨，但有91%的人不会再到这家企业。而且受到非礼待遇的人平均要向他周围9个人讲述，其中13%的人要向他周围20个人讲述。

问题：从这些数据中，我们能得到哪些启示？

2. 商务礼仪的沟通作用

商务活动是一种双向交往活动，交往得成功与否，首先取决于沟通的效果。由于立场不同，观点不同，人们对同一个问题会有各自不同的理解和看法，这就使交往的双方在沟通时会有困难。而商务礼仪便可以起到化解矛盾、消除分歧的作用，使商务活动的双方能够相互理解，达成一致，妥善解决问题，既不损害个人形象，也不损害企业形象。

微型案例

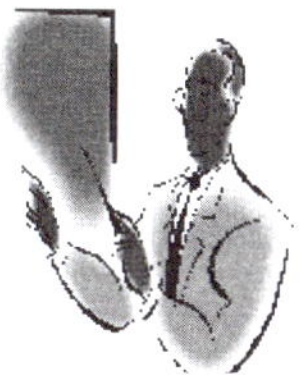

晏殊的沟通艺术

晏殊十四岁时，张知白以"神童"的名义将他推荐给朝廷。宋真宗主持进士考试，晏殊挥笔立成，宋真宗非常欣赏他，赐同进士出身。两天后，再试诗、赋、论，晏殊发现考题是自己练习过的题目，便如实说："皇上，这试题我练习过，请皇上另外出题。"宋真宗笑着对群臣说："晏殊品质多好，你们学学。"群臣不作声。晏殊忙跪下说："不是的，皇上。其实我就年轻点儿，记性好。这些前辈大臣们才是我学习的榜样。"晏殊的一席话，既赢得了皇帝的信任，更赢得了群臣的心。晏殊接过皇上的另一选题后，在短时间内便将试题做完，宋真宗看后十分满意，便留他在朝中跟班。

太平盛世下的官员都喜欢吃喝玩乐，而晏殊则不同，他拼命读书。晏殊的行为传到了皇帝耳中，宋真宗说道："像这样自律自爱的臣子不多啊！"于是，就把晏殊提升为陪太子读书的贴身秘书。有大臣不服气。宋真宗说："你们游玩时，晏殊在拼命读书；你们通宵狂欢时，晏殊在拼命读书。你们自己说说，朕提拔得有没有道理？"宋真宗这一席话将晏殊推向了群臣的对立面，晏殊意识到了这一点，便连忙站出来说："皇上，其实我也爱玩，只是我家里穷，没钱去玩。要是我有钱，也早跑出去游山玩水了。"晏殊的话，既给了大臣们面子，也赢得了人缘，终成一代名相。

资料来源：王玉苓编著：《商务礼仪案例与实践》，人民邮电出版社2018年版。略有删减。

问题：如何注意沟通中的商务礼仪？

3. 商务礼仪的协调作用

在商务活动中，通常会碰到沟通不利、谈判不顺等问题，也会碰到有敌意的同事或客户等棘手的问题，对这些问题处理不当，也会激化矛盾，影响企业的形象。良好的礼仪则会起到一定的协调作用。恰到好处的商务礼仪不仅能尊重人，而且维护了自己的自尊和地位，还能在适当的时候表现自己的道德、修养和才华。

微型案例

恰到好处的商务礼仪

宏大公司的总经理让秘书小王负责接待从中国香港远道而来的客人李先生夫妇二人。小王为了更好地做好接待工作，先从以前接待过李先生夫妇的同事那里了解李先生夫妇的一些情况，如个人喜好、习惯、会不会说普通话等。但是当小王正在准备接待工作时突然接到通知，李先生夫妇二人要改变行程，需要小王进行协调，小王赶紧与相关部门进行联络，并及时地将协调的结果告知李先生。在几天后接到李先生夫妇时，小王主动问好，嘘寒问暖，并没有问及几天前调整行程的缘由，而是凭着自己已经做好的准备，聊些李先生感兴趣而又轻松的话题，当了解到李先生的祖籍就是本地时，小王更是侃侃而谈，介绍当地的发展情况，对投资给出一定的建议。李先生夫妇感到很满意，最终和宏大公司签署了投资的协议。

问题：商务礼仪的协调作用在本案例中是如何体现的？

二、商务礼仪的原则

商务人员在商务交往中，也要遵循一定的商务礼仪原则。商务礼仪的具体原则如下：

1. 真诚原则

真诚向来是为人所称道的美德，而虚伪则遭人厌弃。真诚待人，可以广结人缘，拥有众多的朋友。商务人员的礼仪主要是为了树立良好的个人和组织形象，只有恪守真诚原则，着眼于将来，获得更多人的认可，才能获得最终的利益。

2. 宽容原则

宽容，就是要心胸坦荡、豁达大度，能设身处地为他人着想，谅解他人的过失，不计较个人的得失。在商务活动中，由于各自的立场和利益，难免会出现误解和冲突，这时就需要各自遵循商务礼仪的宽容原则，善解人意，体谅别人的难处，才能正确对待和处理好各种关系与纷争。

3. 适度原则

在哲学上，“度”指的是一定事物保持自己质的数量界限，超过这个界限，就要引起质的变化。在商务交往中，商务人员也要注意交往的度，要善于把握沟通时的感情尺度。这就要求商务人员在待人时既应彬彬有礼，又不低三下四；既要殷勤接待，又不失庄重；既要热情大方，又不轻浮谄谀，把握好各种情况下的社会距离及彼此间的感情尺度。

4. 自律原则

在中国古代便强调“君子不失足于人，不失色于人，不失口于人，言语之美，穆穆皇皇”。在现代商务活动中，商务人员与他人交往，同样也不可随心所欲，应做到自律和自重。自律就是自我约束，时时刻刻遵循礼仪的规范，严于律己，不论是在上司面前，还是出于业务的考虑，自律都是一个人素质的体现。

微型案例

办公室里屡遭敌意

小张研究生毕业后找到了一家大型企业，自己对这份工作很满意，想着自己会大展宏图。但是他没到单位多久就出现和领导、同事之间的种种问题，人际关系总处理不好。他总觉得是别人故意为难他，嫉妒他研究生毕业。但实际上是他以高学历自居，在单位里从不与他人主动打招呼，也不会很有礼貌地与他人交谈，更不把领导放在眼里。对于领导交办的任务他总觉得是把他大材小用了，做起来不是很用心，结果让领导觉得很不满意。对于同事，小张也是自视清高，总抱怨这个同事不配合，那个同事不能干，出了成绩主动去邀功，发生了问题第一个找领导去推卸责任，来保住自己。久而久之，大家都知道他是什么人了，自然对他也有了戒备的心理。

问题：从上述案例中分析，在公司工作中我们需要注意哪些商务礼仪的原则？

第三节　商务人员应具备的礼仪修养

商务人员只有具备较高的商务礼仪修养，在工作中才能变礼貌为服务，让礼貌带来效益。日本就创造了把现代市场营销和管理与东方传统文化精髓巧妙结合的典范，这也是第二次世界大战后日本经济奇迹般起飞的一个重要原因。

一、商务人员的性格、气质与风度

（一）性格的种类及性格的要求

1. 性格的种类

公元前 5 世纪，古希腊医生希波克拉斯提出“气质学”，他认为人体内有 4 种不同的体液，即血液、黏液、黄胆汁、黑胆汁。根据各人体液的分配比例，人的性格可分为以下四类：

(1)胆汁质

优点：充满热情，精力充沛，态度爽朗，豁达开朗，动作粗犷有力，说话直露干脆，办事果断，勇猛坚强。

缺点：性情急躁，易发脾气，爱冲动，缺乏耐性，不讲究方式与方法，容易好心办坏事。

(2)多血质

优点：活泼开朗，热情奔放，感情比较丰富，待人亲切，富有同情心，思维敏捷，反应迅速，健谈，善交际，接受能力很强。

缺点：情绪缺乏稳定性，喜怒不定，兴趣广泛但难以持久，易动摇。

(3)黏液质

优点：沉着冷静，耐性较强，言行谨慎，情感不易外露，性情比较稳定。

缺点：固执死板，灵活性不够，一般只按指示或经验办事，不喜交际。

(4)抑郁质

优点：感情细腻，执着，善于观察，爱思索，喜静少动，敏感多虑，韧性强。

缺点：胆怯怕羞，性情内向，较孤僻，疑心较重。

这四种气质的人，一般认为多血质的人最适合商务交往活动，容易成为活动的中心人物；胆汁质的人往往是商务活动中的拥护者和行动者；而黏液质和抑郁质的人在商务活动中，往往缺少热情，冷淡寡言，谨小慎微。

2. 性格的要求

性格是选择、培养商务人员的重要条件。优秀的商务人员应具备以下性格特点：

(1)活泼开朗：能主动与人相处，善于交往，无论对新朋还是老友，都能给人一种活力、一种热情、一种较强的情绪感染力。

(2)举止文雅：让人感觉你有很好的性格修养，举止落落大方、不卑不亢，既得体又清雅，使人产生认同感。

(3)谈吐动听：能真情投入，设身处地站在对方角度考虑，讲求语言文明、礼貌，思路清晰，措辞得当。

(4)感染力强：阐述问题能旁征博引，逻辑能力出众，且能对自己的观点自圆其说，再附以丰富的动作语言和情感语言，打动听众。

(5)兴趣广泛：有广泛的兴趣爱好，对天文地理、琴棋书画都有涉及，对各类公众对象的不同爱好都能有共同语言，并能引发双方的共同兴趣。

(6)知识丰富：在文化知识的深度与宽度上都有所造诣，能就某些问题与他人做一定程度的探究。

(7)善于交际：通晓人际关系、社交心理及公关礼仪各项规范，具有丰富的人际交往实践经验。

(8)具有幽默感：能随时调动公众情绪，拉近与交往对象的距离，具有很好的亲和力。

微型案例

杜拉拉的成功

《杜拉拉升职记》被无数白领所热捧。大学毕业那年，杜拉拉二十出头，先在国营单位工作了一年，就辞职跑到珠三角，进了一家做汽车配件的民营企业，担任业务员。大学毕业的第四年，历经民营企业和港台企业的洗礼后，拉拉终于如愿以偿地进了通信行业的著名美资500强企业DB，担任华南大区销售助理，负责区域销售数据的管理，协助大区经理监控费用，协调销售团队日常行政事务，如会议安排等。要干好这个职位的工作，需要一个手脚麻利的勤快人，责任心得强，脑子要清楚，沟通技巧要好。拉拉很认真也很努力地做自己的工作，经过自己的不懈努力，两年后，拉拉被提拔到DB广州办行政主管的职位。

公司看中她，是因为她的能干和责任心已经是被证实的了；她在广州办工作了两年，对这个办事处的人和事也熟悉；另外，这个职位需要一个英语比较好的人，而拉拉的英文水平在DB广州办是比较突出的。28岁，拉拉全面替代行政经理的职务。又经过一番努力后，拉拉被提拔为DB总部的人事行政经理。

问题：请根据《杜拉拉升职记》和上述案例，分析杜拉拉职场奋斗成功的性格特征。

（二）气质

所谓气质，是指人的相对稳定的个性特点，是表现在人的情感、认识、语言和行为中比较典型、稳定的动态方面的心理特征。

气质具有恒常性和稳定性的特点，以不同的方式作用于人的心理，支配着人的各种行为，甚至影响着人的容貌。气质是一个人的真正魅力所在。一个人气质的美会在一个人的举手投足、言谈举止、待人接物中表现出来，这种美是自然而然地流露出来的，而不是刻意地生硬模仿。

良好的气质，是以人的文化素养、文明程度、思想品质为基础的，同时还要看他对待生活的态度。在现实生活中，有些人只注意穿着打扮，修饰外表，而不注重内在素质的提高。其实气质给人的美感是不受年龄、服饰和打扮制约的，没有内在的东西，便不能自然地体现出美的气质。气质美是一种内在美，它是人的高级神经活动类型及特点在行为方式上的具体表现。

总之，气质是一个人多种内在素质的综合反映，这些素质包括思想、品德、个性、情操、志趣、文化艺术修养、才识智慧等。气质看似无形，实为有形，它通过一个人对待生活的态度、个性特征、言谈行为等表现出来。一名商务人员应具有以下几方面优雅的气质：

1. 优雅的举止仪态

一个人的举手投足、说话的表情、待人接物的风格等都能显现出自己的气质。

2. 良好的性格

要注重自己的教养、涵养、修养，要忌怒、忌狂、忌暴，要宽容、忍让、理解人、同情人、体贴人。

3. 丰富的内心世界

气质美首先表现出来的就是具有丰富的内心世界。理想是内心世界丰富的一个重要方面，因为理想是人生的动力和目标，没有理想与追求，内心空虚贫乏，就根本谈不上气质美。品德是气质美的另一重要方面。

4. 较高的文化素养和语言修辞能力

气质美主要表现在语言修养高、文化知识丰富而广泛，对古今中外、历史典故、风土人情等都有所了解，说起话来生动有趣，富有韵味。再则，对工作的认真、执着、聪慧、洒脱、精明、干练，所有这些和谐统一的美，都会表现出一个人真正的气质美。

微型案例

京沪“高铁小姐”的选拔标准

2011年京沪高铁的通车是众人瞩目的事件，其如何选拔“高铁小姐”也更是众人所期待的。据了解，京沪“高铁小姐”的选拔标准全部是按照“空姐”的选拔标准来进行的。一列高铁上“一长二员”，即一名列车长，两名乘务员。高铁乘务员不仅要年轻漂亮，而且身材、体重都有严格限制，年龄在35岁以下，身高在1.6米以上，标准体重。她们有的来自空乘专业，经过层层选拔后，还要经过形体培训，比如走姿、坐姿、站姿等。另外，“高铁小姐”还必须取得普通话等级证书，有较好的语言表达能力，有一定英语基础，能简单地会话，一般要求英语具有一定的等级。选拔出来之后，她们都要经过现代礼仪培训、基本服务技能教育、铁路规章制度学习等一系列岗前培训，培训合格后才能上岗为乘客服务。乘务员的装束也类似于空姐，穿紫色工作套装，脖子上系着清雅的素花丝巾，标准的空姐装束。今后国内高铁的“高铁小姐”装束都要向航空装靠拢，体现优雅、端庄、清新、干练的商务形象，同时上班还要求画淡妆。据悉，沪宁城际列车要求乘务员努力在15秒“黄金时间”内，通过展示“第一面亲和力、第一面气质谈吐、第一面应变能力、第一面心理素质”的服务使旅客产生意料之外的感动，让他们的旅途充满乐趣。

问题：京沪“高铁小姐”的选拔有哪些气质方面的要求？

（三）风度

所谓风度，是指人的言谈、举止、神情、姿态、仪表等方面总的表现和风貌，即人的思想、文化、修养、性格、气质等的外在表现。风度也包括控制自己情绪的一种能力。风度是一个综合的概念，它不是指某一表情动作，而是指一个人在日常行为中表现出来的仪表、神情、姿态等，是指人的全部生活姿态所提供给人们的综合印象。

风度美包括的内容如下：

1. 幽默文雅的谈吐

风度美体现在谈吐上。豪放的人，语多激荡而不粗俗；潇洒的人，言谈文雅而不随便；谦虚的人，含蓄而不猥琐；博学的人，旁征博引而不芜杂；脚踏实地的人，声调沉稳；只图虚名的人，喜好浮词。要想达到风度美，须注重谈吐幽默、文雅的训练。

2. 诚恳的待人态度

不论对谁，都应以诚恳的态度平等相待，不哄不骗。切忌吞吞吐吐，含糊其词，言语与表情、动作自相矛盾。

3. 饱满的精神状态

神采奕奕，精力充沛，显得自信和富有活力，能激发对方交往动机，活跃交往气氛；若神态上萎靡不振，无精打采，即使你有交往的诚意，对方也会感到提不起精神来，交往的前景无法乐观。

4. 洒脱的仪表礼节

一个人风仪秀美，俊逸潇洒，就能产生使人乐于接近的魅力。这种魅力不取决于长相和衣着，而在于人的气质和仪态，这是人的内在品格的自然流露。得体的礼仪能使人的气质、风度变得宽厚、平和、善良、洒脱。

微型案例

细节见成败

两家公司的总经理，经中间人介绍，相聚谈一笔合作的生意。这是一笔双赢的生意，而且做得好还会大赢，看到合作的美好前景，双方的积极性都很高。宏达公司总经理首先拿出友好的姿态，恭恭敬敬地递上了自己的名片；伟强公司总经理单手把名片接过来，一眼没看就放在了茶几上。接着他拿起了茶杯喝了几口水，随手又把茶杯压在名片上，宏达公司总经理看在眼里，明在心里，随口谈了几句话，就起身告辞。事后，他郑重地告诉中间人，这笔生意他不做了。当中间人将这个消息告诉伟强公司总经理时，他简直不敢相信自己的耳朵，一拍桌子说："不可能！哪儿有见钱不赚的人？"立即打通宏达公司总经理的电话，一定要他讲出个所以然来，宏达公司总经理道出了实情："从你接我的名片的动作中，我看到了我们之间的差距，并且预见到了未来的合作还会有许多的不愉快，因此，还是早放弃的好。"闻听此言，伟强公司总经理放下电话痛惜失掉了生意，为自己的失礼感到羞愧。

问题：伟强公司的总经理在会谈中因为哪些礼仪输掉了合作的机会？

二、商务人员的礼仪修养

对于商务人员来说，应具备以下礼仪修养：

1. 遵守公德

公德是指一个社会的公民为了维护整个社会生活的正常秩序而共同遵循的最起码、最简单的公共生活准则。公德的内容包括尊重妇女、关怀体贴老人、遵守公共秩序、救死扶伤等。这些内容也体现在各种商务礼仪之中，是商务礼仪所包含的基本要求。遵守社会公德体现了人与人之间的互相尊重以及对社会的责任感，所以，它是文明公民应具备的品质。

2. 真诚谦虚

人际交往中需要诚心待人，心口如一，谦虚恭敬，不能自以为是。社会生活中常可见到这种现象，越是博学多才的人修养越好，他们待人处事自然大方，善于听取别人的不同意见，即使是对比较尖刻的人，也能给予表达观点和看法的机会，显得非常平易近人，虚怀若谷。当然这样并不会使人感到其无能，而只能使别人从其普通平凡的小事中感受到其高尚的人格。在商务活动中，有些人喜欢自吹自擂、趾高气扬、卖弄学问、夸夸其谈、唯我独尊，听不得半点不同意见，这种自以为是的言行，其实正是缺乏修养的外在表现，这样反而不容易在商务活动中获得真正的成功。

3. 平等尊重

礼仪行为总是表现出双方性或多方性，你给对方施礼，对方也自然会还你以礼，这种礼仪施行必须讲究平等的原则，平等是人与人交往时建立情感的基础，是保持良好的人际关系的诀窍。平等在交往中，表现为不要骄狂，不要我行我素，不要自以为是，不要厚此薄彼，更不要以貌取人，或以职业、地位和权势压人，而是应该处处时时平等谦虚待人，唯有此，才能结交更多的朋友。

每个人都有自尊心，都希望得到他人的尊重。尊重是相互的，不是单向的，它包括自尊与尊人两个方面。自尊指的是对自我的尊重，是一个人对待自身的态度，是自我意识的表现。一个人能够自己尊重自己，接纳自己，保持自己的人格和尊严，就叫作自尊。

尊人讲的是对待他人的态度。这种态度要求承认和重视他人的人格、感情、爱好、习惯和职业、社会价值以及所应享有的权利。尊重他人在社交场合要注意三点：给他人充分表现的机会，对他人表现出你最大的热情，给对方永远留有余地。

自尊和尊人的原则是礼仪的基本原则。在商务活动中，讲究礼貌并不是虚伪的客套，而是为了表达对别人的尊重，只有这样才能得到对方的真诚回报。人们相互尊重，才能保持和谐的人际关系，塑造良好的社会风气。

4. 遵时守信

所谓遵时，就是要遵守规定或约定的时间，不能违时或失约；所谓守信，就是讲信用，对自己的承诺认真负责。现代社会工作节奏快，时间就是生命，时间就是效益，这早被世人所认同。违时既会给对方造成各方面的损失，也是对对方的不尊重。同时，在日常生活和工作中，一个人难免会对他人许下这样或那样的承诺，“言必信，行必果”，这是对自身的肯定，也是对自身人格的尊重和肯定。违时失约和不守信用，都是失礼的行为，是人际交往中的大忌。在商务活动中，如果已和宾客约定了时间或是做出了承诺，一般不能轻易变动，而应想方设法去做到。在不得已需要变更时，也须提前打招呼并做出令人信服的解释，尽量避免给对方造成麻烦或使对方产生误解。凡是需要承诺的事情，要量力而行，不能仅仅为了顾及面子就随便答应，事后又不负责任地随意毁约。一旦言而无信，尤其是养成了习惯，就会造成对别人的不便，甚至会对企业、对自己的形象和声誉造成很大损害。

5. 热情有度

热情是指对人要有热烈的感情，使人感到温暖；适度是指对人热情的表现要有一定的分寸，恰到好处，使人感到能够自然适应。热情的人往往使人觉得容易接触，也愿意与之接近、交往。因此，要想在商务交往中获得成功，就必须热情友善，同时还要注意言行适度。言行适度要求人们在交往中，为了保证取得交往效果，必须注意技巧，合乎规范，特别要注意把握分寸，认真得体。在交往前，首先考虑目的何在，然后根据目的，针对不同场合、不同对象，正确地表达自己的敬人之意。传统的“礼多人不怪”的观点在当今社会已经失去了它存在的市场。

热情适度，要求商务人员在交往中，既要彬彬有礼，又要不卑不亢，要亲切和气，不要虚情假意，轻浮阿谀。

6. 宽容理解

在商务交往中，理解和宽容是十分重要的，这也是礼仪修养的基本内容。所谓理解，就是懂得别人的思想感情，宽容别人的立场、观点和态度，能够根据具体情况体谅别人、尊重别人，体会到别人的喜怒哀乐。宽容就是大度，宽宏大量能容人，尤其是在非原则问题上，能够原谅别人的过失。

要真正做到理解别人，并不是一件容易的事，特别是理解与自己立场、观点和态度不同的人，理解自己看不惯的人，理解有缺陷、有自卑感的人，理解与自己志向、性格完全不同的人时，就更是如此。明朝朱衮在《微观子》中说："君子忍人所不能忍，容人所不能容，处人所不能处。"这说明，以宽容的态度待人处世并不是懦弱的表现，而是一种有气度的行为，有气度的行为往往具有巨大的感化力量。宽容别人不但能缓和气氛，有助于改善交往环境，显示出自己良好的礼仪修养，而且能在相当程度上潜移默化地影响对方，使其有可能受到感化。

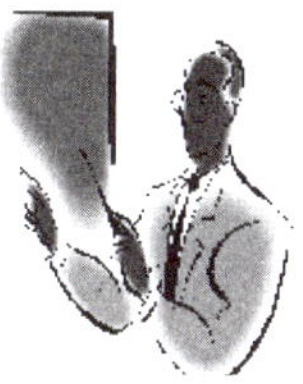

微型案例

礼仪修养很重要

王林是上海一所大专院校的学生，平时在学校里王林就很注意个人礼仪形象，每次见到老师都会主动行礼问好，和同学的关系也处理得很好，学习也很认真努力，大家都很喜欢王林，王林还被同学们推举为班级的团支书和学院的学生会主席。在大三实习的时候，王林和几个同学一起到一家四星级酒店实习，酒店的实习很苦很累，最初安排给实习生的岗位是在酒店当服务生，什么活都干，很多同学都觉得大材小用，纷纷离开实习的岗位，只有王林坚持了下来。王林还是遵守自己的礼仪习惯，无论工作多忙多累，都会让自己精神饱满地出现在客人的面前，面对客人的不满和投诉，王林也耐心地倾听，尽自己能力去帮助客人，见到每一位客人，王林都会热情地主动打招呼。在实习期结束后，酒店里上上下下的同事对王林的表现都很满意，王林被公司安排到人力资源部门去做人事工作，王林凭着自己的努力如愿地找到了一份称心如意的工作。

问题：作为一名商务人员，王林是如何做的？

小　结

关键术语

礼仪　商务礼仪　商务礼仪的作用　商务礼仪的原则

本章小结

1. 礼仪是指人们在社会交往活动中约定俗成的一种敬重他人、美化自身的行为规范与准则。其宗旨是使人们感到舒适、得体，其本质是通过各种规范的言行表示人际间的真诚、尊重、友好和体谅，它是人的社会关系的集中体现。

2. 礼仪的原则包括：(1)"自律、自爱"原则；(2)"谦和、宽容"原则；(3)"尊重、真诚"原则；(4)"适度、从俗"原则。

3. 商务礼仪是指公司或企业的商务人员在商务活动中，为了塑造个人和组织的良好形象而应当遵循的规范或程序，是一般礼仪在商务活动中的运用和体现。

4. 商务礼仪的特征包括：(1)商务礼仪的文化性；(2)商务礼仪的程序性；(3)商务礼仪的规范性。

5. 商务礼仪的作用包括：(1)商务礼仪的形象作用；(2)商务礼仪的沟通作用；(3)商务礼仪的协调作用。

6. 商务礼仪的原则包括：(1)真诚原则；(2)宽容原则；(3)适度原则；(4)自律原则。

7. 商务人员应具备的气质包括：(1)优雅的举止仪态；(2)良好的性格；(3)丰富的内心世界；(4)较高的文化素养和语言修辞能力。

8. 商务人员应具备的礼仪修养包括：(1)遵守公德；(2)真诚谦虚；(3)平等尊重；(4)遵时守信；(5)热情有度；(6)宽容理解。

知识结构图

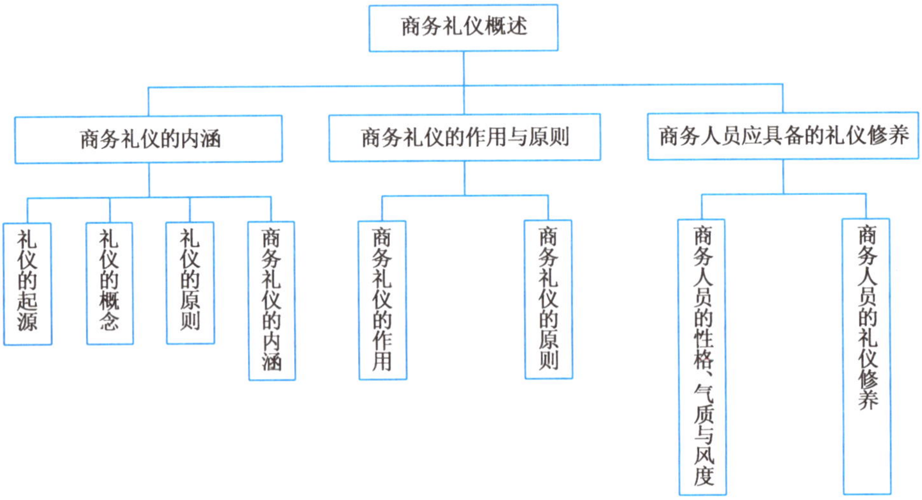

应　用

案例研究

案例一

清朝商人的礼仪修养

乔致庸是我国清代著名的商人，也是乔家大院的第一位掌门人。一次，包头东城万利聚商号的吴东家因资金周转不开，向乔致庸借了八万两银子，当时，吴东家承诺一年后连本带息全部还清。可一年的期限到了，吴东家不仅没还一分钱，而且对借钱的事也闭口不提。

乔致庸正准备派人去催款，吴东家主动找上门来。他可怜巴巴地向乔致庸哭诉："我现在是穷得叮当响，家里仅剩下一只用来卖花生的破箩筐了，哪还得起你那八万两银子呀？"乔致庸心里明白，吴东家无非是想赖账。他看了看吴东家，安慰道："既然你已到了这步田地，我也不能逼你，就把那只破箩筐拿来抵债吧！"吴东家一听，心里顿时乐开了花，立即送来了破箩筐。

吴东家走后，伙计急切地问："一个破箩筐怎么能值八万两银子，您这不是白白送他吗？"乔致庸笑笑说："你照我的吩咐去做，吴东家自会把钱送来。"随后，乔致庸便让伙计把那破箩筐挂在店里最显眼的地方，标价八万两银子出售。人们听说后，都跑来看，自然也就知道了破箩筐的事。后来，很多生意人知道了这件事，就都不愿意跟吴东家做生意了。这时，吴东家才意识到问题的严重性，只得乖乖地把欠款还清，赎回了那只破箩筐。

资料来源：王玉苓编著：《商务礼仪案例与实践》，人民邮电出版社2018年版。有删改。

问题：

1. 结合案例分析，吴东家的问题主要体现在哪里？
2. 在商务活动中，商务人员应具备什么样的礼仪修养？

案例二

礼仪无小事

国内有一家生产医疗设备的厂家，准备和国外的客商进行长期合作。在双方的业务洽谈中，厂长通晓生产线行情，考虑问题缜密，给外商以精明能干的良好印象，双方决定第二天正式签约。由于时间尚充裕，厂长请外商到车间参观。车间秩序井然，外商也感到满意。不料，就在这时厂长突然感到喉咙不适，本能地咳了一下，到车间的墙角吐了一口痰，然后连忙用鞋擦去，地上留下一片痰迹。第二天一早，翻译送来了外商写来的一封信，信中写道："尊敬的厂长先生，我十分佩服您的才智和精明，但是您在车间里吐痰的一幕使我彻夜难眠。恕我直言，一个厂长的卫生习惯可以反映一个工厂的管理素质。况且，我们今后将生产的是用于治病的输液管。贵国的成语说得好：人命关天！请原谅我的不辞而别。否则，上帝会惩罚我的……"

资料来源：秦丹、胡东莉：《商务礼仪》，经济科学出版社 2012 年版。

问题：

1. 请你结合案例谈一下，为什么说"礼仪无小事"？
2. 结合书上的知识点，请你谈谈学习礼仪的重要性。

实验实训

1. 以小组为单位探讨生活中所碰到的在商务礼仪方面良好与不良的行为举止有哪些。
2. 请做以下的气质测试题，看看你属于哪一种气质。

气质测试题

(1)喜欢安静的环境。
(2)做事有些莽撞，常常不考虑后果。
(3)别人说我总是闷闷不乐。
(4)假如工作枯燥无味，马上就会情绪低落。
(5)别人讲新概念，我常常听不懂，但是，弄懂以后就很难忘记。
(6)兴奋的事情常常使我失眠。
(7)做事力求稳妥，不做无把握的事。
(8)反应敏捷、大脑机智。
(9)做事总是有旺盛的精力。
(10)理解问题常比别人慢些。
(11)在人群中从不觉得过分拘束。
(12)碰到陌生人觉得很拘束。
(13)遇到令人气愤的事，能很好地自我克制。
(14)羡慕那些能够克制自己感情的人。
(15)遇到问题时常常举棋不定，优柔寡断。
(16)在多数情况下情绪很乐观。
(17)宁愿侃侃而谈，不愿窃窃私语。
(18)当注意力集中于一事物时，别的事物就难以使我分心。

(19)希望做变化大、花样多的工作。
(20)小时候会背的诗歌，我似乎比别人记得清楚。
(21)别人说我“出语伤人”，可我并不觉得这样。
(22)能够长时间做枯燥、单调的工作。
(23)能够很快忘记那些不愉快的事情。
(24)喜欢复习学习过的知识，重复做已经掌握的工作。
(25)疲倦时只要短暂地休息，就能精神抖擞地重新投入工作。
(26)与人交往不卑不亢。
(27)喜欢运动量大的剧烈运动，或参加各种文体活动。
(28)爱看感情细腻、写人物内心活动的文学作品。
(29)能够同时注意几件事情。
(30)喜欢有条理而不甚麻烦的工作。
(31)情绪高昂时，觉得干什么都有兴趣；情绪低落时，又觉得干什么都没有意思。
(32)宁可一个人干事，不愿很多人在一起。
(33)生活有规律，很少违反制度。
(34)讨厌做那种需要耐心、细致的工作。
(35)心里有事，宁愿自己想，也不愿意说出来。
(36)认准一个目标，就希望尽快实现，不达目的，誓不罢休。
(37)同样和别人学习、工作一段时间后，常比别人更疲倦。
(38)遇到可气的事就怒不可遏，想把心里的话全都说出来才痛快。
(39)别人讲授新知识、新技术时，总希望他讲慢些，并且多重复几遍。
(40)符合兴趣的事情，干起来劲头十足，否则就不想干。
(41)做作业或完成一件工作总比别人花更多的时间。
(42)喜欢参加热烈的活动。
(43)不能很快地把注意力从一件事情转移到另一件事情上去。
(44)接受一项任务后，就希望把它迅速解决。
(45)认为墨守成规总比冒风险强些。
(46)工作和学习时间长了，常常感到厌倦。
(47)当我烦闷时，别人很难使我高兴起来。
(48)爱看情节起伏跌宕、激动人心的小说或文学作品。
(49)在学习和生活中，常常因为反应慢而落后于人。
(50)和周围人们的关系总是相处不好。
(51)一点小事情就能引起情绪波动。
(52)理解问题总比别人快。
(53)碰到危险情况时，常常有一种极度恐惧感。
(54)对学习、工作、事业怀有很高的热情。
(55)对工作认真、严谨、始终如一。
(56)善于和人交往。
(57)不喜欢长时间谈论一个问题，愿意实际动手干。
(58)和人争吵时，总是先发制人，喜欢挑衅。

(59)厌恶那些强烈的刺激,如尖叫、噪音、危险镜头等。

(60)到一个新的环境很快就能适应。

以上 60 道题,要实事求是,平时你怎么想和怎么做,就怎么填。

评分方法:看完题后,如果认为此题与你平常所想和所做的"完全相符",则在"得分"栏内记"2"分;如果是"比较符合",则在"得分"栏内记"1"分;如果"介于符合与不符合之间",请在"得分"栏内记"0"分;如果"比较不符合",则记"－1"分;如果"完全不符合",则在"得分"栏内记"－2"分。

第一步:将每题得分填入下表相同题号的"得分"栏内。

第二步:计算每一种气质类型的"总分"。

第三步:气质类型的确定方法:(1)如果某种气质类型的得分明显高出其他三种,平均高出 4 分以上者,则可以确定你就是该种气质类型。(2)如果该气质类型的得分超过 20 分,则为典型;如果该得分为 10－20 分,则属此种气质的一般类型。(3)如果两种气质类型的总分很接近,两者之间相差小于 3,而又明显高于其他两种类型,其高出部分平均超过 4 分以上者,则可定为两种气质的混合型。(4)如果有三种气质的总分很接近,但又明显高于第四种者,那么你的气质属于三种气质的混合型。

胆汁质类型	题号	2	6	9	14	17	21	27	31	36	38	42	48	50	54	58	总分
	得分																
多血质类型	题号	4	8	11	16	19	23	25	29	34	40	44	46	52	56	60	总分
	得分																
黏液质类型	题号	1	7	10	13	18	22	26	30	33	39	43	45	49	55	57	总分
	得分																
抑郁质类型	题号	3	5	12	15	20	24	28	32	35	37	41	47	51	53	59	总分
	得分																

气质类型的划分及其行为特征说明如下:

(1)胆汁质(兴奋型)。胆汁质的神经过程强,不均衡(兴奋过程较强),不灵活(指由兴奋过程转换为抑制过程)。其主要的行为特征是:精力充沛,胆量较大,好猛干,但往往粗枝大叶;兴奋性行为反应敏捷而迅速,但要把兴奋性行为转变为抑制性行为较不灵活;情绪的抑制较难,易表现暴发性情绪;行为的外倾性明显;对兴奋性行为的改造较不容易。适合从事外贸、信息、管理工作,善于管理逆境企业。

(2)多血质(活泼型)。多血质的神经过程(兴奋过程和抑制过程)强,均衡,灵活。其主要的行为特征是:精力充沛,但局限于从事内容多变的活动;行为反应灵活而敏捷,情绪易表现和变换;行为的外倾性明显;对行为的改造较容易。这类人适合从事公关、销售工作等,善于管理企业。

(3)黏液质(安静型)。黏液质的神经过程强,均衡或不均衡(抑制过程较强),不灵活。其主要行为特征是:有精力,但沉着平稳;行为反应迟缓,不灵活,不敏捷;情绪易受抑制,不易表露,行为的内倾性明显;对兴奋性行为的改造较容易。适合从事科研、金融、保险、会计等,善于管理顺境企业。

(4)抑郁质(抑制型)。抑郁质的神经过程弱,不均衡(抑制过程稍强),不灵活。其主要的行为特征是:对事物的感受性很强,体验深刻、有力、持久,特别敏感多疑;精力较不足,忍耐力较差,胆量较小;行为反应细心谨慎,但迟疑缓慢,带有刻板性;情绪易波动且持久;行为的内倾性严重;对行为的改造较难。这类人适合从事制造业,善于管理朝阳企业。

以上为典型的气质类型。属于单一类型的人为数极少,多数人为中间型气质,即以某一气质型为主,结合另一气质型的一些行为特征。人们的气质存在着相当大的差异,需要特别指出的是:第一,气质没有好坏之分;第二,气质有着一定的互补性;第三,气质类型是可以在实践中改变的。

资料来源:傅琼、杨秀英、章克昌主编:《实用公关与礼仪》,中国人民大学出版社 2004 年版。

复习思考题

1. 商务礼仪的定义是什么?
2. 商务礼仪的作用和原则是什么?
3. 商务人员应具备哪些气质?
4. 商务人员应具备哪些礼仪修养?

第二章 商务人员的个人礼仪

学习目标

知识目标：掌握服饰礼仪的原则。

技能目标：掌握职业装的搭配、饰品的选择与佩戴的礼仪。

掌握正确的仪容礼仪。

掌握端正的仪态礼仪。

掌握规范的社会语言礼仪。

引入案例

注重个人形象的美国前总统

美国前总统尼克松曾在1961年就参加过总统竞选，但是却败在了肯尼迪的手下，他的失败就与仪表风度有关。

尼克松在竞选前的民意测验中，以56%比44%的多数票领先于肯尼迪，但是竞选结果却出人意料——原因是：在竞选过程中，尼克松与肯尼迪要面对美国7 000万电视观众展开辩论，尼克松却在这之前不久发生车祸，以致身体消瘦、形容枯槁。在电视屏幕上尼克松的服装显得松垮宽大，灯影又使他看上去眼窝下陷、疲惫憔悴、萎靡不振。而此时的肯尼迪正好相反，他高大魁梧、健康结实，衣着合体大方，精神饱满、气宇轩昂，结果肯尼迪以美国历史上最微弱的总统竞选差额49.9%比49.6%击败尼克松，取得胜利。

不难看出，仪表是导致尼克松失败的原因之一。尽管尼克松在其他方面都比肯尼迪优秀一些，但对电视观众来说，与形象的差别相比，辩论观点的分歧已显得不那么重要，美国公民希望有一个神采奕奕、具有崭新的领袖风度的总统，而他们只能从电视上的直观形象做出对比和选择。

竞选败北的尼克松终于对良好形象的重要性有所领悟，在1968年，他东山再起，又一次投入到总统竞选之中。这次，他雇用一大批公共关系顾问和形象专家，精心筹划竞选活动，花费很大的气力去塑造成功者的形象。结果，一举成功，当上了美国总统。

虽然尼克松当选还有很多重要原因，但是，他的外表形象却在很大程度上影响着他能否获得竞选的成功，这是不容置疑的。

资料来源：秦丹、胡东莉主编：《商务礼仪》，经济科学出版社2012年版。略有改动。

问题：上述案例告诉我们个人形象的重要性，那么你还了解哪些关于注重个人礼仪的案例呢？

第一节 服饰礼仪

服饰是透视个人形象的一个非常重要的窗口，体现着人的性格、文化、气质及身份、地位等。整齐的服饰通常能给人留下干净、利落、干练的形象，容易获得他人的信任；反之，污损、不洁、邋遢的服饰则会让他人感到不舒服，给人留下不好的印象。因此，在商务活动中，恰到好处的服饰能彰显一个人的气质与魅力，使商务人员的工作得以顺利开展。

一、服饰礼仪的原则

（一）“TPO”原则

“TPO”原则，即“Time（时间）、Place（地点）、Object（目的）”的原则，这是日本男装协会1963年提出的。

1. 时间的原则。时间的原则是强调注意服饰在每天的早上、日间、晚上三段时间的变化，也包括每年春、夏、秋、冬四个季节的更迭以及不同时期的变换。因此，人们在着装时必然考虑到不同的时间，做到随时更衣。日间是工作时间，着装要根据自己的工作性质和特点，总体上以庄重大方为原则。如果安排有社交活动或商务活动，则应以典雅端庄为基本着装格调。晚间的宴请、舞会、音乐会等正式社交活动居多，因此，晚间的着装应以晚礼服为宜，以形成高雅大方的礼仪形象。

小资料

西方许多国家都有一条明文规定：

人们去歌剧院看歌剧一类的演出时，男士一律穿着深色晚礼服，女士着装也要端庄雅致，以裙装为宜，否则不准入场。

2. 地点的原则。地点的原则是指服饰打扮要与场所、地点、环境相适应。在静谧肃穆的办公室身着一套随意性极强的休闲装，穿着拖鞋，或者在绿草茵茵的运动场身着一身西装，穿一双皮鞋，这些都会因环境与服饰不协调而破坏整体气氛。没有统一制服的单位，职员们的服装一般尽可能与工作环境相协调，不过分追求时髦。特别是商务人员，由于经常出入社交场所，所以服饰通常要求高雅、整齐、端庄、大方，以中性颜色为主，不突出形体的线条。职业女装不宜太华丽、太暴露。太华丽或太暴露的衣服会招致他人的骚扰或被别人误以为是花瓶，而影响自己的整体形象。

提醒您

女士夏季在办公室里不适宜的穿戴：

(1)低胸、露背、露腹、敞口无袖上衣或透明衣裳；

(2)一身牛仔服或运动装；

(3)裸露一半大腿的超短裙。

(4)黑网眼或花纹图案的丝袜，露趾的凉鞋；

(5)浓艳眼影、假睫毛、猩红色指甲油，浓郁的香水味；

(6)廉价的首饰，脚链。

3. 目的的原则。目的的原则是指服饰打扮要考虑此行的目的。目的可以从两方面考虑：一是做事的目的，比如去运动，就要穿运动装、运动鞋；二是以想要留给别人的印象来选择服装。

微型案例

穿着得体是一种态度

1921 年，30 岁的北大文学院院长胡适收到上海商务印书馆抛来的“橄榄枝”。当时的商务印书馆规模庞大，人才济济。有意换一个环境的胡适想通过实地考察来决定是否“跳槽”。

7 月，胡适来到上海，一身奇装异服：绸长衫、西式裤、黑丝袜、黄皮鞋，显得中不中、洋不洋。第一次和胡适见面的商务印书馆旗下杂志《小说月报》的编辑茅盾说：“我从来没有见过这样的打扮，也许，这倒像了胡适的为人。”是呀，绸长衫、黄皮鞋和衣服、裤子都不协调，留学多年的胡博士为什么要这么穿呢？

过了一阵子，茅盾才想明白了：胡适要通过自己的服装向世人宣告自己的人生态度，让别人知道自己是一个中西合璧的“文化人”，既浸透传统文化的精华，又极具西方的开放眼光，这也是他这样穿着的目的。

资料来源：王玉苓编著：《商务礼仪案例与实践》，人民邮电出版社 2018 年版。略有改动。

问题：在商务活动中，我们在选择服饰时，需要注意什么？

（二）和谐原则

所谓着装和谐，是指一个人的穿着要与他的年龄、体形、职业和所处的场合相吻合，表现出一种和谐，这样才能给人以美感。

1. 服饰应与年龄相和谐。在穿着上要注意你的年龄，与年龄相和谐。不论是年轻人还是老年人，都有权打扮自己，但是在打扮时应注意不同年龄的人有不同的穿着要求。年轻人应穿得鲜艳、活泼、随意一些，这样可以充分体现出青年的朝气和蓬勃向上的青春之美。而中老年人的着装则要注意庄重、雅致、整洁，体现出成熟和稳重，透出那种年轻人所没有的成熟美。

2. 服饰应与体形相和谐。人的身材有高有低、体形有胖有瘦、肤色有深有浅，穿着应考虑到这些差异，扬长避短。一般来讲，身材高的人可以适当加长上衣，配以低圆领或宽大而蓬松的袖子，宽大的裙子、衬衣，这样能给人以“矮”的感觉，衣服颜色上最好选择深色、单色或柔和的颜色；身材较矮的人，不宜穿大花图案或宽格条纹的服装，最好选择浅色的套装，上衣应稍短一些，使腿比上身突出，服装款式以简单为宜，上下颜色应保持一致；体形较胖的人应选择较小花纹、直条纹的衣料，最好是冷色调，在款式上，胖人要力求简洁，中腰略收，后背扎一中缝为好，应以“V”形领为最佳；体形较瘦的人应选择色彩鲜明、大花图案以及方格、横格的衣料，给人以宽阔、健壮的视觉效果，在款式上，瘦人应当选择尺寸宽大、上下分割花纹、有变化的、较复杂的、质地不太软的衣服，切忌穿紧身衣裤，也不要穿深色的衣服。

3. 服饰应与职业相和谐。不同的职业对服饰有不同的要求。例如，教师、干部一般要穿得庄重一些，不要打扮得过于妖艳，衣着款式也不要过于怪异，这样可以给人留下一个良好的印象；医生穿着要力求显得稳重和富有经验，一般不宜过于时髦给人以轻浮的感觉，这样不利于对病人进行治疗；学生的穿着应朴实、大方、整洁，不要过于成人化；而演员、艺术家等则可根据他们的职业特点，穿得时尚一些。

4. 服饰应与环境相和谐。服饰还要与自己所处的环境相和谐。办公室是个很严肃的地方，因此在穿着上就应整齐、庄重一些。外出旅游，穿着应以轻装为宜，力求宽松、舒服、便于运动。平日居家，可以穿着随便一些，但如有客人来访，应请客人稍坐，自己立即穿着整齐，如果只穿内衣内裤来接待客人，那就显得失礼了。

提醒您

> 在喜庆的场合不宜穿得太素雅、古板；
> 在庄重的场合不能穿得太宽松、随便；
> 在悲伤的场合不能穿得太鲜艳，等等。

（三）整体性原则

正确的着装，能使形体、容貌等形成和谐的整体美。服饰的整体美构成因素包括：人的形象和内在气质，服装饰物的款式、色彩、质地、加工技巧乃至出入的场所等。正如培根所说：“美不在部分而在整体”，孤立地看一个事物的各个部分可能不美，但就整体看却可能显得很美。

着装的整体美是由服饰的内在美与外在美构成的。外在美是指人的形体及服饰的外在表现；内在美是指人的内在精神、气质、修养及服装本身所具有的“气韵”。打扮是外在的，应不断地充实自己的内涵，培养自己优雅的风度及高贵的气质，那么着装上一定是成功的。

（四）个性化原则

服饰的个性化原则包括一个人的年龄、身材、气质、爱好、性格、职业等因素在外表上的反映所构成的个人的特点。各式服装都有自己的内涵和风格，理解服装应如同理解自身一样，就能找到适合自己穿的衣服。只有个性化的着装才能烘托出个性、展示个性，保持自我以有别于他人；只有当服饰与个性协调时，才能更好地发挥其效应，塑造出自己的最佳形象和礼仪风貌。

微型案例

细微之中显素质

大专毕业的王林到一家知名企业求职。王林非常重视这次面试，他在面试前特意按照该公司的文化理念修饰了自己的外在形象。面试当天，从他整洁得体的衣服、干净的指甲、整齐的头发上看，就给人一种精明、干练的感觉。来到企业人事部，临进门前，王林自觉地擦了擦鞋底，待进入室内后随手将门轻轻关上。见有长者到人事部来，他礼貌地起身让座。人事部经理询问他时，尽管有别人谈话干扰，他仍能注意力集中地倾听并准确迅速地予以回答，同人说话时，他神情专注，目不旁视，从容交谈。面试结束后，总经理诚邀王林加盟这家企业。现在，王林已成为这家企业的销售部经理。

问题：在面试中，我们应该身着什么样的服饰？

二、正规职业装

（一）男性的职业装

在一般比较正式的商务活动的场合，男子大多穿黑色或深色的西装，白衬衫，系黑领结，穿黑色硬底皮鞋。

小资料

领带与领结的起源

最早的领带，可以追溯到古罗马帝国时期。那时的战士胸前都系着领巾，那是用来擦拭战刀的布，在战斗时把战刀往领巾上一拖，可以擦掉上面的血。因此，现代的领带大多用条纹形的花纹，起源在于此。

1668 年，法国国王路易十四在巴黎检阅克罗地亚雇佣军，雇佣军官兵的衣领上系着的布带，就是史料记载的最早的领带。领带的历史由此开始了。

法国路易十四统治时期，因受到罗马军装的影响，皇家的 Croat 联军渐渐流行蕾丝绲边的服装，并在领口处以简单的系结作为装饰。这便是法文 Cravate，就是源自 Croat 这个字。渐渐地，原本的领结形式为一种较小的高领圈取代，上面并缀有皱褶。

当时时髦的流行打法，即在领圈的底部系上长形黑色缎带。后来，领带开始变宽，这种款式流行了近一个世纪。1930 年，领带的形式渐渐具有如今的模样。1949 年，依照当时规定，没有打领带的绅士无法进入正式场合，慢慢地领带成为社会地位的特殊符号，并因此开始风行。

资料来源：百度知道，https://zhidao.baidu.com/question/7683455.html。略有改动。

目前，国际上流行的西装在外观造型上一般可以分为英式、美式、欧式和日式四种款式。

英式西装的特征是，肩部与胸部线条平坦、流畅，轮廓清晰，面料一般采用纯毛织物，多为单排扣式，后摆两侧开衩，颜色以深蓝或黑色为主，配以白色衬衣和黑领结，给人的整体感觉是威严、庄重、高贵，最能体现绅士派头，“登喜路”牌西装就是典型的英式西装。英式西装适合于宴会、酒会、庆典、会见贵宾等高级社交场合。

美式西装的特征在于造型上略收腰身，多为单排扣式，后背开单衩或双衩，肩部不用过高的垫肩，胸部也不过分收紧，保持自然形态，这样的西装比较适合日常办公时穿着，“布鲁克斯兄弟”牌西装便是美式西装的典型。美式西装适合于舞会、访友、参观、会议等半正规场合。

欧式西装的特征在于上衣呈倒梯形，多为双排两粒扣式或双排六粒扣式，而且纽扣的位置较低。它的衣领较宽，强调肩部与后摆，不太注重腰部，垫肩与袖笼较高，腰身中等，后摆无开衩，其代表的品牌有“杰尼亚”“费雷”“皮尔·卡丹”。

日式西装的主要特征是：上衣的外观呈现为“H”形，不过分强调肩部和腰部。垫肩不高，领子较短、较窄，不过分地收腰，后摆心不开衩，多为单排扣式。国内常见的日式西装品牌有“顺美”。

以上四种款式各有特色，中国人可以根据不同场合和自己的喜好来选择。

提醒您

西装各板型的特点：

欧式西装洒脱大气，英式西装剪裁得体，美式西装宽大飘逸，日式西装贴身凝重。欧式西装要求穿着者高大魁梧，美式西装穿起来稍显散漫，英式西装与日式西装更适合中国人穿着。

资料来源：王芬：《秘书礼仪实务》，电子工业出版社 2014 年版。

西装有单件上装和套装之分，套装又分为两件套和三件套。两件套套装包括一衣和一裤；三件套西装套装则包括一衣、一裤和一背心。三件套西装比起两件套西装来，要显得更加正规一些。男性在参加高层次的商务活动时，以穿三件套的西装为好。按照西方的习惯，不论天气多凉，西装里面是不穿毛衣的。在我国，冬天寒冷的地方，人们还是不能不穿毛衣。但是西服里面只能穿单色、套头、鸡心领式的薄羊毛衫，不可以穿毛开衫，也不可以重重叠叠穿好几件。

西装的纽扣不仅有实用价值，而且也具有装饰作用。西装有双排扣和单排扣之分。双排扣上衣显得更严肃，扣子必须都系上，不能敞开来穿。单排扣西装有一粒扣、两粒扣、三粒扣以及更多粒扣的。一般场合可以不系扣，严肃的场合，如会见客人、谈判等，两粒扣西服只系上面一粒，三粒扣的只系中间或中间和上面两粒，总之，不管几粒扣，最下面的那粒系上会显得很拘谨、土气。坐下的时候可以解开扣子。

微型案例

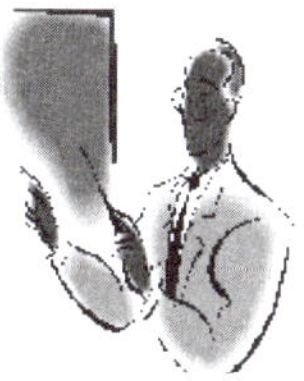

总统的拒绝理由

林肯的一位老朋友听说林肯要重组内阁，便向他推荐了一位人才。见面这天，林肯准时来到约定的酒店，但朋友介绍的才子却迟到了。

这位才子到来后，只见他穿着一件皱巴巴的旧西装，领带上面有星星点点的油渍，头发凌乱地披散着，鞋子上面沾满灰尘。这人见了林肯，并没有表现出对总统起码的尊重，也没有向林肯表示迟到的歉意。

林肯虽然对眼前这个人很失望，但他还是礼节性地和他谈了一会儿话，谈话中林肯明显感受到，此人虽然有一些才华，但过于骄傲和狂妄。于是，他礼貌地和那个人握手告别了。

朋友见到林肯，迫不及待地询问结果，林肯直率地说："他不太适合做我的内阁成员，并不是他的学识不够，而是他连最基本的礼仪都不懂，而且他的着装实在是太随意了……"朋友有些不理解，林肯平静地说："如果一个人在仪表上都不加修饰的话，那么他再有才华也不会给人以好感，尤其是当人过了一定的年龄，就更应该注重他的个人仪表。我想，没有人愿意与一个言辞傲慢、衣着邋遢、不修边幅的人共事吧？"

资料来源：王玉苓编著：《商务礼仪案例与实践》，人民邮电出版社2018年版。略有改动。

问题：从上述案例中你得到了什么启示？

衬衫：浅色衬衫最好，白色的最不会出错，浅色有细隐条的也行。衬衫的领子一定要合适，如果太松，则不好打领带。衬衫的领子应该比西服外套的领子高几厘米，袖口比西服外套长出1—2.5厘米，既利于保护外套，也显出品位。不系领带时，衬衫领口可以敞开；如系领带，应穿着有衬硬领的衬衫，领围以合领后可以伸入一个手指头为宜。袖口的扣子必须系上，再热的天在公务活动中也不能把袖子卷起来。衬衫的下摆要塞在裤子里。

皮鞋和袜子：只能选黑色或深棕色皮鞋，传统的系带鞋最为正规，漆皮鞋、鞋面带亮片、镂空花纹的都不适合在公务场合穿。一定要穿深色袜子，最好与裤子的颜色一致，绝不能穿白色的袜子，白色袜子属于休闲袜。袜子要长及小腿肚，袜口松紧度要适中，衬衫、袜子应该天天换。

腰带：应该是真皮的，颜色与皮鞋、公文包的颜色一致，皮带扣的式样应该简洁。

领带：领带的面料以真丝面料为好。颜色可以和西服同一色系，但不完全相同，也可选择以暗红等较深沉的颜色做底色、图案为几何形的领带。领带的扎法也很有讲究，一般是扣好衬衣衣领的纽扣后，将领带套在衣领外，然后将宽的一片稍稍压在领角下，抽拉另一端，领带就自然夹在衣领中间，而不必把领子翻立起来。扎系领带时必须保证领带绝对干净，其结要工整，如果脏污、旧损或歪斜松弛，不如不扎的好。因为扎系领带是为了进一步表明精神、尊严和责任。总之，要以优雅、精致的风格取胜。领带系好后，下端不能长于皮带扣的上端。

领带夹：领带夹包括领带棒、领带针、领带别针等，有各种型号，主要功能是固定领带，并不应突出其装饰的功能。佩戴时应注意，领带夹的位置不能太靠上，以从上往下数衬衫的第四粒和第五粒纽扣之间为宜。系好西装上衣的扣子后，领带夹是不应被看见的。

手帕：西装手帕的整理也很重要。西装手帕是起装饰作用，是以熨烫平整的各种单色手帕折叠而成的，式样有三角形、三尖峰形、任意形和V形等。西装手帕插于西装的上衣口袋，根据不同场合需要，变化成各种图形。装饰手帕使用得当，能起到画龙点睛的作用。

西装衣袋：上衣两侧的两个衣袋只作为装饰用，不宜装东西；上衣胸部的衣袋是专装手帕的，而票夹、笔记本、笔等物品可置于上衣内侧衣袋。

西裤：左右插袋和后袋同样不宜放鼓囊之物，以求臀围合适、裤形的美观。

小资料

在礼仪场合，西装、衬衫、领带通常的搭配方法有：

(1)黑色西装，配白色或浅蓝色衬衫，系砖红色、绿色或蓝色调领带；

(2)中灰色调西装，配白色或浅蓝色衬衫，系蓝色、深玫瑰色、褐色、橙黄色调领带；

(3)墨绿色调西装，配白色或银灰色衬衫，系银灰色、灰黄色领带；

(4)乳白色西装，配与红色略带黑色、砖红色或黄褐色调领带互补的衬衫会更显得文雅气派。

提醒您

商务人员在穿西装时，应特别注意以下几个方面的问题：

(1)应拆除衣袖上的商标；

(2)应熨烫平整；

(3)应扣好纽扣；

(4)应不卷、不挽衣袖；

(5)应慎穿毛衫，在冬季寒冷时，可以穿一件“V”形领单色羊毛衫，不妨碍戴领带；

(6)应少装东西，上衣内侧胸袋可用来放钢笔、钱夹或名片夹。

(二)女性的职业装

女性职业装的着装准则是：简洁大方，自然得体。在参加正式的商务活动时，女士着装要典雅大方，通常穿职业套裙；在一般的社交场合，也可以穿旗袍或其他民族服饰。商界人士约定俗成地认为：在所有适合于商界女士在正式场合所穿着的裙式服装之中，套裙是名列首位的选择。

微型案例

服饰搭配合理

小李在一家国内的公司工作。某天，公司派她前往国外的某城市，去参加一个大型的外贸商品洽谈会。为了显示自己的干练，小李在洽谈会上专门穿了一身的黑色衣服，上身为黑色皮衣，下身为黑色皮裙。然而，正是她的这身服装使不少外商对她敬而远之，都带着问号看着她，甚至连跟她正面接触一下都不情愿，小李很是茫然。

问题：为什么小李在这次洽谈会上令很多外国客商对其敬而远之？

套裙，是西装套裙的简称。其上身为一件女士西装，下身是一条半截式的裙子。在商务活动中，将套裙穿在任何一位商界女士的身上，都无一例外地会使之精神倍增、神采奕奕，而且还能烘托出白领丽人所具有的神秘韵味，使之显得优雅、文静、娇柔和妩媚。

根据礼仪规范，一套可供商界女士在正式场合所穿着的套裙，通常必须具备如下特色：它应当是由高档面料缝制的，上衣与裙子应当采用同一质地、同一色彩的素色面料，做工考究。上衣注重平整、挺括、贴身，较少用饰物、花边进行点缀；裙子则应以窄裙为主，并且不宜过短。套裙通常采用的面料是薄花呢、人字呢、女士呢、华达呢、舍味呢、凡立丁、法兰绒等纯毛面料，除此之外，高档的丝绸、亚麻、麻纱等也在选择之列。套裙的颜色，一般以冷色调为主，借以体现出着装者的典雅、端庄的气质。职业套裙的最佳颜色是黑色、藏青色、灰褐色、灰色和暗红色，精致的方格、印花和条纹也可以选择，但是红色、黄色或淡紫色的两件套裙因为颜色过于抢眼，在选择的时候应慎重。

另外，在穿套裙的时候，还要注意衬衣、袜子、皮鞋、内衣的搭配。

衬衣：衬衣的颜色、图案、式样是丰富多彩的。只要不过分耀眼，颜色与外套协调就可以了。如果外套的颜色较深，浅色、柔和色调的衬衫可以冲淡过于凝重的氛围，因此像白色、黄白色和米色的衬衫都是不错的搭配。另外，质地较好的圆领、一字领、V 形领紧身衫，也可与西服外套相配。

袜子：在正式场合，绝不能赤足穿鞋。穿裙装时要配丝袜，接近肤色的肉色最适中。黑色袜子只能配黑色的裙子，不能穿带图案或网眼的袜子，也不能用白色袜子配职业装。裙子越短，袜子就越长，要超过裙摆，即使坐下、弯腰也不会露出袜口。由于丝袜很容易跳丝，所以应随身携带一双备用袜。

皮鞋：作为与职业装配套的皮鞋，鞋跟高度最好不超过 4 厘米。鞋的颜色要深于套服，黑色、深棕色、深灰色的皮鞋比较容易与衣服搭配。漆皮鞋、前露脚趾后露脚后跟的凉鞋以及式样过分时髦的鞋，都不适合工作场合。

内衣：内衣要合体。夏天衬衣较薄，内衣的颜色最好是肉色或白色。

提醒您

职业女性不恰当的着装

过分时髦型：过分追求流行、时尚，而忽视了着装的原则，一名成功的职业女性对于流行的选择必须有正确的判断力，同时要切记：在办公室，主要表现工作能力而非赶时髦的能力。

过分暴露型：夏季，很多职业女性不够注重自己的身份，穿起颇为性感的服装，这样会让人觉得轻浮，并忽视其内在品质。

过分正式型：过分正式的服装也会让人觉得呆板，职业装也要有自己的个性。

过分潇洒型：最典型的就是一件随随便便的 T 恤或罩衫，配上一条泛白的“破”牛仔裤，丝毫不顾及办公室的原则和体制，这样的穿着可以说是非常不合适了。

过分可爱型：很多俏丽可爱的服装并不适合工作和社交场合，这样的穿着会给人轻浮、不稳重的感觉。

微型案例

韩燕是某大学的硕士研究生，毕业后凭着自己的能力和较强的责任心被某高校聘为辅导员。某次，学校教师节表彰大会，学校负责筹备的老师让韩燕代表全体辅导员教师尤其是新教师在学校教师节表彰大会上发言，但是该老师只提醒了韩燕写讲话稿时应该注意的事项，没有提示其着装。在教师节表彰大会的当天，韩燕上身穿紧身的低领白色T恤，下身为牛仔短裤，配黑色的长筒丝袜和高跟凉鞋，等其一上台给大家行礼的时候，台上、台下嘘声一片。韩燕马上紧张得不知所措，勉强把慷慨激昂的讲话稿草草读完，灰溜溜地下台了。

问题：韩燕的问题出在哪里？公共场合，我们在着装上应该注意什么？

三、饰品的选择与佩戴

饰品的佩戴和服装的搭配一样，应合乎礼仪，尤其是对项链、耳环、戒指这些在礼仪场合经常需要的饰品佩戴常识更应了解。

（一）项链的选择与佩戴

项链，男女均可以佩戴，但男士所戴的项链一般不应外露。通常，所戴的项链不应多于一条，但可将一条长项链折成数圈佩戴。一件高贵的礼服，配上一条名贵项链，会显得越发富丽，但如果对项链的色彩、质地、造型的各种功能没有正确的认识，效果就可能适得其反。一般来讲，金项链会给人一种华贵富丽的感觉；珍珠项链则以白润光洁而给人以高雅的美感；景泰蓝、玛瑙等项链大多颜色深、古朴、典雅，配以明亮的对比色，效果会更好。从项链的造型来看，细小的金项链只有与无领的连衣裙相配，才会显得清秀，而挂在厚实的高领衣装外，会给人单薄寒酸的印象。矮胖圆脸的人，挂上一串下垂到胸部的项链，会使人感到似乎增加了身高，拉长了脸型；而脖子细长的人，以贴颈的短项链，尤以大珍珠项链最为合适。

（二）戒指的选择与佩戴

戒指，不仅有不同的质地、不同的造型，也传递着特殊的信息。尽管戒指有钻石、金银等不同质地，浑圆、方形及雕花、刻字等不同造型，但其佩戴方法是一样的。戒指通常戴在左手上。把戒指戴在食指上，表示无偶而求爱；戴在中指上，表示正处在恋爱中；戴在无名指上，表示已订婚或结婚；而把戒指戴在小手指上，则暗示自己是一名独身主义者。在不少西方国家，未婚女子的戒指戴在右手而不是左手上；修女的戒指总是戴在右手无名指上，这意味着她已经把爱献给了上帝。一般情况下，一只手上只戴一枚戒指，戴两枚或两枚以上的戒指是不适宜的。

（三）耳环的选择与佩戴

耳环的质地有很多，有金银、珍珠等质地，形状也各异，有圆形、方形、三角形、菱形等。一般来说，纯白色的耳环和金银耳环可配任何衣服，而色彩鲜艳的耳环则需与衣装相协调。佩戴熠熠闪光的钻石耳环或洁白晶莹的大珍珠耳环，必须配以深色高级天鹅绒旗袍或高档礼服；而人们习惯佩戴的金银耳环对服装则没有更多的限制。另外，选择耳环时主要应考虑到自己的脸形、头形、发式、服饰等方面。例如，长脸形，特别是下颌较尖的脸形应佩戴面积较大的扣式耳环，以便使脸部显得圆润丰满，而脸形较宽的方脸形，宜选佩面积较小的耳环；服饰色彩比较艳丽，耳环的色彩也应艳丽。

(四)手镯与手链的选择与佩戴

佩戴手镯与手链也很有讲究,不能想怎样戴就怎样戴。手镯和手链,一般只能戴一种。手镯的佩戴应视手臂的形状而定。手臂较粗的应选小而细的手镯;手臂细长的则可选择宽粗的款式,或多戴几个细小手镯来凸显其效果。手镯如果戴在右臂上,则表示佩戴者自由而不受约束;如果戴在左臂或左右两臂同时佩戴,则表示佩戴者已经结婚。一只手上一般不能同时戴两只或两只以上的手镯和手链,因为它们之间会相互碰撞发出声响。若非要戴三只手镯,则一定要戴在左手上,切不可一只手上戴两个,另一只手戴一个。手部不太漂亮的人手上戴的东西太多了,反倒容易暴露自己的短处。

提醒您

佩戴饰品应坚持的原则:

(1)遵从有关的传统和习惯,在商务活动中不靠佩戴的饰品去标新立异。

(2)在工作中,商务人员要讲究"首饰三不戴",即有碍于工作的首饰不戴,炫耀其财力的首饰不戴,突出个人性别特征的首饰不戴,如胸针、耳环、脚链之类的首饰不宜佩戴。

(3)商务人员在佩戴首饰时还要注意约定俗成的规范,即以少为佳,一般而言,总量不宜多于三种,每种则不宜超过两件;同质同色,同时佩戴多件首饰时,应尽量选择质地、色彩都基本相同的首饰;风格一致,同时佩戴的多件首饰应当统一风格。

(4)不要使用粗制滥造之物,在商务场合中不戴饰品是可以的,戴,就要戴质地、做工俱佳的。

(5)佩戴饰品必须考虑性别差异,一般场合,女士可适当佩戴首饰,而男士佩戴最多的只有结婚戒指一种,场合越正规,男士戴的首饰就应当越少。

微型案例

学会搭配

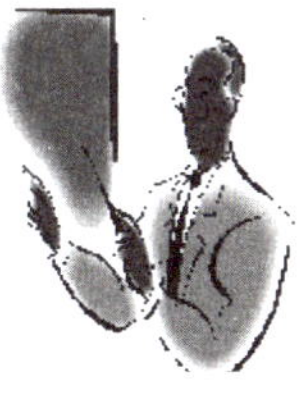

王芳是某外贸企业总经理的秘书,有一次负责该公司华东地区洽谈会的接待工作。为了做好工作,王芳做了很多工作上的准备以确保万无一失,同时也给自己的形象来了一次定位。首先,摘掉自己手上多余的戒指,只留下一枚戒指戴在自己的左手中指上;其次,取下手腕上的手链,只戴手表;再次,把自己喜欢的长形状的耳环换成了耳钉;最后,在项链的选择上也考虑到服饰的颜色和其他饰品的颜色,为了凸显自己的干练,王芳在项链上也做出了相应的选择。

问题:请问王芳为了凸显自己的干练,并配合自己的其他饰品,其应该选择什么款式的项链?

第二节　仪容礼仪

仪容，是指人的容貌，是一个人的精神面貌和内在气质的外在体现，是一个人的“门面”“招牌”，又是一个人的内在素质、内在修养的外在显现。仪容美包括三个层次的含义：一是指人的容貌、形体、体态等的优美，是指人的自然美；二是指经过修饰打扮及后天环境的影响而形成的美，是人为的修饰美；三是指一个人的内心世界和蓬勃向上的生命活力的外在体现，这是指人的内在美。一个人要具有较好的仪容，除了修饰之外，还应不断提高个人的文化、艺术素质和思想、道德水准，培养出自己高雅的气质与美好的心灵，使自己秀外慧中。在商务活动中，人的外表形象往往会起到潜移默化的作用。端庄、美好、整洁的仪容，能使对方产生好感，有益于商务活动的开展，所以注重仪容、努力塑造出自己最佳的形象是商务人员必须认真做到的。

一、发型的修饰

发型，即头发的整体造型。美发是展示良好交际形象的前提，修饰仪容应当“从头做起”。

1. 注意头发的清洁卫生

对头发的打理要勤于梳洗，应掌握洗头的正确方法：应先把头发浸湿，然后把洗发液挤到手上搓匀，再涂到头发上，用手指肚顺着头发生长的方向轻轻搓，不要用指甲挠，那样太伤头发。如果一遍洗不干净，可以冲洗后再少用些洗发液再洗一次，但不要一次用太多的洗发液，这样不仅不利于清洗，而且会对头发有伤害。可以用适量的护发素，但要清洗干净。另外，洗发还要注意时间，通常不宜选择临睡前洗头，如果头发没有干就睡觉，不仅影响发型，而且对身体也不好，选择用吹风机吹干会伤害发质，所以洗头最好提前一些，白天洗发也是不错的选择。梳头时，应注意要轻轻梳头，应先梳理发梢部分，再梳理中段，最后从发根处轻轻梳下来。每天多梳头，有益于头发的健康，但不能在大庭广众之下毫无忌讳地梳头，这是失礼的行为。

2. 发型的选择

发型的选择，除个人偏好可适当兼顾外，最重要的是要考虑个人条件和所处的场所。商界对头发的长度大多有明确的限制：女士头发不宜过肩部，必要时应以盘发、束发作为变通；男士不宜留鬓角、发帘，头发的长度最好不要长于 7 厘米，即大致不触及衬衫领口。而剃光头，则男女都不适合。

对于四方脸形，发型处理上注意对下颌两侧锐挺的线条进行柔化处理，使发型切角成圆，发式的外轮廓应呈圆形，用下垂的头发挡住脸颊两侧的轮廓。顶发应蓬松高耸，额前两鬓角用刘海遮盖，线条要明朗，使脸显得长一些。这种脸形适于烫发，波浪要大，避免头发平直，以用圆润的线条减弱对脸部方正直线条的视觉印象。

对于大脸形，要让头发包覆脸廓，使脸庞看起来集中、紧凑。发型要有流畅感。剪短发的要把两侧头发压低，留长发的应把头发收拢向后。

对于小巧的脸形，在发型设计上要使脸与整个头部、颈部连接起来，而不是让人单单看到一张脸。要收拢头发，除去刘海，紧缩成形，在脑后下垂，以扩大脸部开面，使头颅成球形，小巧而结实。加上小巧精致的辫发，就取得脸不小而得体的印象。

对于长脸形，发型应当顶部低，适当遮额，两侧松而圆，线条柔和，使脸形开阔，以优雅活泼的发式来缓解因长脸而形成的严肃感。长脸形的女性宜选择短而宽的发型，不宜留直线形的长发，避免头发往后梳，使发型与脸形脱节，更显露出长脸的特征。

对于圆脸形，发式宜长不宜宽，可蓄直线形长发，留至肩膀上或下巴的平等线上。额前不要梳厚刘海，顶部头发应梳得松散高耸，两侧头发避免隆起，收紧服帖，不宜剪短发，因头发剪短，易使两侧头发鼓起，脸形会显得更圆。若烫发，可利用波浪式，波浪深些、宽些，修剪成椭圆形轮廓，层次参差，使脸形呈漂亮的鹅蛋形。

微型案例

塑造良好的形象

据说，松下幸之助曾收到一家眼镜公司的来信，信中写道，“在电视里我看到眼镜影响了您的形象，请到我的店里来，我会为您配一副眼镜。”起初，松下幸之助对这封信并没有理睬，但这个公司三番五次地给他写信，最后该公司的经理亲自过来，邀请松下幸之助去他们店里一趟。松下幸之助一看对方是一位 60 多岁的老者，不像是骗子，于是就答应去一趟。到店后，松下幸之助才发现该眼镜店规模很大、实力很雄厚，并不像是想用他的名气来招徕生意的样子。于是他就问经理邀请他来配眼镜的原因。这位经理说：“因为职业需要，您会经常去国外出差，您戴的眼镜不好，外国人会误认为日本没有高级眼镜店。为了不让外国人看不起我们，我必须让您戴一副好眼镜。”

资料来源：王玉苓编著：《商务礼仪案例与实践》，人民邮电出版社 2018 年版。略有删改。

问题：塑造良好的形象，应注意哪些问题？

二、面部肌肤护理

清洁面部可以去除新陈代谢产生出的老化物质以及空气污染、卸妆等残留物，同时也可以清洁肌肤。洗脸时应遵守以下几点：

1. 如果是晚上的肌肤护理，在洗脸前先用卸妆油卸妆。

2. 使用洗面乳的方法是应将洗面乳放在手上揉搓起泡，泡沫越细越不会刺激肌肤，泡沫需揉搓至奶油般细腻才算合格，让无数泡沫在肌肤上移动以吸取污垢，而不是用手去搓揉。

3. 基本上是从皮脂分泌较多的 T 字区（眉毛上端和鼻梁）开始清洗，额头中心部皮脂特别发达，要仔细清洗。手指不要过分用力，轻轻地由内朝外画圆圈滑动清洗。

4. 用指尖轻柔仔细地清洗皮脂腺分泌旺盛的鼻翼及鼻梁两侧，这一部分洗不干净将导致脱妆及肌肤出现油光。

5. 嘴巴四周也要清洗，脸部是否洗净，重点在于有没有注意细小的部位，清洗时以按摩手法从内朝外轻柔地描画圆弧状。

6. 下巴和 T 区也一样，容易长青春痘及粉刺。不但如此，这还是洗脸时往往容易忽略的部位。洗脸时应由内朝外不断画圈，使污垢浮上表面。

7. 面积较大的脸颊部位需要特别仔细地关照。清洗面颊的诀窍是，不要用指尖接触皮肤而是用指肚，使指肚仅有的面积充分接触脸颊的皮肤，以起到按摩清洁的作用，洗脸的重要技巧是在于不要太用力，以免给肌肤带来不必要的负担。

8. 洗脸时要记得洗到脖子部位，下巴底部、耳下等也要仔细洗净，粉底霜没去除干净，将引发各种肌肤问题。

9. 冲洗时用流水(水龙头不关)充分地去除泡沫，冲洗次数要适度，在较冷的季节，需使用温水，以免毛孔紧闭而影响了清洗效果。

10. 洗脸后用毛巾擦拭脸上水分时，不可用力揉搓，以免伤害肌肤。正确使用毛巾的方法是将毛巾轻贴在脸颊上，让毛巾自然吸干水分。

三、化妆

化妆是女性塑造自己形象的重要手段，是参加各种商务活动时修饰仪表不可或缺的方法。对一般人来讲，化妆最实际的目的，是为了对自己的容貌上的某些缺陷加以弥补，以期扬长避短，使自己更加美丽，更加光彩照人。

小资料

化妆的由来

一、画眉

据说画眉之风起于战国，在还没有特定的画眉材料之前，妇女用柳枝烧焦后涂在眉毛上。古代妇女画眉所用的材料，随着时代的发展而变化。从文献记载来看，最早的画眉材料是黛，黛是一种黑色矿物，也称“石黛”。

描画前必须先将石黛放在石砚上磨碾，使之成为粉末，然后加水调和。磨石黛的石砚在汉墓里多有发现，说明这种化妆品在汉代就已经使用了。除了石黛，还有铜黛、青雀头黛和螺子黛。铜黛是一种铜锈状的化学物质。青雀头黛是一种深灰色的画眉材料，在南北朝时由西域传入。螺子黛则是隋唐时代妇女的画眉材料，出产于波斯国，它是一种经过加工制造、成为各种规定形状的黛块。使用时只要蘸水即可，无须研磨，因为它的模样及制作过程和书画用的墨锭相似，所以也被称为“石墨”，或称“画眉墨”。

到了宋代，画眉墨的使用更加广泛，妇女们已经很少再使用石黛。关于画眉墨的制作方法，宋人笔记中也有叙述，例如《事林广记》中说：“真麻油一盏，多着灯心搓紧，将油盏置器水中焚之，覆以小器，令烟凝上，随得扫下。预于三日前，用脑麝别浸少油，倾入烟内和调匀，其墨可逾漆。一法旋剪麻油灯花，用尤佳。”这种烟熏的画眉材料，到了宋末元初，则被美其名曰“画眉集香圆”。元代之后，宫廷女子的画眉之黛，全部选用京西门头沟区斋堂特产的眉石，至明清也如此。

到了20世纪20年代初，随着西洋文化东渐，我国妇女使用的化妆品也发生了一系列的变化。画眉材料，尤其是杆状的眉笔和经过化学调制的黑色油脂，由于使用简便又便于携带，一直沿用到今天。

二、妆粉

中国妇女使用妆粉至少在战国就开始了，最古老的妆粉有两种成分：一种是以米粉研碎制成；另一种妆粉是将白铅化成糊状的面脂，俗称“胡粉”，因为它是化铅而成，所以又叫“铅华”，也有称“铅粉”的。两种粉都是用来敷面，使皮肤保持光洁。关于米粉的制作方法，在《齐民要术》里有比较详细的记载，最原始的制粉方法，是用一个圆形的粉钵盛以米汁，使其沉淀，制成一种洁白粉腻的“粉英”，然后暴晒，晒干后的粉末即可用来敷面。由于这种制作方法简单，所以在民间广泛流传，直到唐宋时期，人们制作米粉时，仍然采用这种方法。还有一种香粉，是用粟米制作，方法同上，只是最后再加上各种香料，便成为香粉，由于粟米本身含有一定的黏性，所以用它敷面，不容易脱落。与米粉相比，铅粉的制作过程复杂得多，从早期的文献资料看，所谓铅粉，实际上包含了铅、锡、铝、锌等各种化学元素，最初用于妇女敷面的铅粉还没有经过脱水处理，所以多呈糊状。

在宋代，则有以石膏、滑石、蚌粉、蜡脂、壳麝及益母草等材料调和而成的“玉女桃花粉”。在明代则有用白色茉莉花仁提炼而成的“珍珠粉”以及用玉簪花和胡粉制成玉簪之状的“玉簪粉”。清代有以珍珠加工而成的“珠粉”以及用滑石等细石研磨而成的“石粉”等。还有以产地出名的，如浙江的“杭州粉”（也称官粉），荆州的“范阳粉”，河北的“定粉”，桂林的“桂粉”，等等，粉的颜色也由原来的白色增加为多种颜色，并掺入了各种名贵香料，使其具有更迷人的魅力。近半个世纪以来，随着考古工作深入开展，大批妆粉实物相继出土，有的盛在精致的钵内，有的装在丝绸的包里，最有特色的是从福建福州出土的南宋妆粉，被制成特定形状的粉块，有圆形、方形、四边形、八角形和葵瓣形等，上面还压印着凸凹的梅花、兰花以及荷花纹样。

三、化妆

自古以来，人们为了保护肌体或为了修饰仪表，十分关注化妆。在原始社会，人们习惯于在身体皮肤上涂抹动物脂肪、油类、黏土和黄土，用以避寒防暑和防止昆虫叮咬。当时，人类生活于原始森林中，为了预防风土疾病，还热衷于搞迷信咒术来祛邪除魔，每当人们举行祭典时，必须化妆眼睛和面部。

在古埃及，人们为了防止炎热和皮肤干燥，常用香油和油质软膏涂抹皮肤。另外，古埃及人还喜欢眼圈化妆，即在上下眼皮上用绿色、黑色或蓝色颜料勾画，据说这是为了预防沙眼以及防止苍蝇（古代热带有一种苍蝇能飞进眼内产卵）和飞虫的入侵，也是为了遮蔽灼热的阳光和消毒。因此在配制这种涂料化妆品时，大多掺入具有杀菌作用的蓝绿色孔雀石粉末。后来人们对这类化妆品的色泽也开始讲究起来，便特别爱用淡黑色的二氧化锰调制的涂料，甚至还有选用绿色树脂的。据人们对古代木乃伊的研究分析，结果发现古人的眼皮上部涂过黑色颜料，下眼皮涂过蓝绿色颜料，这种黑色颜料的主要成分是硫化铅，蓝绿色颜料的主要成分是孔雀石（内含大量硫酸铜）。

在中东地区，妇女们很早就有把眼圈勾画成蓝黑色的习俗。至今，在某些伊斯兰国家里，人们仍可透过薄薄的面纱，偶尔见到那些眼圈浓艳的妇女。在古希腊时代，人们先用烟黑涂描眼睫毛，然后涂上黄白色的天然橡胶浆。当时妇女还爱从指甲花中萃取红色染料，涂抹嘴唇和两颊。据记载，纣王爱将凝固的花汁给宠妻爱妾染指甲和化妆面容，因这种化妆品最早源于燕国，所以后人就把它叫作“燕脂”。远在汉代，中国女子已广泛使用口红。从两千多年前的前汉长沙马王堆一号汉墓中出土的漆器梳妆箱中，除有发络、梳子和香粉外，还发现有燕脂。

十八世纪初叶，法王路易十四统治法国，那个时代被称为洛可可时代。据说，这个国王为了美容而宁可剃掉美丽的栗金色卷发，戴上“椭圆形的假发套”，脸上也涂抹红色和白色香粉。其他王公贵族也都喜欢涂脂抹粉，戴上长及双肩的假发套。至于国王的宠妻爱妾和贵妇人更在化妆方面大下功夫，她们把香水如同浇水般地洒在身上，以吸引男子。浴美容也是那些有钱男女们追求的目标，当时最时髦的浴美容法是用仔牛的奶洗澡以及用百合、水莲和蚕豆花的蒸馏水、葡萄汁或柠檬汁等化妆水涂擦并按摩皮肤，目的是使皮肤增白。因为在那个时代，只有白色肌肤的人的血统才是高贵的。据记载，当时国王的宠妾蒙特斯邦夫人等人的每天美容日程表中，规定要有2～3小时的床上化妆时间，她们用香水、香粉和香油猛擦身体皮肤，使身上能持久地保持优雅的香味，然后再在身上抹上一层厚厚的白色香粉。不过，当时的口红和香粉是用铅丹、锡、硫黄和水银等化学药品制作的，长期使用这种口红和香粉，就会使皮肤变硬，皱纹增多。

四、香水和香油

像古印度那样，古代欧、亚洲妇女，为了身体舒适和吸引人，常用化妆术来消除汗臭和体臭。据《埃及的医术》一书介绍，古代王公贵族的淑女们，常用一种添加芳香物质的油状物作化妆品，当时已发明用简单的蒸馏法来提取香油，但还未发明挥发性的香水。这种油状香油中添加了麝香、龙涎香等香料，也有用茉莉花、番红花等花瓣经过蒸馏来提取香精的。在古希腊和古罗马时代，人们已把香水滴入洗澡水，并用浸透这种洗涤液的海绵来擦洗身体。古代的中国人和日本人爱用薰香。

到了十六世纪，由于哥伦布等人发现了新大陆，其后许多新发现的香料便源源不断地被带回欧洲，如可可、秘鲁香膏和华拉尼香料等。当时，人们迷信搽香水和香油(特别是含麝香和龙涎香的)能预防梅毒，因此很快便掀起一股香水和香油热潮。尤其是路易国王统治法国的十八世纪洛可可时代，社会上香料的销售量极大。

资料来源：百度知道，https://zhidao.baidu.com/question/390958608767719165.html。略有删改。

进行一次完整而全面的化妆，从技巧上来讲，是有一定的规范和步骤要求的，具体的步骤如下：

第一，洁面。用洗面奶去除油污、汗水与灰尘，使面部彻底清洁，然后在脸上扑打化妆水，为面部化妆做好准备。

第二，涂敷粉底。先用少量的护肤霜，以保护皮肤免受其他化妆品的刺激。另外，它还有助于使涂敷粉底打底色的工作进行得更容易。接下来，在面部的不同区域使用深浅不同的粉底，使妆面产生立体感。完成之后，便可以使用少许定妆粉，来固定粉底。

第三，描眉画眼。先要修眉、拔眉、画眉，接下来沿着睫毛的根部，画好眼线，再次运用睫毛膏、睫毛器，对眼睫毛进行“加工”、造型，最后通过涂眼影来为眼部着色，加强眼睛的立体感。

第四，美化鼻部。即画鼻侧影，以改变鼻形的缺点。

第五，打腮红。为了修饰美化面颊，应用胭脂扑打腮红，涂好腮红之后，应再次用定妆粉定妆。

第六，修饰唇型。先用唇笔描出口型，然后填入色彩适宜的唇膏，使其红唇生色。

第七，喷香水。以芬芳的气息美化身体的整体。

第八，修正补妆。检查化妆的效果，并进行必要的调整、补充、修饰和矫正。

以上是较为详细的化妆程序，但是一般的商务人员在日常工作中时常需要的是相对简单的工作妆。工作妆应该是淡妆，我们可以在15分钟之内完成。熟练以后，所用时间还会减少。化淡妆的基本方法是：先搽一层面霜，即平时用的护肤霜，在眼睛周围涂厚一点眼霜，以保护眼部皮肤。再打一层粉底霜，然后沾少许干粉，轻轻按在脸上，重点是额头、鼻子、下巴。再用大粉刷把浮粉扫掉。用眼线笔描上下眼线，再用小刷子沾一点浅咖啡色眼影，刷在外眼角上方，向周围展匀；平时有时间的日子，要把眉型修好，这样轻轻几笔就能画好眉了；用粉扑沾一点粉，先按在额头、鼻子、下巴等爱出油的部位，再搽其他部位，然后用粉刷刷掉多余的粉；画唇线（也可不画），涂唇膏，选用接近唇色的唇膏看上去会比较自然。唇是除了眼睛之外最引人注目的地方，干燥、脱皮、无血色都会让人觉得你气色不好、疲劳不堪，所以唇膏也是不能不涂的。长期在空调环境中工作，唇部极易干燥脱皮，至少要涂一层无色的润唇膏来保护唇部。

职业女性上班时化妆，不仅是为了漂亮有精神，还体现了敬业精神。因为看重自己的这份职业，所以要以最佳状态来工作，化淡妆已经成为一种礼节。

提醒您

化妆的礼节及应注意的问题：

其一，化妆的浓淡要考虑时间、场合的问题。白天，自然光下，一般女士略施粉黛即可；职业女士的工作妆也以淡雅、清新、自然为宜。浓妆，多为参加晚间娱乐活动的女士的装扮。在正式场合，女士不化妆会被认为是不礼貌的。

其二，在公共场所不能当众化妆或补妆。在公共场所，众目睽睽之下修饰面容是没有教养的行为。如真有必要化妆或补妆，一定要到洗手间去完成，切莫当众化妆。

微型案例

王丽是某公司的前台，因前台的事情比较少，所以王丽就在上班的闲暇时间不时地拿起自己的小镜子和化妆包进行化妆。有时刚好有客人来，王丽因为妆容没有画好，也懒得搭理客人，任凭客人怎样询问，全当没听见，除非有领导从前台经过，她才赶忙收起桌上的化妆用品。为此王丽没少被客人投诉，部门领导也找其谈话多次，但是王丽自己也很有理由，说自己化妆不是为了自己，是为了公司，那肯定要占用工作的时间，说公司之所以让她去做前台，无非是她人长得漂亮，这不化妆怎么能对得起领导呢？

问题：上述案例，你是如何理解的？

四、商务男士的护肤与美容

据有关资料显示，20世纪80年代末，我国某大城市的一家大型商场，曾经通过摄像机对职员和顾客进行录像调查，统计结果发现，在同一时间内男性照镜子的人数竟然多于女性，只是大多数男子在照镜子时不像女性那样坦然，而是尽量避开别人的视线，表现出一定的隐蔽性。这一调查结果，十分真实地反映出男性爱美的心态。事实上，修饰、装扮不仅是女人的权利。现在，光顾美容院的男士越来越多。许多国家，不仅研制生产了琳琅满目的男子专用的护肤品，也专门开设了男性美容与保健的机构。在我国，男士的美容与保健渐渐受到重视。

每一名职业男士，都希望自己获得上司的信任和公众的好感，更愿意赢得同性的尊敬和异性的青睐，从而给别人留下美好的印象。职业男士护肤美容的基本内容有：洁肤、护肤、剃须和美牙。

1. 洁肤：在清洁方面，因为男性活动量大，皮肤比女性粗，质地硬，毛孔大，表皮容易角质化，汗液和油脂分泌量多，在室外工作的机会多，皮肤上的灰尘和污垢积聚多，清洁皮肤自然应放在首位。在洁肤方面，男性应用洁面乳，清洁皮肤，洁面乳不含刺激皮肤的碱，在清洁皮肤时，不会吸干皮肤本身的油分，洗面后没有紧绷干燥的感觉。

2. 护肤：可以选择一些润肤霜，要选择适合自己皮肤的润肤品，但不可选择过于油腻的，否则，油光满面，容易吸引尘粒，反而不美。职业男士在空调写字间或北方空气干燥的环境下工作，最易使皮肤表面的水分流失，皮肤容易缺乏光泽，老化松弛，滋润是最好的办法。

3. 剃须：男子经常剃须可以使面部清洁，容光焕发。剃须的程序为：

第一，清洁皮肤。剃须前，洗净脸部，在剃须时，因剃刀对皮肤会产生刺激，或轻微地挫伤皮肤，若脸上或胡须上有污物，会引起皮肤感染。

第二，软化胡须。先用热毛巾捂敷胡须，使胡须软化。若用手工剃须刀剃须，将剃须膏或皂液均匀地涂抹在胡须上，以利于刀锋对胡须的切割，并减轻对皮肤的刺激。

第三，开始剃刮。剃须时应绷紧皮肤，以减少剃刀在皮肤上运行时的阻力。剃须的顺序是，从左到右，从下到上，先顺毛孔剃刮，再逆毛孔剃刮，最后再顺刮一次。

第四，剃后保养。因为刮胡须对皮肤的刺激和损害会令皮肤粗糙，为了在新皮肤膜再生之前保护好皮肤，应在剃须后用热毛巾敷上几分钟，然后涂擦刮须后的护肤品。

4. 美牙。大部分的男士因为长期吸烟和喝浓茶的习惯，容易使牙齿表面染上一层“茶锈”和“烟渍”，牙变黑变黄。这样的牙齿有碍观瞻，说话时需要用手捂住嘴，这样久而久之便会有交往的心理障碍。为了在商务活动中表现得更为出色，美牙也是关键。当牙齿出现黑黄的时候，可以去医院口腔科进行专门的治疗。

五、香水的使用

在商务活动中，为了让自己芳香四溢，给别人以好感，很多商务人员都在使用香水，以期塑造自己良好的形象。

微型案例

李华不仅人长得漂亮，而且也愿意打扮。有一次公司搞展会，让李华做展品介绍，李华为了做好工作，同时想到夏天可能会出汗，让客人闻出自己身上的汗味就不好了，于是去商场选购了一款很浓的香水，展会当天李华打扮妥当后就喷好自己新买的香水去上班了。到了展会的现场，李华看到有客人来赶紧去迎接，并做介绍，但是客人们没坚持多久就纷纷离开了。李华不知所以然，一会儿经理来检查工作进展情况，一走到李华身边，便不住地打喷嚏。经理很生气，跟李华说，在公共场合这种浓烈的香水以后不要用了，用这么浓的香水，客人谁能受得了，工作怎么能开展得好呢？

问题：在工作场合，我们选择香水时需要注意什么问题？

香水是含香料最多的，稍微抹一点就有较持久的香气。香水的类型大致分为四种，即香精、香水、淡香水、古龙水。不同种类的香水其浓度、持续时间及使用场合都会不同。在这些类型中，香水的香型也有所不同，我们常用的有花香味、香草味、柑橘香、绿草香、混合香、清甜味、东方调等香型。不同的个性与爱好可以决定你喜欢的香型，选用一款适合自己的香水，才能成功掌握自己的迷人之处。

根据香水中香精的含量与香气持续的时间来划分，香水可分为四种类型：

浓香型香水：又称为香精，香气可持续 5～7 小时；

清香型香水：香气可持续 5 小时左右；

淡香型香水：香气持续的时间为 3～4 小时；

微香型香水：又称微香氛，香气持续的时间为 1～2 小时。

在这四种类型的香水里，第一种适合人们在出席宴会、舞会时使用，第二种适用于一般性的交际应酬，第三种适合于上班时使用，第四种则主要用于浴后或进行健身运动时使用，它们通常是不能乱用的。

一般香水又分为沾抹和喷洒两种。使用沾抹式香水时，涂抹时注意呈点状式。最好用一块专用香水布，以免杂物和油脂破坏香水的香气。使用喷洒式香水，最好先将其喷洒至空中，然后站在距离香雾 20 厘米左右的地方沾取香气。

在使用香水时，要从手腕移向身体，即先把香水沾在手腕上，然后再移往另一手的手腕，再从手腕移至耳后，然后擦在所有的部位上，不要用摩擦的方式。

适合喷洒香水的部位有：耳后和耳垂、手腕内侧、膝盖后面，这几个地方静脉血管离体表比较浅，体表温度略高，利于香水的挥发。千万不要喷洒在头发上和腋下等爱出油、汗的地方，香水和汗味混合，味道可不太美妙。胸前也要少喷，否则太浓的香味直冲鼻子。

往浅色衣服上喷洒香水要慎重，因为在阳光的作用下，香水也许会在衣服上留下痕迹。应该在衣服和裙子的下摆喷洒香水，香味会自下而上地浮动。

如果要用香水，其他化妆品的香气就越淡越好，才不会影响到香水的纯正味道。使用香水所达到的最好效果，是当你与别人擦肩而过时，留下的是隐隐约约、若有若无的香气，而不是重重给别人鼻子一击，让他人半天喘不过气来。香水由于是一种直接涂抹在人体肌肤上的商品，所以品质的好坏直接影响到身体健康。

小资料

如何选购香水

1. 选购香水要适合您的年龄、性别、外貌特征和个性特点。比如说，一个优雅自信、高贵妩媚、风情万种的成熟女性适合浓郁的东方香味，神秘而具诱惑力的花香将是您的首选；青春洋溢、活泼好动的小女孩就适合雅致、清新同时散发纯朴气息的花香香水；幽默开朗、精力充沛的现代男人适合充满海洋气息的香水及木香，可以突出男人的味道。

2. 选购香水要与季节、气候、使用香水的场合以及您的职业、身份相匹配。由于季节的不同，人的体质也有不同，比如由于出汗的原因，夏季适合清淡一些的清香调。冬天由于寒冷干燥的空气易蒸发掉你的香气，而适合挑选浓香水。总的来讲，所选的香味不要具有刺激性，不能引起你身边人的反感，让周遭的环境去衬托你的香水，让香水去提升你的身份与地位。

3. 香水是一种浓缩化妆品，它在带来香气的同时也能给一些具有过敏症的人群带来麻烦，会使人体的免疫系统和激素分泌发生紊乱。如果你或你身边的人有哮喘病、鼻炎、皮肤炎症和对香水过敏，需注意香水不要抹得太多，以免将你的清香建立在这些过敏者痛苦的基础上，或选择抗过敏的香水擦拭。

4. 应尽可能使用天然成分含量高、化学合成物少的香水。当你在如此众多的香水制品前眼花缭乱时，不妨咨询一下周围比较懂行的同事。在购买香水时，千万别贪图廉价而去购买地摊上的香水，它对皮肤会有伤害。要注意你所购买的香水的声誉，一般品牌香水比较让人放心。

资料来源：http://pages.ebay.com.cn/buy/guides/—47589。

小资料

使用香水的禁忌：

1. 最大的禁忌就是抹得太多。

2. 重叠使用不同的香水，不仅无法表现出香水本身的特质，还可能交错出奇怪的味道。

3. 流汗时不可直接在肌肤上使用香水。

4. 由于香水经紫外线照射会产生斑痕，故在直接接触阳光的地方不要涂抹香水。

5. 不可将香水喷洒于白色衣物上，以免留下污渍。

6. 香水不要碰到珠宝，金、银制品。如果要戴珠宝，金、银饰品，最好是先喷香水再戴，否则会使之褪色、损伤，尤其是珍珠，很容易受到带有化学成分的物质影响而改变品质。

第三节　仪态礼仪

仪态是指人在行为中的姿势和风度。一个人的一举一动、一笑一颦、站立的姿势、走路的步态、说话的声音、对人的态度、面部表情等都能反映出一个人仪态美不美，而这种美又恰是一个人的内在品质、知识能力、修养等方面的真实外露。对于仪态行为礼仪，要求做到的原则是：自然、文明、稳重、美观、大方、优雅、敬人。

举止是指人的姿态和风度。优雅的举止应当是大方的、从容的、自信的。举止有各种各样，最基本的是站、坐、行的姿态、手势和表情。在商务活动中，举止优雅的人容易与别人沟通，得到信任。人们无法相信，一个举止粗俗的人，是受过严格的专业训练的，人们往往不愿意把重要的事情交给他去做，或者与之成为合作伙伴。

一、挺拔的站姿

站立时要有精神，要挺拔。正确的姿态是：头正、肩平、两肩放松，双臂自然下垂，双手放于大腿两侧或相握于身前，挺胸。男性双腿可分开，双脚间的距离最多与肩齐；女性双腿应并拢，脚尖微微外撇，也可以双脚前后相错半脚站好。长时间站立时，可暗暗调整身体重心，使双脚轮流承受身体重量。有人以一腿弯一腿直的方法调整重心，看上去很懒散，这种姿势是不可取的。总之，正确的站姿给人以挺拔舒展、落落大方、精力充沛的印象。

经常出现的错误站姿有：倚着墙或其他物体站立；驼背、挺腹、塌腰或一腿不停地抖动；双手叉在腰间或插在兜里等，都会给人留下不好的印象。

正确站姿的训练方法：背靠墙站，要求头部、双肩、臀部、小腿和脚后跟都紧贴墙壁，坚持15～20分钟。经常这样训练，相信你会挺拔而又轻松地站立。

（一）职业女士的站姿

女士在正式场合最优雅动人的站姿应当是：全身直立，双腿并拢，双脚微分，双手搭放在腹前，抬头、挺胸、收腹、目视前方。

1. 女士在正式场合双膝应挺直，而在非正式场合则可以做“稍息”状，但是不论在哪一种场合，双膝都应当有意识地靠拢。

2. 女士站立时，脚跟应靠拢在一起，两只脚尖应相距10厘米左右，其张角为45度，呈“V”形，也可以两只脚一前一后，前一只脚的脚跟轻轻地靠近后一只脚的脚弓，将重心集中于后一只脚上，切勿将两脚分开。

3. 女士在站立时，应挺胸，同时还要注意收紧腹肌，并挺直后背，使整个身体的重心集中于双腿中间，不偏不斜。

4. 女士在站立时双手如果不拎包、不持物，最好是将右手搭在左手上，然后贴在腹前，同时应当注意放松双肩，使双肩自然下垂。不要把手插在口袋或袖子里，也不要双手相握，放在背后。

5. 在站立时，女士应下颌微微内收，脖颈要挺直，双目要平视前方，以便使自己显得自然、放松。

（二）职业男士的站姿

男士在站立时，应将身体的重心放在两只脚上，头要正，颈要直，抬头平视，挺胸收腹不斜肩，两臂自然下垂。

1. 站立时，手不宜插在腰间，这是一种不礼貌的举止。

2. 站立时，不可双手插于衣裤袋中，如果有必要，可以单手插于前裤袋。

3. 男士无论在什么样的场合都不宜斜靠在门边或靠墙站立。两腿交叉站立也是十分不雅的。

4. 男士与他人站立时谈话，不要浑身扭动、东张西望或有斜肩、叉腰等小动作。

微型案例

不同的站姿所反映的心理特征

1. 站立时背脊挺直、胸部挺起、双目平视是具有充分自信的表现。

2. 站立时若弯腰曲背，表现出自我防卫、闭锁、消沉的倾向。与第1种类型相比较处于精神劣势，反映出自我抑制和自卑。

3. 两手叉腰的立姿也是具有自信心和精神上优势的表现。

4. 双踝交叉站立，若不是一种习惯，则在和对方谈话时表现一种排斥和审视的态度。

5. 双腕反交叉站立多半是出于不安、紧张心理，具有自我防卫倾向。双手反背站立或走路，显得若有所思或胸有成竹。

6. 双手插入口袋站立或行走显得心中有事、若有所思，似乎在考虑问题；假如是弯腰曲背的姿势，则表明在苦恼中。

资料来源：https://baijiahao.baidu.com/s?id=1618626813156634180&wfr=spider&for=pc。略有改动。

问题：什么是挺拔的站姿？

二、端正的坐姿

微型案例

一次失败的谈判

小王是一家大公司公关部的职员，在一次与客户的谈判中，因忘记带相关资料，于是中途返回取遗忘的资料而迟到。当他进入谈判会场时，小王入座声响很大，使椅子发出很大杂音，影响了谈判的气氛。然后，在对方进行产品介绍时，他又长时间低头翻阅资料，并不去看对方的产品演示与介绍。谈判进行一半之后，小王又不耐烦地跷起二郎腿，开始不停地抖动，他的这些举动引起了与会人员的强烈反感，大家都碍于情面没有当场批评他，此次谈判因为他的不端正的举止而以失败告终。

问题：什么是端正的坐姿？

坐，相对于站来讲是一种放松，但不是松懈。在公共场合，在办公室，坐相一定要稳重、端正。

端正的坐姿是这样的：人坐时要轻、要稳。女性穿裙装时，坐下前用手理一下裙摆。上身与站立时相近，不要驼背，腰要立起来。双肩平正放松，两臂自然弯曲，双手相叠放于腿上。也可以一手放在椅子或沙发的扶手上，掌心向下。女性双膝并拢，双腿正放或收于一侧，双脚并拢或交叠。男性的双膝可以分开一拳左右距离。在一般较随意的场合，不论男性还是女性，跷“二郎腿”都是可以的，但是架起的那条腿，脚尖要往下压一点儿，不要把腿伸出老远，甚至抖动。

坐椅子一般坐椅面的三分之二，背部轻靠椅背。如果是与长者或上司谈话，为了表示尊重，上身必略倾向于对方，而不靠椅子背。

正确坐姿的训练方法：上身的关键在于挺胸立腰，女性一定养成并拢腿而坐的习惯，否则穿短裙时会令人很尴尬。可以在打字时、开会时练习，或在其他适宜的时间练习，开始时每次练习 15～20 分钟，逐渐加长时间，最后使正确的坐姿成为你的习惯姿态。

(一)职业女士的坐姿

1. 双腿斜放式。即将双腿并拢后，双脚同时向右侧或左侧斜放，并且与地面形成 45 度左右角。这样，就座者的身体会呈现优美的“S”形。

2. 双腿叠放式。这种坐姿要求上下交叠的膝盖之间不可分开，两腿交叠呈一直线，才会给人以纤细的感觉。采用这种姿势，切勿双手抱膝，更不能两膝分开。

3. 双腿垂直式。这种坐姿是将双腿垂直于地面，双脚的脚跟、膝盖直至大腿都需要并拢在一起，双手叠放在左(右)大腿上。这是正式场合的最基本坐姿。

4. 双脚交叉式。这种坐姿是将双腿并拢，双脚在踝部交叉之后略向左侧斜放。坐在主席台上、办公桌后或公交车上，都可以采用这样的坐姿。

5. 双脚内收式。这种坐姿是将两条小腿向后侧屈回，双脚掌着地，膝盖以上并拢，两脚稍微张开。

(二)职业男士的坐姿

男士的坐姿和女士的略有不同。通常男士入座后，人体重心要垂直向下，腰部挺起，上身垂直，不要给人以“瘫倒在椅子上”的感觉。

1. 坐时，大腿与小腿基本上成直角，双膝应并拢，或微微分开，两脚平放于地面，两脚间距与肩同宽，手自然放在双膝上或椅子扶手上，头平稳，目视前方。

2. 侧坐时，应上体与腿同时转向一侧，头部向着前方。

3. 男士不雅的坐姿有：在公共场合，跷起二郎腿，或者将两腿叉开，脚伸得老远，或将脚放于座椅底下，或用脚钩住座椅的腿等，这些都是职业男士应注意的。

微型案例

学点心理学：5 种坐姿暴露了 5 种不同的性格特征

1. 较为拘谨的坐姿，腿脚并拢，身体端正前倾

很多人喜欢保持这种较为拘谨的坐姿，这种性格在常人看来较为死板，并不轻松。的确，喜欢保持这种坐姿的人在性格上比较稳重，做事比较有计划性，但是缺乏一些灵活性和创新性，做事不突进、不冒险，大多数时候看来是比较正确的。很多人认为这种人可能会比较冷漠，但是，他们只是不善于表现自己的好心肠，实际上他们是较为真挚和热心的。

2. 喜欢跷着二郎腿，但是身体较为舒展

很多人喜欢跷着二郎腿，看似只是个人习惯，但是在社交环境中却透露出很多性格特征。一般情况下，跷着二郎腿坐是一种较为自信的状态，这种人对于困难有着较为客观的看法，并且他们在生活中懂得荣辱不惊，对于做事情和人际沟通的尺寸把握得都很好，所以，人际关系和生活秩序都比较稳定。

3. 防御型坐姿，身体靠后，双腿伸直，双脚交叉

心理学家认为，这种坐姿看似比较轻松，其实体现出较多的防御型心理，因为在这种坐姿之下隐含的是一种刻意控制紧张和恐惧情绪的心理过程。所以，这种人的性格特征中有较多的控制欲，而控制欲的根本来源是自控能力差，这种深层次自控能力差、表面上较为自我的人，相处起来可能会比较困难。

4. 喜欢抖腿，坐姿不老实的人

抖腿其实是一种让对方很不舒服的坐姿，因为这种不稳定的坐姿也会让他人产生比较焦躁的情绪。从心理过程来说，他们可能并不是故意为之，但是从性格根源上来说，这种人的性格较为自私、自我程度很高，他们的利己程度已经到了让他人憎恶的程度。但这种人往往思想较为活跃，是一个团体中的智囊。

5. 喜欢双手撑住身体，坐姿较为随意

这种坐姿的人的性格通常比较带有支配性和侵略性，看似比较轻松，实则是一种自我权威的表现。但是，到底是领导者性格还是自大，需要根据自我的情况而定，否则就会被认为是一种自以为是的性格。

资料来源：http://www.360doc.com/content/17/0612/14/33972566_662135000.shtml。

三、轻快的行姿

凡是健康的成年人，步伐都应该是轻松敏捷的，体现出朝气蓬勃、积极向上的精神状态。

正确的行姿是：头正，双眼平视前方，下颌微收。挺胸收腹，双肩平稳，双臂自然摆动，身体的重心随着前行而略向前倾。注意步位，即双脚的内侧基本踩在一条直线上；注意步幅，男性、身材高的人或穿运动鞋、便鞋的人，步幅要大一些，穿高跟鞋及裙装的女性，步幅要相应小一些才好。走路时要全脚掌着地，膝部和脚腕要有弹性。

经常出现的错误行姿有：走路时，双眼左顾右盼，一肩高一肩低，驼背含胸，八字步，走路重心下移，拖泥带水。

正确行姿的训练方法：上身基本与正确的站姿一样，只是重心稍稍前倾；双脚要想走在一条直线上，双膝内侧走起来就要有摩擦感。可在地上划一条直线，沿着直线走。

女士的步态美要求的是步态轻盈，能给人以稳健、自然、大方的感觉。女士在商务场合行走时应抬头、挺胸、收腹，上身保持正直；双臂自然下垂，协调地前后摆动于身体两侧；脚尖指向正前方，提髋、膝，迈小腿，脚跟落地，脚掌接着推送；步幅要均匀，频率要适中，落脚的声音不可太大。

微型案例

走姿是心理特征的真实速写

人们走路的样子是千姿百态的，有的人步伐矫健，动作敏捷，给人以健壮、活泼、精神抖擞之感；有的人步履轻盈，体态端庄，让人觉得斯文、优美而庄重；也有人走路上下摆动，左右摇晃，给人以轻薄、猥琐之感；有的人则弓腰腆肚，或俯身驼背，使人看了很不舒服。良好的走姿是风度与气质的重要组成部分，也是动作微表情的一个重要方面，它反映出一个人的真实内心活动。

在不同的场合，走姿也应该有所区别，例如在室内走路时应该轻而稳，在花园里散步时就要轻而缓，而在病房或阅览室里走路时，就需轻而柔。在婚礼上的步子要欢快、轻松，在丧礼上的脚步则应显得沉重而缓慢。总之，走姿要因人、因时、因地而异，良好的走姿能够显得自己有教养、有风度。根据研究总结，走姿所表现的心理特征可分为以下五种：

1. 垂头丧气的走姿

一般来讲，如果一个人感到很沮丧的时候，他的脑袋就会低垂着，双肩也会耸着。他们也很少抬头看自己在往哪个方向走——因为他们根本就不关心会到哪个地方。他们的眼睛通常是往下看，步伐也是无精打采的，似乎什么都没有意义。

2.“我非常了不起”式的走姿

通常情况下，认为自己比别人优秀的人，走路的时候也是经常下巴抬得高高的，好像在俯视着别人，看不起别人的样子。同时，他们的手臂会很夸张地来回摆动。一般情况下，他们总是昂着头不看别人，却认为所有的人都在看着他们。这种人一般有自恋倾向。

3. 胆怯的走姿

一个胆怯的人，在走路的时候，往往会用脚尖走路，微微弯下背，步伐犹豫而缓慢，而且不会发出任何声音，很难让人察觉他们的出现。这种人通常对自己没什么自信心，对别人的感情也没有把握，行事时习惯深思熟虑。这种人基本上不会侵犯别人，他们的安静甚至经常让人忽略他们的存在。

4. 保守的走姿

一个保守的人，走姿通常是循规蹈矩的，甚至可以计算出手臂摆动的频率和幅度。走路的时候，这种人的步伐很快，常常走小碎步，手臂的动作也因为呆板而显得很机械。这类人常常坚持己见，墨守成规，不知变通，对于事物的处理习惯性地用经验来解决，很难接受创新精神。

5. 自信的走姿

一个自信的人，走起路来往往步伐平稳而矫健，走路的时候会用眼睛跟别人打招呼，并且常常面带微笑。他们抬头挺胸，姿势挺拔，手臂在身体两侧很舒适、很放松地自由摆动。这类人给人的感觉就是轻松、愉快的，人们都很乐意与这样的人相处，因此，这样的人很容易成为人群中的焦点，得到众人的喜爱。

资料来源：http://www.banbijiang.com/book/story.php? id=35283。有删节。

四、热切的表情

人类的表情是非常丰富的，不同的心境就会有不同的表情。在商务活动中，在人际交往时，人们最需要的是“微笑”这种表情。微笑的人让人觉得和蔼可亲，值得信赖，受到欢迎，紧张的心理因此放松。所以，“微笑”就成了待人接物的最基本的表情。

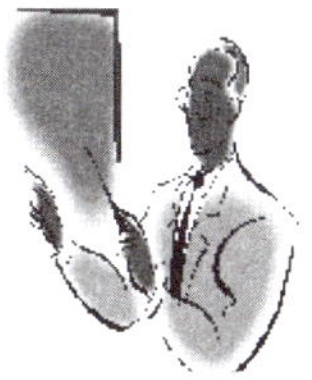

微型案例

今天，你对客人微笑了没有

被誉为“全球旅馆业之冠”的美国希尔顿酒店，其创始人唐纳·希尔顿绝对称得上是一个传奇人物。

1919 年希尔顿离开家乡新墨西哥来到得克萨斯州，以仅有的 500 美元作资本，买下了蒙布勒饭店，开起了第一家希尔顿旅馆，开始创立希尔顿旅业王国，在不到90年的时间里，从一家发展至100多家，遍布世界五大洲的各个城市，资产达数百亿美元，并成功吞并了号称“旅馆之王”的纽约华尔道夫奥斯托利亚旅馆，还买下了号称“旅馆皇后”的纽约普拉萨旅馆，成为名副其实的全球旅馆业No.1。

有一天，他踌躇满志、颇为得意地向母亲谈起他如何赚钱有方。他母亲淡然一笑，说：“你拥有5 000万美元资金又有什么了不起，知道还有比这更值钱的东西是什么吗？”希尔顿被问住了，母亲又说：“我看，做生意除了要对顾客诚实之外，你还得想出这样一个简单可行、又不花钱、又行之久远的办法，去争取顾客的反复光临，只有这样，你的旅店才会前途无量，资金才能不断增加。”母亲的话让希尔顿苦苦思索，寻找那“简便”“可行”“不花本钱”“行之久远”四项合一的赚钱之道。终于，他悟到了，那就是“微笑”。

希尔顿视微笑为企业生存发展的唯一途径，并以此为基本的企业理念，在员工队伍中大力提倡微笑服务。80多年来，希尔顿饭店生意如此之好，财富增长如此之快，其成功的秘诀就在于牢牢确立自己的企业理念，并把这个理念贯彻到每一个员工的思想和行为之中，饭店创造“宾至如归”的文化氛围，注重企业员工礼仪的培养，通过“微笑服务”体现出希尔顿的独特魅力。希尔顿自己则是在这50多年中，每天从这一洲飞到那一洲，从这一国飞到那一国，专程去了解希尔顿的员工是否在贯彻着“希尔顿的礼仪”。他有一本专著《宾至如归》，而今已成为每个希尔顿员工的“圣经”，而当得知希尔顿要亲自前来视察时，员工们就会立即想到希尔顿肯定会问你：“今天，你对客人微笑了没有？”

资料来源：张百章、何伟祥主编：《公关礼仪》，东北财经大学出版社2005年版。

问题：“微笑服务”为希尔顿酒店带来了什么效益？

微笑的基本做法是：不发声、不露齿，肌肉放松，嘴角两端向上略微提起，而含笑意，亲切自然，使人如沐春风。微笑是发自内心的自然坦诚情感的流露，切不可故作笑颜、假意奉承。

小资料

微笑的训练

虽然微笑是发自内心的，但后天的训练非常重要。有人说我没有不高兴啊，可就是笑不出来。对于一些性格内向、羞涩的少男、少女而言，要在脸上经常挂着微笑确实需要一个训练过程。据说，日本航空公司在培养空中小姐时，就要先进行长达几个月的微笑训练。

1. 情绪记忆法。多回忆美好往事，纵然遇到不如意、悲伤、辛酸的事情，也要提醒自己“保持笑容”。

2. 他人诱导法。面对镜子，听他人讲笑话，同时矫正笑姿，镜中的自己要保持正确的站姿或坐姿。微笑是轻快自然的，切忌矫揉造作、皮笑肉不笑。

3. 发声训练法。面对镜子，深呼吸，然后慢慢地吐气，并将嘴角两侧对称往耳根部提拉，发出“一”或“七”的声音。

4. 携带卡片法。经常在自己的皮夹中放一张写有“微笑”的卡片，一直携带着它，就像一面镜子，随时随地提醒自己保持微笑。

以上是外部训练，最根本的方法还是培养豁达乐观的性格，积累丰富的学识，以增强自身修养的方法来提高自己的形象、气质。

资料来源：张百章、何伟祥主编：《公关礼仪》，东北财经大学出版社 2005 年版。

提醒您

微笑时要求做到四个结合：

其一，口和眼的结合。在微笑中，眼睛的表情是十分重要的，眼睛有传神送情的特殊功能，又是心灵的窗户，因此，口到、眼到、神色到，笑眼传情，微笑才能扣人心弦。

其二，笑和神、情、气质的结合。“神”，就是笑得有情入神，笑出自己的神情、神色、神态，做到情绪饱满，神采奕奕。“情”，就是要笑出感情，笑得亲切、甜美，反映美好的心灵。“气质”，就是要体现出谦虚、稳重、大方和得体的良好气质。

其三，笑和语言的结合。语言和微笑都是传播信息的重要符号，只有做到二者的有机结合，声情并茂，相得益彰，微笑才能发挥出它的特殊功能。

其四，笑和仪表、举止的结合。端庄的仪表、适度的举止，是每个从业人员的基本要求。以姿助笑，以笑促姿，就能形成完整的、统一的、和谐的美。

微笑是待客的基本表情，但不是唯一表情，还需要随着来访者的情况和个性来调整自己的态度。

1. 对满腹怨气或满腔愤怒的客人，不能急于辩解，也不必随声附和，甚至微笑都可能被认为是嘲笑，只能以专注的神情静静地听着，表现出对他的足够重视。待他发泄完了，你对情况也有了大致了解，再设法解释，会有较好的效果。

2. 对于比较拘谨的客人，除了微笑外，还要主动地和他讲话，使气氛和缓。

3. 对于性格急躁的客人，对答要利索，处理问题不拖泥带水，使他确信你的办事效率。

4. 对于敏感、神经质的客人，微笑当然重要，同时应特别注意用词的委婉客气，使对方产生安全感。

5. 对于疑虑重重的人，除了微笑，自信的口吻和表情也非常重要。

总之，对不同的人、不同的事，处理的方法不同，表情自然也不完全一样。原则是，要维护本单位的声誉，要诚心诚意地对待客人，想方设法解决他们的问题。唯有如此，你的表情才能让客人满意。

微型案例

微笑也要有分寸

2011 年 7 月 24 日晚，在“7·23”甬温线动车追尾事故发生 26 个小时后，官方终于召开了“7·23”甬温线特别重大铁路交通事故首次新闻发布会，铁道部新闻发言人王勇平微笑地通报了事故情况，并回答了部分记者的提问。王勇平原话，“关于掩埋，后来他们（接机的同志）做这样的解释。因为当时在现场抢险的情况，环境非常复杂，下面是一个泥潭，施展开来很不方便，所以把那个车头埋在下面盖上土，主要是便于抢险。目前他的解释理由是这样，至于你信不信，我反正信了”。

王勇平这段话，以及新闻发布会上面带笑容的表情，让广大网友不满。在微博上，大家都用“至于你信不信，我反正信了”来表达对事故发生以及善后的质疑。

资料来源：整理相关网络新闻。

问题：你觉得应该如何把握微笑的分寸？

五、恰当的手势

小资料

作揖礼

作揖是中国人特有的社交礼节，自春秋时期就已流传。作揖其实是一个总称，其具体的姿势在戏剧、武术等不同领域又有细微差别。拜年时的作揖，又称拱手礼，自明朝以后广泛应用于官俗各类社交场合。以男子为例，行礼方式是起身站立，上身挺立，两臂前伸，右手握拳，左手成掌，对右拳或包或盖，松紧适度，双手在胸前高举抱拳，自上而下或者自内而外，有节奏地晃动两三下。之所以要采取左手包右拳的姿势，是因为中国人的文化传统讲究以左为尊。反之则为凶拜，用于吊丧。作揖礼一般施于平辈之间。古代女子也行作揖礼，即“左手在内，右手在外，是谓尚右手。女拜如是，女之吉拜如是，丧拜反是”。在《礼记·内则》里则有“凡男拜，尚左手”和“凡女拜，尚右手”的记载。

资料来源：徐汉文、张云河主编：《商务礼仪》，东北财经大学出版社 2014 年版。

手势在人际交往中占有重要的位置。据心理学家的研究，在面对面的交往时，口语在沟通中所起的作用只占百分之三十几，而通过举止传达出的信息要占百分之六十多，可见举止的重要性。各种各样的手势表达的意思丰富多彩，是举止中最富有表现力的。我们常常借助手势表达不同的意思。古罗马政治家西塞罗曾说：“一切心理活动都伴有指手画脚等动作。手势恰如人体的一种语言，这种语言甚至连野蛮人都能理解。”

微型案例

身体语言分析案例：奥巴马的魅力所在——表情和手势

美国总统奥巴马的公众形象非常积极，这是大多数政治人物不可匹敌的。手势和表情是其奥妙所在。

奥巴马的表情极少令人感到不舒服。这种令人不舒服的照片在媒体报道中凤毛麟角。奥巴马对自己的面部表情信心十足，无须有意控制，一切尽在掌握中。爽朗的笑容是奥巴马的招牌表情。他的笑之所以可以轻易被他人感知，并达到触动人心的效果，是因为他的笑容从眼部开始绽放，而不仅仅靠嘴部的张开动作。后者往往会给人以牵强之感。

那么奥巴马是如何做到在巨大的工作压力下仍然以笑容示人？唯一的可能性就是他完成了专业的心理训练。可以想象奥巴马一定具备在几秒钟内进行自我情绪调节的能力。他总能释放出积极的正能量，这成为奥巴马的一张王牌。即使不笑，人们在奥巴马身上也经常看到嘴部微微张开的表情：严肃而不紧绷，制造出友好的氛围。加之稍侧向一方的头部，向人发出友善的信号。

位于鼻子和嘴部旁边的两道法令纹也在奥巴马谈话时尤为突出，这恰恰为其积极形象的建立发挥了积极作用，成为共情能力的标志，即理解他人和他人所遇到的问题的能力。奥巴马的众多肢体语言能够直接作用于他人的情感层面，这是他的另外一张王牌。

奥巴马对手势的运用同样恰到好处。他双臂的活动范围几乎永远保持在居于肩膀和胯部之间的理想位置。他在演讲时双臂总是微微张开，手掌朝下。这个姿态会给听众一种"给予"的内心暗示。和大多数政治人物一样，奥巴马也喜欢做出伸食指的动作，只不过他的食指并不指向前方的听众，而是指向上方或者侧方。这就避免了攻击性效果，不会使听众反感或不安。

此外，他的身体经常微微前倾，重心集中在脚掌，显示出积极主动的态度，示意"我有能力做出改变"。他知道如何在大场面前展示自己，使听众感到总统在乎每一个人的声音。他将张开五指的手伸向群众，以接触到更多范围的群众，在表现出亲民特质时，又释放出活力，丝毫没有虚伪造作或是刻意强求之感。

奥巴马还善于通过小动作拉近他与他人的距离，打动他人。他与人握手时总会使手处于上部位置，而左手则握住对方的右臂。这种组合显示出权威，但不具威胁，发出友好信号。这种握手法也使奥巴马在与其竞选对手麦凯恩的较量中占据优势。不知道麦凯恩是否对自己展现出的屈尊俯就有所感知。各路专家也对奥巴马的手指动作做出了不同解释：比如他手握麦克风的姿势轻松优雅，给人以舒服的感觉；又如他伸出小拇指的动作表现出的是享受，显示出他对于成为聚光灯下焦点的享受，对于扮演权力人物角色的享受，还有他在与妻子翩翩起舞时的享受。

奥巴马与妻子米歇尔的肢体语言互动充分显示出两人和谐亲密的关系。这一点在两人翩翩起舞时表露无遗。人们可以看到米歇尔脸上绽放出的迷人微笑，表达出对丈夫的绝对支持。特别值得留意的是他们五指交叉紧握的双手。这在舞池非常少见，是属于他们夫妇间独有的亲密语言。

奥巴马在待人接物的过程中，通过身体语言传递发自内心的真诚和友善。诚然，他懂得如何运用肢体语言为自己加分，却又似乎对此并不特别关注。这使人几乎意识不到哪些是他学到的本领，哪些是他的自然流露。奥巴马高度的表里如一形象令人信服。人们在其他政治人物身上总可以捕捉到他们刻意的身体语言和行为，即从身体语言教练那里学到的窍门。如果与整体表现不符，往往会适得其反，使人们对其可信度产生怀疑。

奥巴马具有肢体表达的天赋，当他敞开双臂或将双臂伸向上方时，其肢体动作是那么自然流畅。传统的朝圣者手势就是打开双臂。这可以轻松拉近与他人的距离，不带任何强迫。

最后不得不提的是，奥巴马是一个享受生活并与他人分享快乐的人。他作为总统固然具有明确的政治目标，但同时他也是希望的化身，这在于：成功的政治人物不仅仅应做出突出政绩，还应向民众传达积极快乐的生活态度。奥巴马懂得情感的巨大力量，通过"胜利者的肢体语言"向外传递正能量情感。

奥巴马由此成为理想的代言人。

资料来源：http://blog.sina.com.cn/s/blog_67216ac80102wnnz.html。略有删改。

问题：结合这个案例来谈一下你的感受。

1. 指示的手势。给人指示方向、指点物体、介绍某人、请人做某事等,都需要用手来指示。正确的指示手势应该是,四指并拢,拇指自然分开,手心向上,手臂适度伸出。在商务活动中,这种手势的使用频率是相当高的。

2. 打招呼、致意、告别的手势。当双方距离很近的时候,手势要小,五指自然并拢,抬起小臂挥一挥即可。双方距离较远时,可适当加大手势。

3. 在任何情况下,不要用手指指点别人,那是极不礼貌的。也不可以用大拇指指向自己或比比画画。谈到自己的时候,可以用右手轻按自己的左胸部,显得稳重可信。

4. 有些手势在使用时要注意,因各国习惯不同,同一手势表达的意思也不尽相同,与外国人交往时,手势不可乱用。例如,竖起大拇指,在我国和一些国家这个手势表示称赞和夸奖;在欧洲一些国家,伸出拇指上挑可视作招呼出租车;而澳大利亚人认为竖起大拇指,尤其是横着伸出,是一种侮辱。“OK”手势,即用拇指和食指组成一个圆圈,其余三指竖起。这在美国人眼中是好、顺利、平安之意;在日本,则代表钱;而在南美洲的一些国家,这是一种下流、侮辱性的手势。伸出手,手掌向下挥动,这在中国和日本,是招呼别人过来的意思,完全没有恶意;在美国,这是唤狗的手势,如果对人用了这个手势,就会引起误解,带来麻烦。

在谈话中,人们常常借用手势来加强语气、帮助表达。甚至在打电话时也使用手势。除了注意手势要用得正确之外,还要避免幅度太大、过于夸张,以至于搅得听话人心烦意乱,反而影响了沟通效果。

此外,有些手势是令人反感、有损形象的。例如,当众搔头皮、掏耳朵、挖鼻孔、剔牙、咬指甲、修指甲、搓泥垢、手指神经质地乱敲乱画等。当众做这些事,会让人觉得太没教养、不讲文明,没有兴趣再与之交往下去。

小资料

> 在商务礼仪场合,应正确使用手势:
>
> 1. 谈话时,手势不宜过多,动作不宜过大,更不能手舞足蹈。传达信息时,手应保持静态,给人稳重之感。
>
> 2. 不能用食指指点别人,更不要用拇指指自己。
>
> 3. 掌心向上的手势有一种诚恳、尊重他人的含义;掌心向下的手势意味着不够坦率、缺乏诚意等。
>
> 4. 在引路、指示方向等时,应注意手指自然并拢,掌心向上,以肘关节为支点,指示目标,切忌伸出食指来指点。在谈话中说到自己时,可以把手掌放在胸口上。
>
> 5. 说到别人时,一般应用掌心向上、手指并拢伸展开进行表示。

第四节 社交语言礼仪

社交语言是人际交往中最迅速、最直接的一种沟通方式,在传递信息、增进了解、加深友谊方面起着十分重要的作用。

一、社交语言的基本要求

在商务活动中，谈话要自觉遵守言谈方面的规则和要求，以礼待人、以情动人、以理服人。这一点是商务人员拓展业务的一种优势。

（一）态度真诚

真诚是言谈的基础，只有诚心待人，才能换取对方的信任和好感，才能为进一步的交谈创造融洽的气氛。要做到态度真诚，首先要把自己摆在与对方平等的位置上，交谈时，既不要露出趾高气扬、唯我独尊的态势，也不要低三下四、曲意逢迎、满口客套、吹牛拍马。言谈对答，应真心实意；提出问题，应择人所长。说话时多用征求、探问、商讨的口气，要让别人觉得你是有诚意地同他人沟通思想、交流意见。

（二）语言文明

语言文明是言谈的最基本规则，它要求语言不但礼貌、规范，而且要准确、得体。例如，见面时，应礼貌地说声“您好”，告别时应客气地说声“再见”，当需要他人协助时，应尽可能地加上一个最能体现尊敬之意的“请”字。当你影响或妨碍他人时，应及时真诚地道歉等。语言文明，方能获得他人对自己的友好与尊敬。

（三）神态专注

言谈中，出于对他人的尊重，有必要对自己的神态加以约束，特别是要注意自己的眼神和手势。当你对别人讲话时，不要一边对人讲话，一边摆弄手指、修指甲、掏耳朵、伸懒腰、看电视、翻报纸、问时间、看手表等，这些都是带有明显“驱赶”性的动作。言谈时要排除干扰、神态专注、聚精会神地同他人交谈。

（四）言之有物

在商务活动中，谈话的双方往往都想通过交谈来获得新的有用的信息。如果你对对方想要了解的信息一无所知，就会让人觉得与你交谈是在浪费时间，因此，平时应多看报纸、多看新闻，收集交谈的资料，以便在谈话时不会让自己显得无知或缺乏沟通的能力。

二、礼貌的言谈

在日常生活中，人们运用语言进行交谈，表达思想，沟通信息，交流感情，从而达到建立、调整和发展人际关系的目的。通过礼貌的谈吐及举止，向日常交往对象或商业伙伴表达我们的诚意，交到更多的朋友，寻求更多的合作机会。

（一）谈话的态度

谈话的基本态度是“诚恳”。有分歧、有不同看法，是正常的，关键是要摆到桌面上谈，或为了顾及对方的面子而私下里指出。绝不能当面一套，背后一套，当面奉承，背后捣鬼，这种虚伪的作风，恰是一些人的痼疾，极大地影响了正常的人际关系。

（二）谈话的声音

谈话的声音不要过大，要适中。其标准是，让所有参与者都能听清，而又不干扰与之无关的人。但是在人际交往中，要顾及对方的感受，尤其是在公共场合，还有那么多不相干的人，为什么让他们也不得不忍受你声音的干扰呢？

在商务活动中，要学会控制自己的情绪，不让消极情绪通过自己的声音流露出来。理性、清晰、声调略低，是职业的需要，有利于建立良好的职业形象。

（三）谈话的目光

眼睛是心灵的窗口，它表达着更丰富的语言。我们在谈话中不但要通过眼神了解对方，还要善于用自己的目光来表情达意。

与人谈话，眼睛要注视对方，与之交流。目光注视的范围因场合的不同而有所变化。

1. 在商务活动场合，注视的位置是以两眼为底线、以额头为上限的这一部位。这种注视范围较窄，显得比较严肃郑重，用于公务活动中的谈判、交涉等场合。

2. 在一般的社交场合，注视的位置是以两眼为上限、以唇部为底线的部位，构成一个倒三角。这种目光带有一定的感情色彩，亲切友好，适用于各种社交场合。

3. 亲密朋友之间，这种注视的范围比较大，从眼睛到上半身都可注视。这种目光比较随意亲近，有时甚至是热烈的，所以只能用于亲朋好友与恋人之间。

三、交谈的技巧

商务活动中的交谈，与一般社交场合的交谈不一样。社交场合的交谈，随意性较强，应酬内容多，而商务活动中的交谈，目的性强，讲究效率。

1. 目的明确

谈话前必须明确“为什么”“想说什么”。要把思路整理清楚，这样才能提高效率。

2. 表述准确

要使对方能正确理解和执行自己的话，就要表述准确、具体。要遵从 5 个“W”、2 个“H”，见表 4—1。

表 4—1　表述的 5W、2H

	表述不明确	表述明确
When	最好快一点	今天中午 11:00 以前
Where	在谈判桌右边	进门面对谈判桌的右边
Who	交给上司	交给市场部李部长
What	把这件事研究一下	下班前请告诉我研究结果
Why	先复印这份文件	这份文件今天下午 2:00 的会上要用，所以请先复印
How to	请快一点寄去	请用特快专递寄给他
How much	请尽量节省	请不要超过 1 000 元

3. 使用礼貌用语

要习惯用礼貌用语，如请、谢谢、劳驾、对不起、没关系等。

不要小看这些礼貌用语，把尊重装在心里别人怎么能知道？必须通过语言和举止把它表达出来才能达到目的。

4. 遣词造句要谦逊、委婉

同一个意思有不同的表达方法，有的让人爱听，有的听了就心生反感。应当尽量避免强硬的、高压式的、措辞激烈的话语，例如，与其用“我们认为这是唯一可行的方法”这样的语气，不如这样说效果可能会更好：“这个方案不一定就是最好的，但它是目前看来唯一可行的。”要给对方留有余地，不要武断。不要说“你说的完全没道理”，而要尽量找到其中合理处，先予以肯定:“你提出的问题确实是症结所在,我们也有一些想法,请您考虑是否更符合我们的现状。”要善于发现共同点,这是沟通的过程,也是合作的基础。

5. 要把握交谈中双方的距离

交谈的距离以双方能够听清内容为宜,亲密的近距离的谈话,是在情侣或亲朋好友之间使用。应注意自己的口腔卫生,对着别人说话,不能唾沫四溅。

微型案例

在一次谈判结束后的鸡尾酒会上,一名日本谈判代表端着一杯鸡尾酒和美国谈判代表在随意闲谈着,日本人老喜欢贴近着跟美国人谈话,所以身体不自觉地向着美国人移去,而美国人不喜欢人家靠着他说话,于是也就不自觉地往后退,就这样一个往前移,一个往后退,结果就变成了日本人追着美国人在大厅里转圈子。

资料来源:吕维霞、刘彦波编著:《现代商务礼仪》,对外经济贸易大学出版社 2003 年版。

问题:在商务交往中,我们要如何保持与对方的距离?

牢记要点

交谈中应注意的问题

(1)不要随意打断对方的谈话

要尊重对方,就不要任意打断对方的话。如果确实有地方没听清、听懂,要等对方的话告一段落再插话:“对不起,请允许我插一句”或“对不起,您的话是不是这个意思……”

(2)要照顾到在场的所有人

谈话时,不要只对主宾一个人说,置其他人于不顾。当然会有主有次,但不要冷落了在场的其他客人。要常用目光照应一下。

(3)礼貌地加入别人的谈话

想要加入别人的谈话,要先打招呼,可以说“对不起,我可以听听吗”“你们聊得挺热闹,能让我参加吗”等。千万不要毫无声响地站到别人身旁,既没礼貌,又有偷听的嫌疑。在社交场合尤其要注意。

(4)注意谈话中的忌讳

有一些问题属于个人隐私,不论在公务场合还是社交场合,都不应该问。例如对方的婚姻状况、工资收入和支出、个人经历、年龄、家庭住址和电话、政治及宗教信仰,不要随意谈论不在场的人,包括双方的上司、共同的熟人。不要传播流言飞语及公司里的小道消息。

6. 掌握聆听的艺术

认真地听别人谈话，有莫大的好处。

第一，可以从别人那里学到许多东西；

第二，有利于对话，如果别人说的你没有在意，接下来的谈话就无法更有针对性；

第三，有利于搞好人际关系，给人留下良好的印象，对方从你认真聆听的态度上感到你的诚恳、对他的重视，以后还是会乐于同你打交道的。

小技巧

聆听时应注意

(1)鼓励的话语和眼神

为了鼓励对方说下去，可在适当的时候插话、提问题。比如说"你能讲得更具体一些吗""你的想法对我很有启发，请接着讲下去"。目光要不时地和对方交流，这样使他知道你确实在认真听了，就会提高表达的质量，从而达到充分交流、沟通的目的。

(2)分析对方的话语

有时，人们对于一些意见的表达不是直截了当的，而是曲折、委婉地说出来，包含着很多言外之意。在谈判中，有人还故意给对方设陷阱。所以我们在当听者的时候，一定不能掉以轻心，要一边听、一边分析、一边观察，弄清在表面话语之下的真实意思。有些国家的人说话比较委婉，比如日本人，当他想要拒绝的时候，总是用模棱两可的话来表示，如果你不仔细分析，不了解其表达习惯，就会产生沟通障碍。

(3)注意身体语言

听别人谈话不全是被动的，所以身体不应当完全放松，不要仰靠沙发背、大腹便便的样子；也不要玩弄一些小物件，分散注意力。更不能对着对方大声张嘴打哈欠。这都是极不礼貌的。虽然不需要总是正襟危坐，坐端正是必需的。如果双方并排而坐，在谈话中还可以把身体侧向对方，以示专注。

小　结

关键术语

服饰礼仪　仪容礼仪　仪态礼仪　社交语言礼仪

本章小结

1. 服饰礼仪的原则：(1)"TPO"原则，即"Time(时间)、Place(地点)、Object(目的)"的原则；(2)和谐原则，是指一个人的穿着要与他的年龄、体形、职业和所处的场合相吻合，表现出一种和谐，这样才能给人以美感；(3)整体性原则，服饰的整体美构成因素包括人的形象和内在气质、服装饰物的款式、色彩、质地、加工技巧乃至出入的场所等；(4)个性化原则，包括一个人的年龄、身材、气质、爱好、性格、职业等因素在外表上的反映所构成的个人的特点。

2. 仪容，是指人的容貌，是一个人的精神面貌和内在气质的外在体现，是一个人的“门面”“招牌”，又是一个人的内在素质、内在修养的外在显现。

3. 优雅的举止包括：挺拔的站姿，端正的坐姿，轻快的行姿，热切的表情，恰当的手势。

4. 社交语言的基本要求包括：(1)态度真诚；(2)语言文明；(3)神态专注；(4)言之有物。

5. 礼貌的言谈应注意的内容有：(1)谈话的态度；(2)谈话的声音；(3)谈话的目光。

6. 交谈的技巧有：(1)目的明确；(2)表述准确；(3)使用礼貌用语；(4)遣词造句要谦逊、委婉；(5)要把握交谈中双方的距离；(6)掌握聆听的艺术。

知识结构图

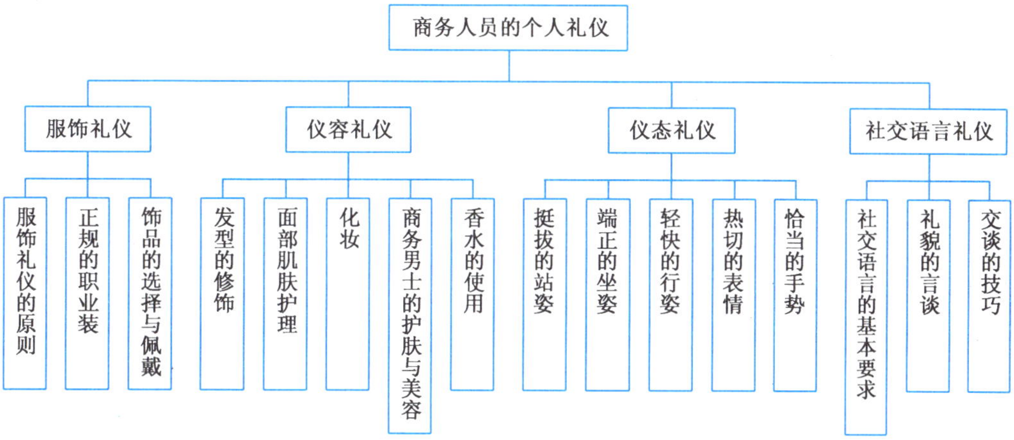

应　用

案例研究

案例一

礼仪无处不在

新加坡著名女作家尤今曾回忆起一件让自己惭愧的事。跨国银行招聘理财专员，她的小儿子致函应征。不久，他接到来自伦敦总部的电话，定了日期和时间，要进行第一轮的电话会谈。电话会谈定于 10 点进行，当天 9 点左右他郑重其事地穿上西装，打好领带，在电话机旁边正襟危坐。尤今忍不住揶揄道：“嘿，电话会谈而已，打扮得那么神气干嘛？对方都看不见你。”儿子竟然很正式地应道：“妈妈，如果我现在穿着背心和短裤，心情必然也是轻松随意的，说话也许就不够慎重了。再说，对方是在办事处给我拨电话，他衣冠楚楚，我又怎么能不给予他应有的尊重呢？”在别人见不着的地方严于律己，才是最大的自律！最终，尤今的儿子顺利获得了那份工作。我们也应该像他一样注重礼仪，这样才有可能获得更多的成功和尊重。

资料来源：王玉苓编著：《商务礼仪案例与实践》，人民邮电出版社 2018 年版。略有删改。

问题：

1. 你赞成案例中尤今儿子的做法吗？

2. 在商务活动中，我们应该如何注意自己的个人礼仪问题？

案例二

微笑的魅力

飞机起飞前，一名乘客请空姐给他倒一杯水吃药。空姐很有礼貌地说：“先生，为了您的安全，请稍等片刻，等飞机进入平衡飞行后，我会立刻把水给您送过来，好吗？”

15分钟后，飞机早已进入平衡飞行状态。突然，乘客服务铃急促地响了起来，空姐猛然意识到：糟了，由于太忙，她忘记给那名乘客倒水了。当空姐来到客舱，看见按响服务铃的果然是刚才那名乘客，她小心翼翼地把水送到那名乘客眼前，微笑着说：“先生，实在对不起，由于我的疏忽，延误了您吃药的时间，我感到非常抱歉。”这名乘客抬起左手，指着手表说道：“怎么回事，有你这样服务的吗？你看看，都过了多久了？”空姐手里端着水，心里感到很委屈，但是，无论她怎么解释，这名挑剔的乘客都不肯原谅她的疏忽。

在接下来的飞行途中，为了弥补自己的过失，每次去客舱给乘客服务时，空姐都会特意走到那名乘客面前，面带微笑地询问他是否需要水，或者别的什么帮助，然而，那名乘客余怒未消，并不理会空姐。

临到目的地前，那名乘客要求空姐把留言本给他送过去，很显然，他要投诉这名空姐，此时空姐心里很委屈，但是仍然不失职业道德，显得非常有礼貌，而且面带微笑地说道：“先生，请允许我再次向您表示真诚的歉意，无论您提出什么意见，我都会欣然接受您的批评！”那名乘客脸色一紧，嘴巴准备说什么，可是没有开口，他接过留言本，开始在本子上写了起来。

等到飞机安全降落，所有的乘客陆续离开后，空姐本以为这下完了，没想到，等她打开留言本，却惊奇地发现，那名乘客在本子上写下的并不是投诉信，相反，这是一封热情洋溢的表扬信。

在表扬信中，空姐读到了这样一句话：“在整个过程中，你表现出的真诚的歉意，特别是你的十二次微笑深深打动了我，使我最终决定将投诉信写成表扬信！你的服务质量很高，下次如果有机会，我还将乘坐你们的这趟航班。”

资料来源：张岩松：《新型现代交际礼仪实用教程》，清华大学出版社2008年版。

问题：

1. 案例中的空姐是如何化解矛盾的？
2. 结合书上的知识点，请你谈谈仪态礼仪在商务活动中的重要性。

实验实训

1. 以班级为单位观看《商务礼仪》和《白领礼仪》的录像，并根据录像说出自己需要改善的地方。
2. 在课堂上进行个人礼仪的演示与训练，鼓励每位同学积极参与。

复习思考题

1. 服饰礼仪的原则是什么？
2. 佩戴饰品应该遵守什么原则？
3. 一名合格的商务人员应该如何注意自己的个人礼仪？
4. 在与他人进行交谈时，应注意哪些方面的问题？

第三章　日常交往礼仪

学习目标

知识目标：掌握日常交往礼仪的原则。
技能目标：正确使用称呼礼仪。
掌握握手礼仪。
会自我介绍与介绍他人。
掌握名片的礼仪。
正确使用方位礼仪。

引入案例

拿破仑是这样记住对方名字的

传说，拿破仑三世曾得意地说，即使他日理万机，仍然能够记得他所认识的人。他的方法非常简单，如果他没有清楚地听到对方的名字，就说："抱歉，没听清楚。"如果碰到一个不寻常的名字，他就问："怎么写？"在谈话中，他会把那个人的名字重复说几次，试着在心中把它跟那个人的特征、表情和容貌联想在一起。假如对方是个重要的人物，他就把那个人的名字写在一张纸上，仔细看看，聚精会神地记在心里，然后把那张纸撕掉。这样做，他对那个名字就不仅有声音的印象，还有容貌的印象。

资料来源：王玉苓编著：《商务礼仪案例与实践》，人民邮电出版社2018年版。

问题：你会在日常生活中用怎样的方法记住别人的名字？

人际关系通过人与人之间的交往和联系表现出来，这些交往和联系得以正常进行，就需要用一定的行为规范来调节和增进彼此间的关系。随着商品经济的大规模发展，社交礼仪更成为人们社会生活中不可缺少的内容。讲究礼仪，注重礼貌，遵守一定的礼仪规定，已成为文明社会生活的一项重要标志。因此，社交礼仪就是人们在社会交往中相互沟通时必须遵循、掌握的礼节和礼貌行为。

第一节 称呼礼仪

日常交往中正确称呼别人是起码的交往礼仪。称呼，也叫称谓，是对亲属、朋友、同事或其他有关人员的称呼。不论是在口头语言，还是在书面语言中，称呼对交往都十分重要，称呼的运用与对待交往对象的态度直接相关，是给对方的第一印象，恰当地使用称谓，是商业交往顺利进行的第一步，是成功交往的敲门砖。

称呼的基本规范是表现尊敬、亲切和文雅，使双方心灵沟通、感情融洽，缩短彼此之间的距离。

一、姓名的种类

首先我们要了解姓名在世界各国的不同含义。一般讲姓名按构成和排列顺序大致可分为三类：

第一类：前姓后名，主要有亚洲一些国家，如中国、日本、韩国等，欧洲的匈牙利也同样。但日本的妇女婚前使用父姓，婚后使用夫姓，本人名字则不变；中国香港、台湾等地区的女士也有些在结婚后，将夫姓加在自己姓名前。

第二类：前名后姓，主要是英国、美国等英语国家。法国人的姓名一般由两节或三节组成，前一二节为个人名字，最后一节为姓，例如弗朗索瓦・奥朗德、尼古拉・萨科齐；西班牙人的姓名常由三到四节组成，前一二节为本人名字，倒数第二节为父姓，最后一节为母姓；俄罗斯人的姓名由三节组成，分别为名字・父名・姓，例如普京全名为弗拉基米尔・弗拉基米罗维奇・普京；阿拉伯人的姓名由四节组成，分别为本人名字・父名・祖父名・姓，例如沙特阿拉伯前任国王萨勒曼・本・阿卜杜勒—阿齐兹・阿勒沙特。另外，泰国等国家的姓名也是名字在前、姓氏在后的排列顺序，例如英拉・西那瓦。

第三类：有名无姓，姓名结构只有名而无姓，以缅甸、印度尼西亚等国为多。常见缅甸人名字前的"吴"不是姓，而是一种尊称，是"先生"的意思；缅甸人名字前常冠以表示性别、长幼、地位的字和词，如"杜"意为女士，"玛"意为姐妹，"郭"意为平辈，"哥"意为兄弟，"波"意为军官，"塞耶"意为老师。如一个缅甸男子名"刚"，同辈称他为"哥刚"，如果有一定社会地位的被称为"吴刚"，如果是军官，则被称为"波刚"。

二、称呼的种类与用法

1. 泛尊称

这种称呼几乎适合于所有社交场合，对男子一般称"先生"，对女子称"夫人""小姐""女士"。应注意的是，在称呼女子时，要根据其婚姻状况，已婚的女子称"夫人"，未婚的女子称"小姐"，对不知婚否和难以判断的，可以称之为"女士"。在一些国家，"阁下"一词也可以作为泛尊称使用。

泛尊称可以同姓名、姓氏和行业性称呼分别组合在一起，并在正式场合使用。比如"克林顿先生""玛格丽特・撒切尔夫人""上校先生""秘书小姐"等。

2. 职务称

在公务活动中，可以对方的职务相称。例如"部长""经理""处长""校长"等。

职务性称呼还可以同泛尊称、姓名、姓氏分别组合在一起使用。例如，"王经理""李校长"

"部长先生"等。

对职务高的官方人士，如部长以上的高级官员，不少国家可称"阁下"，如"总统阁下""大使先生阁下"，对有高级官衔的妇女，也可称"阁下"。但在美国和德国等国家没有称"阁下"的习惯，对这些国家的相应人员，应该称"先生"。

3. 职衔称

交往对象拥有社会上受尊重的学位、学术性职称、专业技术职称、军衔和爵位的，可以"博士""教授""律师""法官""将军""公爵"等称呼相称。

这些职衔性称呼还可以同姓名、姓氏和泛尊称分别组合在一起使用，例如"乔治·马歇尔教授""卡特博士""法官先生"等。

4. 职业称

对不同行业的人士，可以对方的职业作为称呼。比如"老师""教练""警官""医生"等。对商界和服务业从业人员，一般约定俗成地按性别不同分别称为"小姐""先生"等。

在这些职业称呼前后，还可以同姓名、姓氏分别组合在一起使用。

5. 姓名称

在一般性场合，彼此比较熟悉的人之间，可以直接称呼他人的姓名或姓氏。例如"乔治·史密斯""张志刚"等。

中国人为表示亲切，还习惯在被称呼者的姓前面加上"老""大"或"小"等字，而免称其名，如"老王""小张"。更加亲密者，往往不称其姓，而直呼其名，如"志刚""卫东"等，这种称呼一般是熟悉、亲密的同辈之间相互称呼或长辈称呼晚辈时用。

6. 特殊性的称呼

对于君主制国家的王室成员和神职人员应该用专门的称呼。例如，在君主制国家，应称国王或王后为"陛下"；称王子、公主等为"殿下"；有爵位的应称爵位或"阁下"。对神职人员应根据其身份称为"教皇""主教""神父""牧师"等。

除以上常用的称呼外，在交往中，还有以"你""您"相称的"代词称"和亲属之间的"亲属称"。社会主义国家和兄弟党之间，人们还以"同志"相称。

三、称呼的禁忌

交往中如称呼不当就会失敬于人，失礼于人，有时还会导致严重后果。所以一定要注意称呼的禁忌。

1. 错误的称呼

称呼对方时，记不起对方的姓名或张冠李戴，叫错对方的姓名，都是极不礼貌的行为，是社交中的大忌。尤其是外国人的姓名，在发音和排列顺序上同中国人的姓名有很大差别，如果没有听清楚或没有把握，宁可多问对方几次，也不要贸然叫错。对被称呼者的年龄、辈分、婚否以及同其他人的关系做出错误判断，也会出现错误的称呼，如将未婚妇女称为"夫人"等。

2. 易产生误会的称呼

不论是自称还是称呼他人，要注意不要使用让对方产生误会的称呼，如"爱人"，中国人一般把自己的配偶称为"爱人"，而外国人则将"爱人"理解为"婚外恋"的"第三者"；还有"同志""老人家"等易让外国人产生误会的称呼，不要使用。另外，也不要使用过时的称呼或者不通用的称呼，让对方不知如何理解。

3. 带有歧视、侮辱性的称呼

在正式场合，不要使用低级、庸俗的称呼或用绰号作称呼。如“哥们儿”“姐们儿”“死党”等。不论在任何情况下，绝不能使用歧视性、侮辱性的称呼。例如“老毛子”“洋妞”“死老头”等。

微型案例

不当的称呼

小宋今年刚参加工作，年轻的她工作干劲十足，待人也很真诚。对每个同事前辈都很友善，在公司里总是“王姐”“张哥”等亲热地叫着。某一天，小宋陪同客户经理王经理参加了公司同客户的见面会。其间，小宋也像往常一样称呼王经理为“王姐”，忙前忙后，自认为圆满完成了任务。但会后王经理却严肃地对小宋提出了批评意见，指出她在客户面前表现欠妥，小宋疑惑不解。

资料来源：杜汉明主编：《商务礼仪》，高等教育出版社2010年版。

问题：小宋哪里出了问题？

第二节　握手礼仪

在商务交往中，常用的见面礼是握手。传统上，握手是信任的象征。握手礼的礼节，据说是起源于原始社会，当时人们手中常常握着棍棒和石块，用作猎取动物和自我防卫的武器。当与无利害冲突、无意侵犯对方的陌生人相遇时，就主动放下手中的东西，并让对方摸摸掌心，以示没有武器。

握手是日常交往的一般礼节，多用于见面时的问候与致意，也多用于致谢与祝愿。这是世界各国通行的礼节。如果双方和谈成功，表示愿意和平共处，表示友好，也伸手相握。这种习惯长期沿用，最后演变为今天人们的见面和告别的礼节。握手虽是日常生活中司空见惯、看似平常的社交礼仪，但从握手中却可以传递出许多信息。在轻轻一握之中，可以传达出热情的问候、真诚的祝愿、殷切的期盼、由衷的感谢，也可以传达出虚情假意、敷衍应付、冷漠与轻视。所以，绝不能等闲视之。

一次令人愉快的握手，感觉上是坚定、有力，代表着这个人能够做决定，能够承担风险，更重要的是能够负责任。

一、握手的时机和场合

从习惯上说，握手的时机和场合主要包括几种情况：

1. 遇到较长时间未曾谋面的熟人，应与其握手，以示为久别重逢而万分欣喜。

2. 在被介绍与人相识、双方互致问候时，应握手致意，表示为相识而感到荣幸与高兴，愿与对方建立友谊与联系。

3. 当对方取得很大的成绩或重大的成果、获得奖赏、被授予荣誉称号或有其他喜事时，见面时应与之握手以表示祝贺。

4. 在自己领取奖品时，应与发奖者握手以表示感谢。

5. 向他人表示恭喜、祝贺之时，如祝贺结婚、生子、升学、乔迁、事业成功或获得荣誉、嘉奖时，应与之握手，以示贺喜之诚意。

6. 应邀参加社交活动，如宴会、舞会、音乐会前后，应与主人握手，以示谢意。

7. 参加友人、同事或上下级的家属追悼会，在离别时，应和死者的主要亲属握手，表示劝慰。

二、握手的顺序

社交活动中，由于握手代表了一定的情感态度，表示对对方的友好与尊重，因此，按照什么顺序握手，就显得十分重要。

很多人认为，在社交中，无论对方的性别和身份怎样，为了表达自己的真心实意，都应该先伸手与对方相握。其实这是一个误区。那么，握手到底应该遵照怎样的顺序呢？

在商务活动中，"尊者"包括职位高者、客人、年长者、女性。一般情况下，职位高者、年长者、女性应该先伸出手，表示友好意愿。在主人接待客人时，一般是主人先伸出手，对客人表示欢迎。职位低者、年轻人、男性、客人则马上伸出手来呼应。即遵循"尊者先伸出手"的原则。在商务活动中，不讲究性别、年龄，更在意职务的高低，职务高者、主人先伸手。在年轻人之间的交际活动中，谁先伸手都没关系。

三、握手的姿态

行握手礼时，通常距离受礼者约一步，两足立正，上身稍向前倾，伸出右手，四指并齐，拇指张开与对方相握，微微抖动 3～4 次，然后与对方的手松开，恢复原状。与关系亲近者，握手时可稍加力度和抖动次数，甚至双手交叉热烈相握。

1. 握手必须用右手。如果恰好右手正在做事，一时抽不出来，或者手弄得很脏、很湿，应向对方说明，摊开手表示歉意，或立即洗干净，与对方热情相握。如果戴着手套，则应取下后再与对方相握。否则都是不礼貌的。

2. 握手要热情。握手时双目要注视着对方的眼睛，微笑致意，并且口道问候。

3. 握手要注意力度。握手时，既不能有气无力，也不能握得太紧，甚至握痛了对方的手。握得太轻，或只触到对方的手指尖，不握住整只手，对方会觉得你傲慢或缺乏诚意；握得太紧，对方则会感到你热情过火，不善于掩饰内心的喜悦，或觉得你粗鲁、轻佻而不庄重。这些都是失礼的。

4. 握手应注意时间。握手时，既不宜轻轻一碰就放下，也不要久久握住不放。要掌握适度，一般来说，表示完欢迎或告辞之意以后，即应放下。在普通情况下，与他人握手的时间不宜过短或过长。大体来讲，握手的时间应控制在 3 秒钟以内，握上一两下即可。

握手时两手稍触即分，时间过短，好似在走过场，又像是对对方怀有戒意。而与他人握手时间过长，尤其是拉住异性或初次见面者的手长久不放，则会被人误解。

提醒您

握手小常识

(1)被拒绝

有的时候,你很热情地伸出手去,而对方却没有呼应,让你很尴尬。此时,你只需把手收回来,接着谈话就是了,不必影响自己的情绪,这是对方的错,不是你的问题。

(2)死鱼式的握手

对方的手虽然伸了出来,但握上去是僵硬的、没有回应,像握着一条死鱼。这时你应该同样热情地握上一握,然后松开。

(3)拥抱式握手

指用自己的双手握住对方的手。这在表示感激、老友重逢等场合是很自然的情感流露。当老人或贵宾向你伸手时,可以双手握对方的手,同时致以问候。在商业活动中,一般不使用这种握手的方式,因为这样显得过分谦恭,无形中降低了自己的地位。

四、握手的禁忌

1. 忌不讲先后顺序。如前所述,在正式场合,握手时必须遵照长者优先、女士优先、职位高者优先的原则。如果两对夫妻见面,先是女性相互致意,然后男性分别向对方的妻子致意,最后是男性互相致意。

2. 忌戴手套握手。在社交活动中,如果女士的手套是其服装的组成部分,允许戴着手套和他人握手,但男士必须在与他人握手前脱下手套。

3. 忌用左手握手。尤其是在涉外场合,不要用左手与对方相握,因为有些国家比如阿拉伯国家,还有一些信仰伊斯兰教的教徒,他们普遍认为左手是不洁的,不能随便碰其他人。

4. 忌握手时身体其他部分行为不规范。比如握手时将另外一只手插在衣袋里,握手时另外一只手依旧拿着香烟等不放下,握手时东张西望、左顾右盼,这些心不在焉的做法都是错误的。

5. 忌交叉握手。在社交场合,如果要握手的人较多,可以按照一定的顺序进行,或由近及远或从左到右依次与人握手。基督教徒尤其忌讳交叉握手,因为交叉握手时形成的十字架图案被认为是很不吉利的。

6. 忌握手时手部不洁净。与对方握手之前,应该保持手部的洁净,手部粘着灰尘或很脏,这样都是对对方的不尊重,同时避免与他人握手后用手帕擦手。

小资料

中国古代的见面礼仪

我国古代是没有握手礼仪的。但作为礼仪之邦的中国,在古代人们相互见面时,却有其他与握手不相同的诸多礼节。这里介绍一下古人常见的见面礼仪。

古人等级制度森严，相见时，按长幼之序和官职大小行礼。《范进中举》中写范进进学回家，其丈人来访，范进“向他作揖”，胡屠夫教训他不要与“平头百姓”“拱手作揖，平起平坐”，及后来范进中举后张乡绅来访，“同范进让了进来，到堂屋内平磕了头”，都是古时的相见之礼。

揖：拱手行礼，是为揖。这是古代宾主相见的最常见的礼节。揖让之礼分为三种：一是专用于没有婚姻关系的异姓，行礼时推手微向下；二是专用于有婚姻关系的异姓，行礼时推手平而至于前；三是专用于同姓宾客，行礼时推手微向上。

长揖：这是古代不分尊卑的相见礼，拱手高举，自上而下。

拱：古代的一种相见礼，两手在胸前相合表示敬意。如“子路拱而立”（《论语》）。

拜：古代表示恭敬的一种礼节。古之拜，只是拱手弯腰而已，两手在胸前合抱，头向前俯，额触双手，如同揖。如《孔雀东南飞》中的“上堂拜阿母，阿母怒不止”，这儿的“拜”就是焦仲卿对母亲行的这种礼节。后来亦指将屈膝顿首、两手着地或叩头及地称为“拜”。如《鸿门宴》中的“哙拜谢，起，立而饮之”，这儿的“拜”应是这种跪拜礼。

拜手：古代的一种跪拜礼。行礼时，跪下，两手拱合到地，头靠在手上。《周礼》中作“空首”，也作“拜首”。如“光明呀，我景仰你，我要向你拜手，我要向你稽首”（《屈原》）。

再拜：拜两次为再拜，表示礼节之隆重。如“谨使臣良奉白璧一双，再拜献大王足下”（《鸿门宴》）。过去书信末尾也常用“再拜”以表示敬意。

顿首：跪而头叩地为顿首。“顿”是稍停的意思。行礼时，头碰地即起，因其头接触地面时间短暂，故称顿首。通常用于下对上及平辈间的敬礼，如官僚间的拜迎、拜送，民间的拜贺、拜望、拜别等。也常用于书信的开头或末尾，如“……丘迟顿首”（《与陈伯之书》）。

稽首：古代的一种跪拜礼。跪而头触地作较长时间停留为稽首。“稽”是停留拖延的意思。行礼时，施礼者屈膝跪地，左手按右手，拱手于地，头也缓缓至于地，手在膝前，头在手后。头在地必须停留一段时间。稽首是最重要的礼节，常为臣子拜见君王时所用。如孟明稽首曰：“君之惠，不以累臣衅鼓，使归就戮于秦”（《崤之战》）。

但契丹人、党项人、女真人、蒙古人的见面礼又各不相同。《金史》卷35《礼志》记载：“金之拜制，先袖手，微俯身，稍复却，跪左膝，左右摇肘，若舞蹈状。凡跪，摇袖，下拂膝，上则至左右肩者，凡四。如此者四跪，复以手按右膝，单跪左膝而成礼。”但有的记载是跪右膝，蹲左膝，左右膝位正好相反。蒙古人最初是左膝下跪，后改为双膝跪拜。文天祥《文山先生全集》卷17记载自己被俘到元大都，丞相博罗召见，文天祥“长揖”，通事（翻译）命他“跪”，文天祥说：“南之揖，即北之跪，吾南人，行南礼毕，可赘跪乎？”

资料来源：秦丹、胡东莉主编：《商务礼仪》，经济科学出版社2012年版。

第三节 介绍礼仪

所谓介绍，通常是指在人们初次相见时，经过自己主动沟通，或者借助第三者的帮助，从而使原本不相识者彼此之间有所了解，相互结识。在商务交往中，为他人做介绍和介绍自己是最重要的两个方面，这是商务活动开始的标志，是建立关系的起点。成功的介绍会给整个商务交际带来一种融洽的气氛，并为进一步交谈做好铺垫。

一、自我介绍

自我介绍是跨入社交圈、结交更多朋友的第一步。如何介绍自己，如何给对方或其他人留下深刻的印象，可以说是一门艺术，这与个人的气质、修养、思维和口才密不可分。学会自我介绍，可以树立自信、大方的个人形象。

自我介绍往往能体现出一个人的胆量和气魄，也容易在社交中处于主动地位。自我介绍时要做到表达清晰、风趣、真实、流畅，尽量包含足够多有关自己的信息以及与接下来的谈话相关的内容。

（一）自我介绍适用的场合

1. 应聘求职时或应试求学时。

2. 在社交场合，与不相识者相处时或打算介入陌生人组成的交际圈时；有不相识者表现出对自己感兴趣时或要求自己做自我介绍时。

3. 交往对象因为健忘而记不清自己时。

4. 有求于人，而对方对自己不甚了解或一无所知时。

5. 拜访熟人遇到不相识者挡驾，或是对方不在、需要请不相识者代为转告时。

6. 在出差、旅行途中，与他人不期而遇，且有必要与之建立临时关系时。

7. 前往陌生单位，进行业务联系时；因业务需要，在公共场合进行业务推广时。

（二）自我介绍的内容

商务活动中，进行自我介绍，主要内容包括姓名、单位、部门、职务或与正在进行的活动是什么关系等内容。如“我是孙浩，是上海宏达公司公关部经理，很高兴认识您(或很高兴和大家在此见面)，请多关照！”在你未被介绍或没有人为你做介绍时，应主动作自我介绍。可预先准备一下自我介绍的内容并反复进行练习。介绍时要做到表达清晰、风趣、真实、流畅。这十秒钟的“自我推销”包含足够的有关你自己的信息以及与接下去的谈话相关的内容。“你好，我叫杰瑞卡，宏达公司的销售部经理助理。”“您好，我是新社记者王强，久仰您的大名，非常想请教您几个问题。”

（三）自我介绍的方法

自我介绍时还要注意以下几点：

1. 实事求是，不可不停地自我表白甚至吹嘘，否则易引起对方的反感或不信任感，不利于进一步交往和联系。

2. 介绍时举止庄重、大方，讲到自己时可将右手放在自己的左胸上，不要慌慌张张、毛手毛脚，不要用手指点着自己。

3. 介绍时表情坦然亲切，眼睛应看着对方或是大家，不要显得不知所措、面红耳赤，更不能一副随随便便、满不在乎的样子。

4. 介绍时控制好时间，最好将时间控制在一分钟左右为最佳。

小资料

著名哑剧大师、喜剧表演艺术家王景愚的自我介绍

“我就是王景愚，表演《吃鸡》的那个王景愚。人称我是多愁善感的喜剧家，实在是愧不敢当，只不过是个‘走火入魔的哑剧迷’罢了。你看我这40多公斤的瘦小身躯，却经常负荷许多忧虑与烦恼，而这些忧虑与烦恼，又多半是自找的；我不善于向自己所敬爱的人表达敬和爱，却又经常否定自己。否定自己既痛苦又快乐，我就生活在痛苦与快乐的交织网里，总也冲不出去；在事业上人家说我是敢于拼搏的强者，而在复杂的人际关系面前，我又是一个心无灵犀、半点不通的弱者，因此在生活中，我是交替扮演强者和弱者的角色。”

资料来源：徐汉文、张云河主编：《商务礼仪》，东北财经大学出版社2014年版。

二、为他人介绍

在工作中，经常需要在他人之间架起人际关系的桥梁。他人介绍，又称第三者介绍，是经第三者为彼此不相识的双方引见、介绍的一种交际方式。他人介绍，通常是双向的，即对被介绍双方各自做一番介绍。有时，也可进行单向的他人介绍，即只将被介绍者中的某一方介绍给另一方。为他人做介绍时需要把握一些基本的礼仪要求。

介绍者应熟悉双方的情况，如可能应征求双方的意见，“李总经理，是否愿意认识一下赵林先生？他是前锋制药有限公司的副总经理。”一般来说，不必把职位很低的人介绍给身居高位的人。

为他人做介绍时，要讲究介绍顺序。应该本着“让尊者优先了解对方情况”的原则来定。一般是：先把男性介绍给女性，把年轻人介绍给老年人，把社会地位低者介绍给地位高者，把客人介绍给主人，把未婚者介绍给已婚者，把和自己关系密切的一方介绍给另一方。在公务活动中，是以职位的高低来决定介绍顺序的，而不考虑性别和年龄。一人与多人见面，要先把一人介绍给大家，但是如果来者身份地位很高，即使一人，也应该先把其他人介绍给他。

微型案例

介绍人的介绍用语可以是很正规的，如：

“请允许我来介绍，李小姐，这位是凯地公司销售部经理唐特先生；唐先生，这位是玫黎化妆品有限公司总经理李枫小姐。”

在非正式场合，介绍语可以比较随便，如：

“陶明明，这是我的同事张扬，她的现代舞跳得非常好；小张，这是我中学的同学陶明明，也是一名舞蹈爱好者。”

问题：在为他人做介绍时，需要注意什么？

在涉外场合，介绍时应把中方人员介绍给外方人员，介绍人由接待人员或中方人员中身份最高者担任。若双方需要介绍的人都比较多，那么在介绍各自人员的时候，应以职位高低为顺序，首先介绍职位高者。介绍时应自然大方、热情、简单明了，不要做作。

三、为集体介绍

集体介绍是他人介绍的一种特殊形式，是指介绍者在为他人介绍时，被介绍者其中一方或者双方不止一个人，甚至是许多人。在需要做集体介绍时，原则上应参照为他人介绍的顺序进行。集体介绍时的顺序如下：

1. 将一人介绍给大家

在被介绍者双方地位、身份大致相似，或者难以确定时，应使一人礼让多数人，人数较少的一方礼让人数较多的一方，先介绍一人或人数少的一方，后介绍人数较多的一方或多数人。

2. 将大家介绍给一人

若被介绍者在地位、身份之间存在明显差异，特别是当这些差异表现为年龄、性别、婚否以及职务有别时，地位、身份明显高者即使人数较少，甚至仅为一人，仍然应被置于尊贵的位置，先向其介绍人数多的一方，再介绍地位、身份高的一方。

3. 人数较多的双方介绍

若需要介绍的一方人数不止一人，可采取笼统的方法进行介绍，如可以说："这是我的家人""她们都是我的同事"等。如有必要，可以一一进行介绍。进行此种介绍时，可按位次尊卑顺序进行介绍：先介绍位卑的一方，后介绍位尊的一方；或先介绍主方，后介绍客方。

4. 人数较多的多方介绍

当被介绍者不止两方，而是多方时，应根据合乎礼仪的顺序，确定各方的尊卑，由尊至卑，按顺序介绍各方。如果需要介绍各方的成员，也应按由尊到卑的顺序，依次介绍。

第四节　名片礼仪

宾主相见时，互相交换名片，已成为现代社会中相互介绍和建立联系的一个重要方式，在商业活动中尤其受到重视。随着社会的发展和人际交往的日益增多，交换名片的方式已成为一种普遍的礼仪，更是涉外日常交往中宾主见面时双方常用的礼节。

要正确地使用名片，就应对名片的设计、交换的时机、交换的要点及名片的存放几个方面做到合乎礼仪规范。

一、名片概述

名片是让新结识的朋友记住你的姓名、地址和电话号码等的一种有效办法。当你被介绍给别人，彼此握手及简单地交谈之后，你也许想出示你的名片。你的名片不仅旨在向未来的客户介绍你本人和你的公司，名片还代表着你的职位及职称。因此，一定要精心设计。

公务活动中使用的名片，其内容主要包括所在单位、部门、姓名、职务或职称、地址、电话等联络方式。名片上的字数不宜太多，头衔也不宜太多，名字在名片中应该是最大的几个字，这样便于对方一眼就看到你的姓名，并能迅速称呼你。头衔太多给人一种炫耀的感觉。

二、名片交换的时机

1. 当你与某人第一次见面时，一般要赠送一张名片，这是十分得体的礼仪。交换名片通常标志着初次见面的结束。出示名片，表明你有与对方继续保持联络的意向。

2. 在展销会开始时,销售经理与客户之间互换名片是一种传统,表示非正式的业务往来已经开始。同样,刚到办公室的来客也会向接待员出示名片,以便被介绍或引见给有关人员。等见到主人时他还要再递上一张名片。在这种情况下,名片实质上起到了社交名片的作用——既表明了你的身份和你的到来,还显示了你有进行业务往来的意向。

3. 在宾客较多的场合,一开始就接受名片可帮助你及早了解来客的身份。比如会议上来了许多代表,而你对他们的姓名、职务都不太清楚,那么在会议开始前就应向他们索要名片,然后可采用日本人的习惯,把名片摆放在桌上当座位图使用。

4. 去拜访某人时,如果主人没有出示名片,客人可在道别前索要。如果主人的名片就放在桌上的名片盒中,应首先征求同意,然后再取出一张。你可以递上两张名片,一张给主人,另一张给秘书。当然你也可以索要两张名片,一张存放在你自己的名片夹里,另一张可钉在客户卷宗里。

5. 用餐时不要出示名片,而应等到用餐结束。在私人宴会上,除非有人索要,否则不要散发名片,那样会混淆商务与社交的界线。在参加社交活动时,可随身携带名片,需要时便可出示,但不可把花园聚会变成推销会。

6. 如果本人不能亲自前往,可以送上名片来“代表”你。比如,送交材料时可附上一张便笺和一张名片;在邮寄商业信函时附上一张名片,以便日后继续联络。

7. 刚到办公室的来客也会向接待者出示名片,以便被介绍或引见给有关人员。

三、名片交换的要点

1. 名片应双手呈递,双手食指和拇指执名片的两角,文字朝向对方,一边自我介绍,一边递过名片。对方递过来的名片,应该用双手接过,以示尊重。接受名片的态度一定要恭敬,使对方感到你对他的名片很感兴趣。接受对方的名片后,不可以立刻放到自己口袋里,而应首先表示谢意,然后再看清楚对方的姓名。如果对其中的某个字念不准,要请教对方,相信他会很乐于告诉你。保存时,则应放在名片盒或名片夹中,既方便查找,也利于保存,更能表示对对方的尊重。

2. 一般是来访者先递上名片,然后,接待者回赠名片。要双手拿着名片齐胸递接。如遇自己的名片正好用完、无法回赠对方时,可说明原因,表示歉意,并手写姓名、地址、联络方式送给对方。

3. 如果双方同时递名片,自己的名片应从对方的稍下方递过去,同时以左手接过对方的名片。

4. 接过名片后,要看上几秒钟,以示尊重。

5. 对方人较多时,应从领导开始交换名片。

6. 交换名片时该说什么? 向别人索要名片时可以直接问:“您能给我一张名片吗?”当你想出示名片时,可说:“这是我的名片,如果有别的问题,尽管打电话给我好了。”或者你可以说:“寄信请用这上面的地址,希望能尽快听到您的消息。”

如果给一名长期客户赠送名片,可以说:“您有我的名片吗?”或“我一直想给您一张名片。”

当你的职位或通信方式有变化时,你可以说:“这是我的新名片。”

当某人向你索要名片时,直接拒绝是不太礼貌的,但是你可以这么说:“对不起,我的名片都用光了”或“我忘带了”。

接受名片时要说“谢谢”,并略为注视几眼再放好。还可以边看边稍加评论,比如:“你们公司总部在青岛，那儿是不是正在举行第一届啤酒节？"

四、名片的存放

随身携带的名片，最好放在专用的名片包、名片夹里，此外也可以放在上衣口袋内。不要把它放在裤袋、裙兜、提包、钱夹里，这样做既不正式，也显得杂乱无章。在自己的公文包以及办公桌抽屉里，也应经常备有名片，以便随时使用。

在交际场合，如需要名片，则应事先预备好，不要在使用时再临时翻找。

接过他人名片看过之后，应将其精心放在自己的名片包、名片夹或上衣口袋里，切勿放在其他地方。

第五节 方位礼仪

各国的礼节都很讲究方位，一个人在与他人交往时，占有多大空间、占有哪方面的空间，不是小事，而是表现了他的地位、身份、权力等诸多内容，不可忽视。

一、左右位置

国际通行的礼节是"以右为尊"。让长辈、职位高者、客人、女士等尊者行、立、坐在晚辈、职位低者、主人、男士等的右侧，以体现出尊重与重视。

（一）行走

在需要并排行走时，让身份高的人、客人走在身份低的人、主人的右侧。例如，秘书和他的上司一起走，要让上司走在秘书的右侧。主人与客人一起行走，要让客人走在右侧。

（二）一般的座次

在许多人并排而坐的时候，主人应该请客人坐在他的右边。在电视里，我们经常看到我国领导人接见外国来宾的镜头，座位安排就是让外宾坐在东道主的右侧。除此之外，男女两性交往时，为了表示对女性的尊重，男性应让女性坐在右侧；年轻人与年长者谈话时，应让年长者坐于右侧；未婚者让已婚者坐于右侧。会见座次安排见图 3—1。

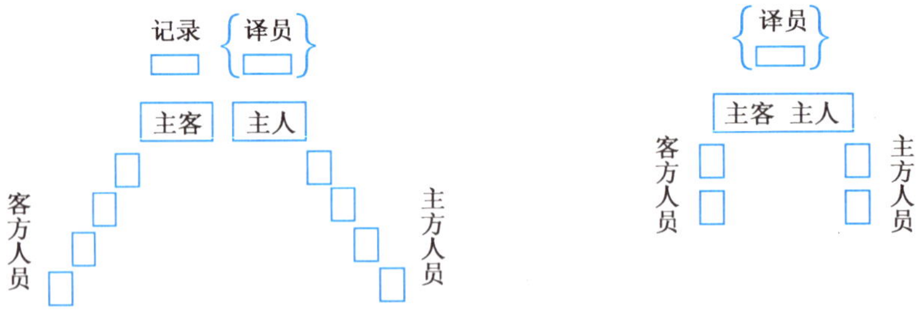

图 3—1 会见的座次安排

（三）谈判座次

举行谈判时，座次的安排也遵循这一原则。有两种不同的方法：一是谈判桌顺着门摆放，即把桌子窄的一头对着门，假设有一人进门后，面对室内而站，那么他的右手一边的座位为上座，是客人的，他的左手一边的座位就是主人一方的。如果谈判桌是横放于室内的，那么正对门的一侧是上座，是客人的，背对门一侧是主人的。谈判双方安排自己一方的座次时，依然遵循“以右为尊”的礼节，即主谈人右侧的位置比左侧的高。会谈座次安排见图3—2。

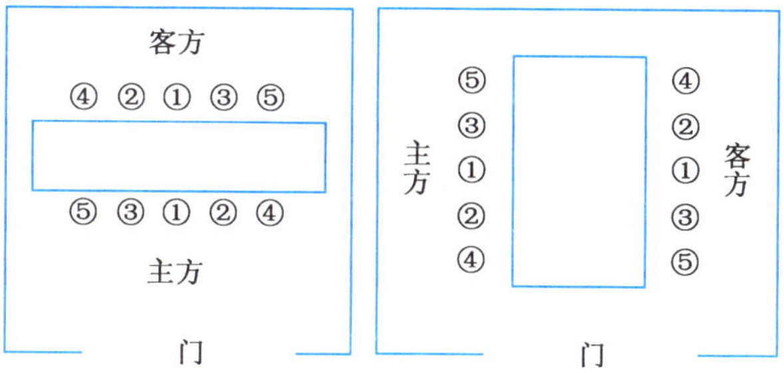

图3—2　会谈的座次安排

（四）主席台座次

在举行国际会议时，会议主席台上的座次排列，也是要讲求“以右为尊”，主席坐于中间，其右侧的座位高于左侧的座位。发言人所用的讲台也位于主席台的右侧。国际上，主席台座次安排见图3—3。

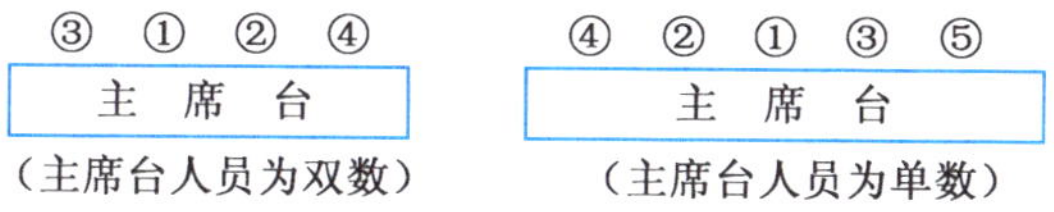

图3—3　主席台座次排列

中国的传统曾经是“以左为尊”的。这一礼节最为明显地保留在我国主席台的座次排列上，即主席坐于正中，第一副职坐于其左侧，第二副职坐于其右侧，以此类推。

二、前后位置

在前后位置方面，一般以前面为尊，但也并非完全如此。

（一）行走

走在前面的往往是职位高、年长者，特别是在各种典礼、仪式上。如果遇到人多拥挤之处，随从人员就要走在前面开路。秘书或接待人员在引领客人时，走在客人的左前方，约一步半的距离。

（二）上下楼梯

上楼时要让客人、尊长、上司、女性走在前面，下楼梯时，要让他们走在后面。

（三）乘坐电梯

有电梯工操作的，则让客人、尊长、上司、女性先上后下。如果是自动升降电梯，那么，主人、年轻人、下级、男性先上，按住开门钮；下电梯时，主人按住开门钮或挡住门，请客人先下。

（四）进出房门

一般来讲应该请客人、尊长等先进先出，必要时应该为他们推开或拉开房间的门。如果进出房门时，遇到与自己进出方向相反者，应当礼让。通常是欲进门者让欲出门者，即先出后入。如果看到对方是客人、尊长、女士，则让对方先行，可不遵前例。

（五）座位排列

在人数较多的会议或典礼上，需要多行排列，位尊者、正式出席者排在前排，职位低者、列席者排在后面。

三、中间和两侧位置

(一)行走

如果三人以上行走,应让位尊者走在中间。如果是两位女性与一位男性一起行走,男性应当走在最左边,这样,当他想和其中一位说话时,也会照顾到另一位,不会显得厚此薄彼。如果两位男性与一位女性一起行走,就应该让女性走在中间,使她更有安全感。

(二)座位排列

一般来讲,越靠中间的座位越好。如果请客人观看演出,就要请主宾和主人坐在中间,而把两边的座位留给主人一方的人去坐。如果几位男性和几位女性一起去看电影或演出,应该让女性坐中间,两边的座位由男性去坐,不要让女性挨着陌生人坐。

四、乘车礼仪

在商务活动中,乘车座位的位次高低,是考虑了安全、方便、舒适等诸因素后而定的。

(一)乘小轿车的礼节

小轿车,如果是由专职司机驾车,座位的位次由高到低依次排列为:后右、后左、后中、副驾驶。如果小轿车由主人亲自驾驶,座位的位次由高到低依次排列为:副驾驶、后右、后左、后中。后排座位比前排好是因为后排比较安全,并且在汽车靠右行驶的国家,从右边上下车是最方便的。所以人们认为后排右座为最尊位置。同理,在汽车靠左行驶的地方,后排左座才是最尊之位。

(二)乘其他类型车的礼节

吉普车:吉普车属于轻型越野客车,它的底盘比较高,不如小轿车平稳。不管由谁驾驶,它的上座都是副驾驶座,然后是后排右座、后排左座。

多排客车:以司机为第一排,从第二排开始,越靠前靠右越好,依次为:第二排右座、中座、左座、第三排右座、中座、左座……

小　结

关键术语

称呼　握手　介绍　名片　方位　礼仪

本章小结

1. 称呼,也叫称谓,是对亲属、朋友、同事或其他有关人员的称呼。

2. 称呼,分为泛尊称、职务称、职衔称、职业称、姓名称、特殊性的称呼。

3. 握手是日常交往的一般礼节,多用于见面时的问候与致意,也多用于致谢与祝愿。

4. 握手时,主人、女性、职位高者、年长者应该先伸出手,表示友好意愿,客人、男性、职位低者、年轻人则马上伸出手来呼应。即遵循“尊者先伸出手”的原则。

5. 所谓介绍,通常是指在人们初次相见时,经过自己主动沟通,或者借助第三者的帮助,从而使原本不相识者彼此之间有所了解,相互结识。为他人介绍时,要讲究介绍顺序。应该本着“让尊者优先了解对方情况”的原则来定。一般是：先把男性介绍给女性，把年轻人介绍给老年人，把社会地位低者介绍给地位高者，把客人介绍给主人，把未婚者介绍给已婚者，把和自己关系密切的一方介绍给另一方。

6. 名片应双手呈递，双手食指和拇指执名片的两角，文字朝向对方，一边自我介绍，一边递过名片。

7. 国际通行的礼节是“以右为尊”。让长辈、职位高者、客人、女士等尊者行、立、坐在晚辈、职位低者、主人、男士等的右侧，以体现出尊重与重视。

在前后位置方面，一般以前面为尊。小轿车，如果是由专职司机驾车，座位的位次由高到低依次排列为：后右、后左、后中、副驾驶。如果小轿车由主人亲自驾驶，座位的位次由高到低依次排列为：副驾驶、后右、后左、后中。

知识结构图

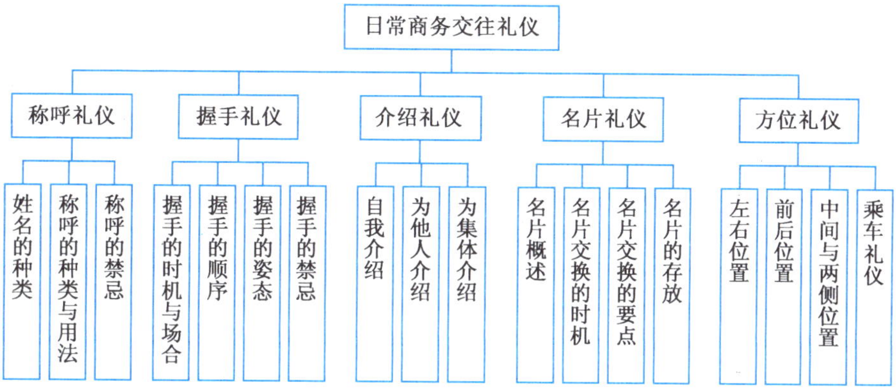

应　用

案例研究

案例一

谋定而后“说”的日常交往礼仪

领导让新员工小李打电话找某公司的副总经理，想与对方商谈合同的具体事项。于是，小李拨通了电话：

“喂，你好！潘总在吗？”

“不在，他出去考察了。”

于是，小李把电话放下，去找领导汇报。

“经理，潘总人不在。出差了。”

经理说：“这件事很重要，你有没有问到人家的联系方式，比如手机号码什么的？”

“哦，对不起，我没想到。”

这样，他再次接通对方电话。

“你好，我是××公司，能不能把潘总的手机号告诉我。”

大家知道，领导的私人联系方式是不能随便告诉别人的。结果可想而知，秘书答道：“对不起，这个不方便告诉您，您有什么事，等他出差回来，我帮您转达。”

“这样啊，那不用了。”

放下电话，他这样和领导说：“经理，人家不告诉我。”

经理又问：“那你有没有问他们，这件事还有谁能做主？我们要尽快谈妥这件事。”

“哦，对不起……”

可想而知，他在这件事情的处理上显得多么被动，又会给领导留下一个什么样的印象！他的问题在哪？就在于他在通话前，没有搞清楚自己到底要干什么，没有目的性，不确定自己要做什么，并通过怎样的策略达到目的。这就是“谋定而后动”的谈话策略。如果在打电话前，我们在心里明确谈话的目的，并且安排好逻辑顺序，如果第一目标达不到，如何实施第二计划、第三计划，这样，我们就能在谈话中占得先机，无往而不利。

问题：

如果你是小李，你会怎么做？

案例二

李先生的失礼

在一次宴会上，李先生穿着一身名牌，信心十足地走进会场。他一眼看到自己很想认识的社会名人王老先生，于是直接走上前去，伸出手，自我介绍道：“王老，您好！我是某某公司的经理李某。”王老先生伸出手，与他轻轻握了握手，之后并没有继续理睬李先生，而是与其他人寒暄去了，没有留给李先生搭讪的机会。李先生有些无趣，只好继续寻找其他的自己觉得有必要交往的人。这时，有一位儒雅的先生与他擦肩而过，那位先生礼貌性地向李先生点头致意，而李先生并没在意，只是在想这个人我认识吗，他是谁，所以面无表情地过去了。不一会儿，李先生才想起刚才与自己擦肩而过的是一位在商业上很成功的人士，而且正是自己想结交的并且能够在生意场上给自己很大帮助的人。但是遗憾的是，李先生已经给对方留下了不良的第一印象。

问题：李先生在哪些地方失礼了？在社交场合应该如何注意自己的日常交往礼仪？

案例三

大意失荆州

外贸公司的经理王女士奉命随团出访欧洲，因为出国之前忙于事务性工作，她自己却忘记重新印制一套名片。所以，每到送名片的时候，为了让对方能找到自己的最新的电话和住址，她赶紧在名片上临时用钢笔加注了几个有用的电话号码和地址。半个月跑下来，王女士累得筋疲力尽，却未见有外商与其有过实质性接触，后来经人指点，才明白问题出在哪儿。原来是她自己奉送给外商的名片不合规范。为了图省事，王女士临时用钢笔在自己的名片上加注了几个有用的电话号码，本想这样联系起来更方便和有效，可是在外商看来，名片犹如一个人的“脸面”，对其任意涂涂改改、加加减减，只能表明她的为人处世敷衍了事，马马虎虎。

问题：

1. 试结合王女士的错误来谈一谈名片在当今的商业交往中的重要作用。
2. 请结合王女士的情况谈一谈使用名片的有关礼节和注意事项。

资料来源：刘睿倪、苏中义：《国际商务谈判》，西安电子科技大学出版社 2014 年版。

实验实训

1. 以小组为单位，自拟场景，分别以社交场合和公务场合为背景练习得体的称呼。

2. 两人一组，训练双手递接名片，注意动作要领、表情和语言。

3. 两人一组，训练标准的握手姿势，并能说出握手的禁忌。

4. 尼克松访华时，周总理在讲话时是这样称呼的："总统先生、尼克松夫人，女士们、先生们、同志们、朋友们"，请总结面对众人时的称呼规律，并设定实景加以练习。

复习思考题

1. 女秘书陪同一女士进入本公司会客厅，本公司一男士正在恭候。女秘书首先把男士介绍给客人："这是我们公司的陈总。"然后向自己人介绍客人："这是××公司的刘总。"

请分析以上情景中人物做法的正误。做法不对的错在哪里？应该怎么做？

2. 案例分析

有一天，一名演讲家带着他的小儿子去拜访朋友。主人为父子俩倒完水后，转身去厨房，没走两步，只听到"砰"一声，靠近父亲的暖瓶突然爆了。主人慌忙折回来，问怎么回事，有没有烫着。父亲连忙摇头说："没事，没事，刚才一不小心，脚踢着了，抱歉，抱歉。"主人连声说："哪里话，只要人没烫着，一个暖瓶值什么？"是日，相聚甚欢。

在回家的路上，儿子不解地问："爸，我刚才看得很清楚，是暖瓶自己爆了，为什么要说是你踢的呢？"父亲微笑地问："如果换成是你，你会相信暖瓶自己爆吗？"儿子想了想，摇摇头。"孩子，我们说话一定要确定自己的目的。事出偶然，为了不引起朋友的怀疑，我坦然接受，更有助于我们之间的关系。如果费力解释，还可能造成猜疑，他或者会想，就这点事还要骗我，这朋友值得交吗？"父亲接着说："当然，我不是教你为了目的而不择手段，说一些违心的话，只有在极特殊的情况下，我们可以变通一下，也是要为了一个善良的目的。"

请问，你在日常的生活或工作中，是如何处理这类事件的？

3. 根据你所了解的日常商务交往礼仪的知识，自拟题目写一篇不少于500字的文章。

第四章　商务活动礼仪

学习目标

知识目标：掌握商务活动礼仪的基本知识。

技能目标：掌握商务接待、谈判、宴请、馈赠和电话的主要礼仪应用技巧。

引入案例

坚持上新，哪怕只有一个顾客

疫情期间，市民的正常生活多少受到了影响。有人每天晚上十二点守在网上抢菜，有人心疼起门可罗雀的实体经济，还有人“发誓”，等到可以出门了，一定要把全上海的商场都逛一遍……

近日，记者走进上海地标型大型商圈——BFC外滩金融中心探访发现，即使到店体验和消费的人明显少于往日，但不论商场、商家还是工作人员都丝毫没有懈怠。品牌旗舰店、咖啡厅、文创书店……整个购物中心9成以上商铺开门迎客，秩序井然。

“虽然人流量减少了，但消费需求依然存在。”BFC相关负责人向《劳动报》记者表示，作为上海外滩主干道上唯一的商业综合体，外滩金融中心可说是承担着上海购物“门面”的重任。疫情期间，商场一日未歇业，并在保证防控措施的情况下维持着绝大多数商铺的营业率。

“我们想向大家传达的是：疫情期间，我们一直都在！”即使你只是偶从外滩路过，但商场迎客，环境安心，你能感受到魔都的商业气息，也能感受到整个城市依旧有条不紊地运转着……

老主顾为抗“疫”妻子购买礼物

记者了解到，BFC入驻着近100家租户、190多家商户。安全营业的路上，如何做到“一个都不能少”？

“本来疫情下我们是计划关店的，但看到商场从红外线入口测温到每天循环消杀，再到口罩、免洗洗手液等防疫物资的充分保障，让我们觉得很安全也很感动。所以我们改变了计划，决定要和大家一起坚守。”徐浩是BFC内咖啡连锁品牌Manner的负责人，他告诉记者，随着周边写字楼陆续复工，这周起门店人流已开始回温，每天的咖啡订单量恢复到年前40%—50%水平。

据统计，疫情暴发后，BFC 租户的每月口罩需求量接近 4 万只，额温仪需求量也接近 100 个，很多租户和商户都因为物资紧缺如坐针毡。

尽管同样面临紧缺难题，但商场还是决定先解燃眉之急——一边提升内部物资使用效率，一边紧急统筹调拨资源，拿出部分口罩储备保障租户一整周的复工需求。

“商场支持我们，我们支持顾客，正能量就这样传递开来。”入驻 BFC 的艺术品牌“稀奇艺术”同样在整个疫情期间都保持营业。店长 Mandy 还向记者分享了一则暖心故事。

她说，2 月初疫情比较严峻的时候，门店接到一个特别的订单。有一位老顾客想挑一份礼物，在情人节给新婚妻子一个惊喜。原来，这位顾客的妻子是一名护士，在疫情发生后就主动请缨去往前线抗“疫”，两人从春节至今都分隔两地。

当得知“稀奇艺术”依然营业，顾客非常高兴。“我们现场为他挑选了一件‘简单直接’的艺术品——《想你了》，并克服物流配送的各种困难，最终将礼物在情人节当天完成交付。”

该店店员告诉记者，“店里很多老主顾，都是通过微信选货、购物，下单后，一般派孩子爸爸来取货。所以，虽然现在来店里逛的顾客少了很多，但线上选货的人多了。”

“首店”坚持上新，哪怕只有一个顾客

由复星集团和日本京都府共同开设的全球第一家以京都名为主题的“京都之家”，同样开设在 BFC 内。

记者到店时看到，虽然顾客寥寥，两名店内工作人员依旧双手合起放于腹前，姿态从容地站于展示柜间，随时等待客人的到来。

“作为上海首店之一，疫情发生至今我们一直坚持营业。”京都之家主理人邓美芬告诉记者，虽然近段时间客人绝不会多，但店内未离过沪的员工坚持每天上岗，“哪怕只等来一个顾客，我们也想以最好的状态迎接。”

据记者了解，2019 年上半年上海开设的“首店”达到 498 家。“首店”的概念，是指行业内具有代表性的品牌在某一区域开的第一家店，比如全球首店、亚洲首店、中国首店或者是区域首店。

店内，来自异域的独家和限定的商品被精心陈列，包括能吃的蜡笔、画家手工绘制的帆布包、天然无公害漆器、百年纸品潮物等。随手一个单品，都出自百年以上历史的品牌。

邓美芬说，疫情暴发之初，商场就给予防疫的指导和提醒，帮助他们在消杀、人员管理、返工隔离等方面做到合规安全。随着复工全面开启，室内加强了消杀力度，特别是在人员管理上，每天都严格测温并核验“随申码”状态，这也让店内上班的员工感觉很放心。

2020 年 1 月 23 日，“京都之家”一批从日本直运的货品按时抵达上海，这是一批计划在春节期间上架的全新商品，邓美芬说，“我们曾想延后上新，但经过考量，还是决定按照原计划进行。”

“我们有决心坚守在上海商业一线，也有条件正常营业，这既是作为‘首店’的一份责任，也是体现、塑造我们品牌形象的时刻”，她说。记者看到，出产量稀少的精致茶壶、采用日本“水引”工艺的耳饰……这批新品现已经过工作人员的细心陈列展示在柜上。

展望未来，邓美芬也充满信心，“我们会用这段时间提高内功，从商品品种和品控上做得更好，疫情过后，也会安排邀请京都工匠大师到店和顾客互动……”

生鲜超市储备充足不涨价

记者了解到，疫情期间，BFC外滩金融中心始终保证了南区商场的超级物种生鲜超市

的储备充足,不涨价,每天从10:00到22:00共12小时的营业时间,让很多苦恼于在网上抢不到菜的朋友有了购买新鲜蔬果的好地方。

同时为了让大家安心用餐,BFC还和餐饮部的商户上线了订餐服务,不光有贴心的一人食套餐,品类从本帮菜到美式应有尽有。

而努力维护一切正常的工作秩序和商业运转,正是为了把那些熟悉的美好留住,为大家提供最贴心的、最安心的生活服务。

当然,商场继续营业,也正好解决了很多人在特殊情况下遇到的"难题",它敞开大门,正好为有需要的人提供帮助,也为还在外奔波的人提供一个可以休息落脚的港湾。

"上海的商场还在,感觉生活里还有光。"有上海市民在微信朋友圈感慨:"平常习以为常的那些吃的喝的用的,突然就'不见'了,不是触手可及的了……感谢还在商业一线坚守的全体员工,因为有你们,让我觉得上海还是我记忆里的上海。"

资料来源:东方网—劳动报2020—03—02(劳动报记者叶赟)。

问题:案例中的BFC外滩金融中心在疫情期间,即使到店体验和消费的人明显少于往日,商场、商家还是工作人员为什么都丝毫没有懈怠?

第一节　商务接待礼仪

商务接待属于商务活动的范畴,处于商务活动的首要环节,这种"首因效应"容易影响客商对于合作伙伴的评价,甚至影响商务活动的最终效果,在尊重基本接待礼仪的前提下,尤其要注意热情细致、诚信守时、礼仪适度和保守秘密。

微型案例

天地公司的初萌是一个新员工,她在前台负责接待来访的客人和转接电话,还有一个同事小石和她一起工作。每天上班后一到两个小时之间是她们最忙的时候,电话不断,客人络绎不绝。一天,有一位与人力资源部何部长预约好的客人提前20分钟到达。初萌马上通知人力资源部,部长说正在接待一位重要的客人,请对方稍等。初萌转告客人说:"何部长正在接待一位重要的客人,请您等一下,请坐。"正说着电话铃又响了,初萌匆匆用手指了一下椅子,赶快接电话。客人面有不悦。初萌接完电话,赶快为客人送上一杯水,与客人闲聊了几句,以缓解客人的情绪。

资料来源:范立荣主编:《秘书国家职业资格培训教程》,海潮出版社2004年版。

问题:案例中的客人为何面有不悦?

提示:秘书再忙,也要先将客人安置好,不能以忙为托词忽略基本的礼仪。

一、热情迎客

迎来送往,是商务活动中最基本的形式和重要环节,是表达主人情谊、体现综合素养的重要载体。在商务活动中,必须高度重视对客商的迎接,从细节上表现公司一流的管理、一流的员工素质,以促成商务目的的实现。

（一）迎候礼仪

中国是一个礼仪之邦，对于不管是突然拜访的新客人，还是事先有约的老朋友，迎候是体现友好或者强化客人良好印象的最佳方式。应当委派机智、灵活的接待人员，按照双方的约定，提前到达约定的地点，恭候客人。迎候的礼仪既要规范，同时也要不拘一格，体现特色，强化客人的第一印象。

1. 熟悉情况。接待人员应当通过一切可以掌握的信息，了解客人、客人所在的公司，对方到达的车次、航班，如有可能搜索客人的照片，牢记特征，安排与客人身份、职务相当的人员，最好是可能进行商务谈判的负责人前去迎接。可以想象，如果首次见面，就能一眼辨出，并能准确叫出职务、姓名，对客人将是一种莫大的重视与尊重。

2. 设计站牌。可事先准备好一块牌子，不少单位在牌子上习惯于书写“热烈欢迎某某同志”或“某单位接待处”，其实这样一是显得啰唆，二是没有特色。可以考虑红底白字，突出客人身份，如“某某公司某总”或“某总”，显得大气。如有可能，可在出站口电子显示屏上打上相应欢迎辞。

3. 佩戴标识。迎候客人的交通工具、接待人员采用统一的识别标志，强化客商的印象，交通工具一般停靠在出口处，尽可能减少客人行走的距离。

4. 耐心等候。在等候客人的过程中一定要坚守岗位，即使上洗手间也要轮流进行，同时，在迎候客人时千万不要议论公司或者客人，评头品足，否则客人到达时，迎候处空无一人或者听到对自己的背后议论，该是何等尴尬。

微型案例

某投资商经过中国淡水渔业第一市湖北省荆州市，计划停留两个小时。该市市长为了留住客商，选择了一家规模一般、环境优雅并有水乡特色的餐饮店宴请投资商，吃饭前，首先请客商品尝该市自产的新鲜莲蓬，菜肴也以水产品为主，虽然价格低廉，但是特色鲜明，客人感动于市长的真诚、节俭，将投资项目放在了该市。

问题：上述案例的成功之处体现在哪里？

提示：商务接待的商务性和礼仪性需要体现接待方的成本意识、高效和一种开放的思维方式，多数商务接待的成功在于细节、在于真诚、在于特色，而不在于奢华。

接到客人后，应主动向客人致意，并遵守下列礼仪：

1. 有序介绍。如果客商是熟人，一般由接待方身份最高者，按照一定顺序（可以是位置、职务等）将迎候人员逐一介绍给客人，介绍时要注意不要遗漏，包括司机等服务人员；然后请客人中身份最高者，按一定顺序逐一介绍。如果有名片，可以按照名片递送礼仪互赠名片。

提醒您

“尊者优先知悉信息”规则

在商务活动中相互介绍时，同样应当遵循“尊者优先知悉信息”规则，通常要先确认双方地位的尊卑，先介绍位卑者，后介绍位尊者，这样，位尊者可以先了解位卑者的基本信息。

2. 主动寒暄。迎候方应当主动问候客人“一路辛苦了”“欢迎您到我们城市”“欢迎您到我们公司”等。

3. 简要介绍。迎候方可以简要介绍城市、公司的主要情况，但要注意不要过分张扬或者褒扬，更不能贬损自己所处的城市、所服务的公司，即便客人言语中涉及对自己所在城市的贬损，也不宜针尖对麦芒，比较合适的方式是岔开话题。

（二）乘车礼仪

1. 提前等候。迎接客人的车辆应当提前到达迎候地点，不要等客人到了还在催促司机迅速到位，那样会因让客人久等而影响接待效果。

2. 车辆适当。要考虑来客人数、行李多少，安排合适的交通工具，要注意留有余地，如果车辆容量不足，应当有应急预案。同时还需要特别注意车辆必须处于能够随时正常运行的状态，包括提前检查刹车片、洗车，带齐各项证件等。

3. 主动帮忙。接待人员要主动帮助客人代提、代取较重的箱包、行李。如果不是客人主动要求，不要强求帮助代背、代拎客人随身小包。

4. 注意座次。商务接待中最为常见的交通工具是双排五人座轿车，座次尊卑自高而低依次为：后排右座，后排左座，后排中座，前排副驾驶座。在商务活动中，轿车上的前排副驾驶座通常被称为“随员座”，一般由陪同、秘书、译员、警卫或助手就座，只有在接待方主要陪同人员亲自驾车时，客人坐在副驾驶座上与主人“平起平坐”。

微型案例

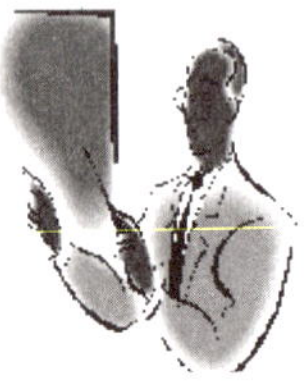

一次，某公司秘书晓马代表他的上司去机场迎接外地一家公司的考察团。见面之后，晓马安排对方团长坐在小轿车的右后座，可是团长不干，他自己拉开前面的车门，坐在了司机身边。

问题：晓马在乘车礼仪上有何不妥吗？

提示：乘车既要讲礼仪，也要灵活，上例中客人既已坐定，就没有必要再挪位子了，这样好像很讲礼仪，其实有画蛇添足之嫌了。

二、细心待客

（一）环境得体

1. 光线色彩

商务接待多在室内进行，必须准备好接待室。室内的光照应以自然光源为主，窗帘以图案简洁的百叶窗为宜，接待现场的颜色控制在一两种之内，并以浅色为妥。

2. 温度湿度

客人进入接待室前，一定要注意开窗通风，消除异味，需要注意的是，不要过度使用空气清新剂，室温以摄氏 26℃左右为最佳，相对湿度控制在 50%左右。

3. 安静庄重

接待室一定要安静，地面上可铺放图案简洁的地毯，以减轻走动声；窗户可安放双层玻璃，以隔音；茶几上摆放垫子，门轴上添加润滑油，减少音响；接待室简单摆放音响设备、盆花或插花即可。层次较高、有代表性的奖状、奖章也可以在醒目处摆放。

微型案例

某公司在商务接待中，将接待室设在公司荣誉室，秘书晓艾进行了简单的布置。荣誉室为了保护奖章、奖状，光线特别暗，空气流通也不好，于是晓艾临时在室内增加了几个造型别致、光线柔和的台灯，但是电线是以明线方式设置，客人来后，不小心碰到了电线，险些摔倒。

问题：上述案例提示我们在环境布置上应该注意些什么？

提示：环境设置必须高度注意安全。

（二）引导礼仪

1. 身份恰当

商务接待中，负责来宾引导的人员，应当熟悉礼仪，同时熟悉单位各方面的情况，头脑灵活，能妥善处理在引导中可能出现的各种突发事件。引导人员根据职责，多为接待单位办公室、公共关系部门或者与客人业务对口部门的秘书、公共关系人员。

2. 前后有序

（1）并排行进。主客双方并排行进时，要注意交通规则和安全，引导者在外侧行走，客人行走于内侧。若三人并行时，通常中间的位次最高，内侧的位次居次，外侧的位次最低。

（2）单行行进。在不宜并行时，引导者行走在前，而使客人行走于其后，遇到路障，引导者要及时提醒。

（3）出入房门。引导者负责开、关门。入门时，通常由引导者开门后，请客人先进；出门时客人先出，引导者关门。

（4）出入电梯。电梯操作由引导者负责。出入无人控制的电梯时，引导者须先入后出，以操纵电梯。出入有人控制的电梯时，引导者则应后入后出。

（5）出入轿车。引导者与客人不同车时，引导者乘坐的车在前，客人乘坐的车居后；引导者与客人同车时，引导者后登车、先下车，客人先登车、后下车。

3. 提示得体

（1）方位提示。引导客人进入特定场所，引导人员应当向客人说清处于何种方位。

（2）流程提示。下一个商务活动之前，引导人员应当告知客人接下来的商务活动内容，有条件的话，应当在客人到达的同时，下发商务活动流程。

（3）方向提示。涉及方向转换时，引导人员不能只顾自己低头赶路，一定要照顾客人，在方向转换前提示客人注意方向调整。

(4)车次提示。引导客人乘坐车辆时,务必要告知对方:“请各位上某某号车。”

(5)安全提示。引导客人经过拥挤、坎坷或危险路径时,必须要叮嘱对方:“请各位留神”“请注意某处”。

微型案例

某公司在商务接待中,一位中年女性客人来自欧洲,上坡、下坡有些困难,秘书小马眼尖,马上去搀扶,并要帮助客人拎随身携带的手提包,被客人拒绝。小马百思不得其解。

问题:为什么小马的行为被拒绝?

提示:欧洲人忌讳被别人认为衰老,通常不希望在行走等基本生活方面得到别人更多的、特别的帮助。

(三)座次礼仪

1. 面门为上

主客双方“相对式”就座,面对房门的座位为上座,应让之于客人;背对房门的座位为下座,接待方自己就座。

2. 以右为上

主客双方“并列式”就座时,右侧为上,应请客人在右侧就座;左侧为下,接待方自己就座。

3. 居中为上

如果客人较少,而接待方人数较多,应请客人坐在中间,接待方人员围坐在客人的两侧或者四周。

当然,如果客人有座次偏好,已经直接按自己的偏好落座,就没有必要一定调整,顺势而为,让客人满意即可。

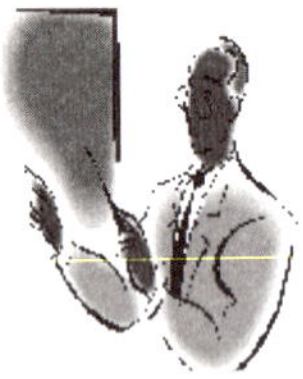

微型案例

商务接待中,接待室设置了一个主席台,主席台计划安排四个人就座,分别是客商总经理、副总经理和接待方总经理、副总经理,晓艾让客商总经理坐在接待方总经理右侧,结果受到总经理的批评,晓艾认为让客人坐右边体现了对客人的尊重。

问题:在接待的座位安排中,我们要注意什么?

提示:设置了主席台的情况下,一定要让客人坐在接待方左侧,这样主席台下看上去刚好客人在右,陪同方在左。

(四)以茶待客

待客人坐定后,需给客人奉上一杯热茶,方是待客之道。

1. 选择合适的茶具

茶具一般选择陶瓷材质的杯子,最好选择一套的茶具,尽量不要使用玻璃杯,也不要用热水瓶来替代专用的茶壶。

2. 选择合适的茶叶

茶叶的类别繁多，主要分为红、绿、黄、白、黑和乌龙六大类。中国十大名茶，包括西湖龙井、洞庭碧螺春、黄山毛峰、都匀毛尖、六安瓜片、君山银针、信阳毛尖、武夷岩茶、安溪铁观音、祁门红茶。这些茶叶各有不同，可以多准备一些种类，以便客人选择。

3. 奉茶的顺序

上茶时，应先客人后主人，即主人先为客人奉茶，最好用托盘，不要用手直接接触茶杯，以免烫伤。在斟茶时不能倒满杯子，一般七分满即可，遵循“酒满茶半”的原则为宜。

资料阅读

我国的饮茶礼仪

茶叶的原产地在中国。我国的茶叶产量，堪称世界之最。饮茶在我国，不仅是一种生活习惯，也是一种源远流长的文化传统。中国人习惯以茶待客，并形成了相应的饮茶礼仪。例如，请客人喝茶，要将茶杯放在托盘上端出，并用双手奉上。茶杯应放在客人右手的前方。在边谈边饮时，要及时给客人添水。客人则需善“品”，小口啜饮，满口生香，而不是“作牛饮”。茶艺已成为中国传统文化的一个组成部分。例如，中国的“功夫茶”便是茶艺的一种，有严格的操作程序，具体如下：

(1) 嗅茶。主客坐定以后，取出茶叶，主动介绍该品种的特点、风味，客人则依次传递嗅赏。

(2) 温壶。先将开水冲入空壶，使壶体温热，然后将水倒入“茶船”(一种紫砂茶盘)。

(3) 装茶。用茶匙向空壶中装入茶叶，通常装满大半壶。切忌用手抓茶叶，以免杂味混入。

(4) 润茶。用沸水冲入壶中，待壶满时，用竹筷刮去壶面茶沫，随即将茶水倾入“茶船”。

(5) 冲泡。至此，才可正式泡茶。要用开水，但不宜用沸水。

(6) 浇壶。盖上壶盖之后，在壶身外浇开水，使壶外、壶内温度一致。

(7) 温杯。泡茶的间隙，在茶船中利用原来温壶、润茶的水，浸洗一下茶盅，避免串味。

(8) 运壶。第一泡茶泡好后，提壶在茶船边沿巡行数周，以免壶底的水滴滴入茶盅串味。

(9) 倒茶。将小茶盅一字儿排开，提起茶壶来回冲注，俗称“巡河”。切忌一杯倒满后再倒第二杯，以免浓淡不均。

(10) 敬茶。双手捧上第一杯茶，敬奉在座的客人。如客人不止一位时，第一杯茶应奉给德高望重的长者。

(11) 品茶。客人扭着小茶盅，观茶色，嗅茶味，闻茶香，然后腾挪于鼻唇之间，或嗅或啜，如醉如痴，物我两忘。

资料来源：杨丽主编：《商务礼仪与职业形象》，大连理工大学出版社 2011 年版。

三、礼貌送客

(一)善始善终

无论商业目的是否达到,接待方一定要注意千万不能显得过于功利,达到了特定的商业目的,就隆重送客、千恩万谢、依依惜别;没有达到特定的商业目的,就爱理不理、低规格敷衍。

(二)文明留客

有时候,陪同方希望挽留客人多住上几天以加深感情,这时可以适当安排客人感兴趣的观光旅游等活动项目,切不可强行挽留,耽误客人的其他重要公务活动。

(三)注重细节

“出迎三步,身送七步”,客人返程的车船票代购,将客人送到车站、码头,安排接站的人员送站,越是商业目的没有达到,越是要委派更高级别人员相送,靠接待细节往往可以弥补技术谈判的不足。本地客人应陪同送行至本单位楼下或大门口,一直到视线模糊;乘坐其他交通工具离去的客人,挥手道别后等到看不见了再转身离开。

微型案例

秘书晓艾每次送别客商时,总是会将公司的通用名片赠送一张给客人,这样客人很容易将公司的基本信息牢记入心,秘书晓艾给客人也留下了深刻的印象。

问题:秘书晓艾这样的做法是否妥当?

提示:任何有助于商务交流的礼仪细节对商务活动来说都是有价值的。

第二节　商务谈判礼仪

“一名完美无缺的谈判家,应该心智机敏,并且有无尽的耐心。能巧言掩饰,但不欺诈行骗;能取信于人,而不轻信于人;能谦恭节制,但又刚毅果敢;能施展魅力,而不为他人所惑;能拥有巨富,藏娇妻,而不为钱财和女色所动”。

商务谈判是比赛、是战争,更是合作、是共赢,恰到好处的谈判礼仪能够更好地赢得对手的尊重,从而获得意想不到的商业价值。

微型案例

一次只做少许让步

假如你打算出售你的房子,并要价 25 万美元,有人出价 24 万美元购买。通常情况下,很多卖主会在第一回合的讨价还价中把房价让到 24.5 万美元,但我们的建议是:只让到 24.8 万美元。这种较小的让步让你在谈判中站在更好的起点之上。

虽然这种谈判方式进展比较缓慢,但是如果你能够做到每次只做少许的让步,那你的房子的最后成交价很可能会是 24.5 万美元。相反，如果你一开始就让到 24.5 万美元，那么对方很可能会再还价到 24.2 万美元，这样你就会少卖几千美元。

在这种情况下，买主能采用的最好的反制策略是使用同样的方法，一次只做少许的让步，比方说，还价 24.25 万美元。

资料来源：陈福明、王红蕾主编：《商务谈判》，北京大学出版社 2006 年版。

问题：上述案例说明了在商务谈判中我们要注意什么。

提示：妥协只能有原则地逐步进行，不可一泻千里、大幅度让步。

一、谈判人员的礼仪

（一）重视仪容

个人仪容既是对商业谈判对手的尊重，也是展现公司形象、展示自我形象的重要载体。商务谈判人员应重视仪容，发式应严整，不可过于休闲、随意；面部清洁，切不可蓬头垢面，不蓄胡须，体毛不外露；服饰以职业装为宜，佩戴公司统一标识，女性切不可过于暴露、浓妆艳抹；应有良好的精神面貌，切不可精神萎靡不振，谈判前要注意充分休息。

微型案例

董事长一夜没有得到很好的睡眠，第二天早晨会见谈判对手，结果在谈判过程中打起了瞌睡。谈判无果而终。

问题：在谈判中，谈判人员在精神面貌方面要注意什么？

提示：谈判中的仪容表现能够体现对谈判的重视程度，也能反映谈判人员的管理、控制、时间支配能力等，要想获得理想的谈判结果，必须重视谈判细节。这一案例中，秘书可以预备一点咖啡或浓茶以便董事长提神。

（二）遵守时间

商务谈判人员要遵守谈判时间，既不要提前很长时间等候，这样容易给自己造成心理压力，也不要迟到，给人以时间观念差的印象。比较好的表现是适当提前五到十分钟到达谈判地点，尽快适应环境为宜。

微型案例

投资商准备在某市投资 1 亿元人民币，约定当晚 20:00 在某宾馆与市长见面，刚好当天上级组织部长到该市约见该市长也是在当晚 20:00 点。

市长权衡再三，先见部长，让副市长代自己先见投资商，投资商知道原委后，将投资转到了另外的地方，后来这件事情在当地官场传开，该市长很快落选。

问题：上述案例反映了什么问题？

提示：不遵守时间的地方官员必然传递给投资商十分恶劣的信息，再多优惠政策的承诺都会被不守时毁于一旦。

（三）了解对手

商务谈判人员要了解对手，所谓“知己知彼，百战不殆”，很多商务谈判人员往往更多地关注谈判技巧，而忽视对对手企业、企业领袖、谈判人员等的了解，增加了谈判风险。商务谈判人员要通过各种途径，尽可能收集有关谈判对手的各种信息，帮助防范谈判过程中的各种风险。

微型案例

中美两国MBA学生进行商业谈判的比较实验。结果中国的学生优先关注合同文本本身，注重合同的严密和风险的防范；美国学生则优先关注企业的资信度、商业经历、企业领袖的个人品质，在此基础上形成商务谈判风险报告，以此指导商务谈判过程。

问题：在谈判中什么是最值得我们去关注的？

提示：商业谈判的风险防范更重要的在于各方的合作诚意。

（四）利益优先

商务谈判人员要讲礼仪，要注重礼仪细节，但是商务谈判的根本目的在于促成商业目的的实现，因此，商务礼仪必须服务、服从商业目的，商务谈判的原则其实并不是最重要和唯一的，只有利益，包括对手的利益、自己的长远利益才是最重要的，不过需要重视的是不能使商务礼仪功利化。

微型案例

大型公司甲与中型公司乙经过艰苦的谈判，即将达成一份合作协议。乙要求自己公司应当排在协议前面，甲公司开始不同意，认为有辱公司形象，导致协议迟迟没有签下来。

甲公司首席代表知道情况后认为：公司利益才是最重要的，排名没有任何实质意义。

问题：企业更应该在谈判中关注哪方面的问题？

提示：商务活动中必须始终注意基本原则，那就是商业利益优先。

二、谈判中的交往礼仪

（一）照顾对手

商务谈判中要注意照顾对手，特别是在生活上，比如对身体状态不佳的谈判对手主动提出中途休息、延迟谈判，亲自送对手到医院治疗，悉心照料，这既是人之常情，更是一种“攻心”式的谈判技巧。

微型案例

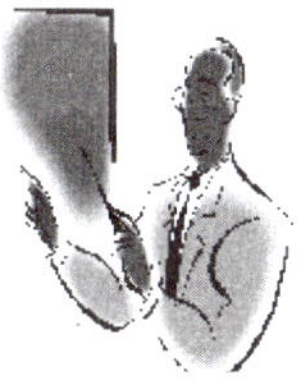

集团公司委派严肃的陈总到公司评估一个新项目，评估结果将直接影响公司该项目能否被批准。

陈总到公司后就病了，公司委派该项目负责人老王进行了悉心照顾。

陈总后来病愈，在评估该项目时，对该项目的个别瑕疵甚至缺陷进行了指导、完善，使项目顺利上马。

问题：严肃的陈总为何改变了以往的工作风格？

提示：照顾对手是赢得对手理解甚至支持的一种行之有效的手段。

（二）尊重对手

商务谈判要将对事与对人区分开来，在商务谈判的细节上可以步步为营，寸步不让；但是对谈判对手人格权、名誉权一定要尊重，再激烈的对抗都应当是集中在商业目的本身。

微型案例

甲公司与乙公司经过艰苦的谈判，由于甲公司首席代表要求过于苛刻、言语尖酸，很长时间没有达成合作协议。乙公司部分谈判人员想将甲公司首席代表使用的麦克风弄坏，使其出丑，被乙公司首席代表严词制止。

问题：乙公司首席代表为什么严词制止了一些人提议弄坏甲公司首席代表使用的麦克风做法？

提示：商务谈判中对对手的不尊重首先是对自己的不尊重。

（三）诚实守信

商务谈判要遵守诚实守信的基本准则。不讲诚信，必然加重交易的成本与风险。没有诚信，谈判双方就会陷入无休止的猜忌、怀疑之中，商业目的也就无从谈起。

微型案例

“华人首富”与“上海首富”

“华人首富”李嘉诚与“上海首富”周正毅有许多相似之处：李嘉诚出身小职员，周正毅出身棚户区；李嘉诚靠卖塑料花起家，周正毅靠卖馄饨起家；李嘉诚凭借炒卖香港房地产完成资本原始积累，周正毅以炒卖上海烂尾楼迅速发达。然而，两人有一点是根本不同的，那就是做人。

2002 年，李嘉诚麾下的长虹生物科技公司欲上市融资，虽然该公司的年营业额仅几十万港元，并处于亏损状态，但股票发行时还是获得超额倍数的认购。香港人相信李嘉诚的信誉，坚信跟着李嘉诚投资绝不会吃亏。

同样是在这一年，周正毅委托香港京华山一国际投资公司（简称京华山一）协助收购一家香港上市的公司，以便快速借壳在港上市。几经周折，京华山一为周正毅找到了有几亿元现金净资产的“壳公司”——上海地产股份有限公司。不料，借壳上市成功之后，周正毅竟赖掉了原来承诺的数千万元的佣金。投资公司的首席顾问传话给周正毅：“你这么不讲诚信，迟早要完蛋！”时隔不到两年，此话果然应验了。

在李嘉诚不断致富的诸多强项中，做人是其中最值得称道的。李嘉诚打算在伦敦出售他本人持有的香港电灯公司的10万股份，但随后公布的该公司财务报表显示，香港电灯公司将有丰厚的获利。李嘉诚的助手马上建议他暂缓出售，以便卖个好价钱，但李嘉诚却坚持按已经宣布的计划出售。李嘉诚说，还是留些好处给买家好，将来我们再配股时会更顺利些。赚钱并不难，难的是保持良好的信誉。

有人将李嘉诚与周正毅做了个形象的比喻：面对同样的利润，李嘉诚可能只要应得的90%，周正毅却要得到110%甚至150%。周正毅正是因为太贪婪而不讲信用，结果栽了。

资料来源：刘睿伣、苏中义：《国际商务谈判》，西安电子科技大学出版社2014年版。

（四）合作互利

商务谈判的最高利益应当是合作互利。只有双赢互利的合作才是真正的商业合作。商务谈判中一定要注意避免为了片面追求自己的利益，固执己见、损人利己，这样的合作只能是短期的，最终会损害谈判双方的根本利益、长远利益。

微型案例

某粮食加工厂向某农场订购了一批优质水稻，其间，农场遭遇虫灾，为防止资金不足，经过谈判，粮食加工厂向农场提供了一部分预付款，帮助农场治虫，取得了双赢的效果。后来，优质稻奇缺、价格飞涨，农场依然执行原来的协议价格，将优质稻卖给了粮食加工厂。

问题：上述案例反映出在谈判中的什么问题？

提示：合作互利的商务谈判兼顾了双方利益，因而持久、稳定，体现和符合商务活动的本质要求。

三、谈判的策略

商务谈判形势错综复杂、瞬息万变。要想在复杂的形势下保证谈判顺利进行并实现既定目标，就需要谈判者审时度势，运用好相应的谈判策略。

（一）黑脸白脸

黑脸白脸的策略就像演双簧，互相配合着完成谈判。在谈判开始打头阵者，往往被视为扮黑脸人士，直来直去，不怕得罪对方。而扮演白脸者，则以好好先生角色自居，如果发现因讨论问题太深入或态度过于强硬、无回旋余地时，可适时出现打圆场。在双方争执面红耳赤的时候，和事佬的出现会有意想不到的效果。

微型案例

有一次，亿万富翁休斯想买飞机。他计划购买34架，而其中的11架他更是志在必得。起初，休斯亲自出马与飞机制造商洽谈，却怎么也谈不拢。最后这位大富翁勃然大怒，拂袖而去。后来，休斯找来一名代理人，他告诉代理人，只要能买下他最中意的那11架即可。可谈判的结果，这名代理人居然将34架飞机都买下来了。休斯很佩服地问代理人是怎么做到的。代理人回答说："这很简单，每次谈判一陷入僵局，我便问他们，是希望继续和我谈判呢，还是希望和休斯本人谈。我这么一问，他们就乖乖地说，算了，算了，就按你的意思办吧。"

资料来源：陈福明、王红蕾主编：《商务谈判》，北京大学出版社2006年版。

问题：代理人谈判成功的秘诀在哪里？

提示：谈判陷入僵局后可以考虑换一个人打圆场，或许可以收到意想不到的效果。

（二）抛砖引玉

在谈判中的抛砖引玉的策略就是一方主动地摆出各种问题，但不提解决的方法，让对方去解决。在国际商务谈判中，精明的谈判者往往会利用人们的这种心态——采取抛砖引玉的办法来增加自己的利润。所谓抛砖引玉，说穿了就是吃小亏占大便宜。一方首先做出小的让步，以此来诱惑对方做出较大的让步。这种策略一方面可以达到尊重对方的目的，使对方感觉到他是谈判的中心人物；另一方面，自己又可以摸清对方的底细，争得主动。

微型案例

美国谈判家荷伯回忆说：

几年前他代表一家大公司去俄亥俄州购买一座煤矿。矿主是个强硬的谈判者，开价要2 600万美元。荷伯还价1 500万美元。

"你在开玩笑吧"，矿主粗声道。

"不，我们不是开玩笑。但是请把你的实际售价告诉我们，我们好进行考虑。"

矿主坚持2 600万美元不变。

在随后的几个月里，买方的出价为：1 800万美元、2 000万美元、2 100万美元、2 150万美元。但是卖主拒绝退让，于是形成僵局，双方都无活动。情况就是2 150万美元与2 600万美元的对峙。显然，在此情况下，只谈结果，就不可能取得创造性结果。

为什么卖主不接受这个显然是公平的还价呢？令人费解。荷伯一顿接一顿地跟他一块吃饭，每次吃饭时，他都要向矿主解释公司做的最后还价是合理的。卖主总是不说话或说别的。一天晚上，他终于对荷伯的反复解释搭腔了，他道："我兄弟的煤矿卖了2 550万美元，还有一些附加利益。"

"哈，哈！"荷伯心里明白了，"这就是他固守那个数字的理由。他有别的需要，我们显然忽略了。"

有了这些信息，荷伯就跟公司的有关经理人员碰头。他说："我们首先得搞清他兄弟究竟确切得到多少，然后我们才能商量我们的建议。显然我们应处理个人的重要需要，这跟市场价格并无关系。"

公司的官员们同意了,荷伯就按这个路线进行。不久,谈判达成协议,最后的价格没有超过公司的预算。但是付款方式和附加条件使卖主感到自己干得远比他的兄弟强。

问题:上述案例中谈判为何能成功?

提示:摸清对手底线更容易获得谈判的成功。

(三)沉默是金

谈判开始就保持沉默,迫使对方发言。沉默是处于被动地位的谈判者常用的一种策略。这种策略主要是给对方造成心理压力,使之失去冷静,不知所措,甚至乱了方寸,发言时就有可能言不由衷,泄露出己方急于获得的信息,同时还会干扰对方的谈判计划,从而达到削弱对方力量的目的。运用此策略需要审时度势,既不能让对方气焰更盛,也不能让对方认为你的沉默是默许的意思,所以尺度要把握好。

微型案例

一次,美国一位著名的谈判专家替一家电影公司与保险公司交涉赔偿事宜。

保险公司的理赔员首先发表了意见:"先生,我知道你是谈判专家,一向都针对巨额款项谈判,恐怕我无法承受你的要价。我们公司打算出 2 万元赔款,你觉得如何?"

专家表情严肃地沉默着。理赔员见他沉默,果然沉不住气了:"抱歉,请勿介意我刚才的提议,我再加一点,2.5 万元如何?"

又是一阵沉默。

"那 3.5 万元如何?"

专家等了一会儿道:"3.5 万元?嗯……电影公司恐怕无法接受。"

理赔员显得有点不安:"好吧,再加 1 万,4.5 万元。"

又是一阵难耐的沉默,专家说道:"嗯,我不知道。"

"那就 5 万吧。"理赔员痛心疾首地说。

……

最后,这件理赔案以 8 万元达成协议,而电影公司原本只希望得到 5 万元的赔偿金。在专家的沉默策略中,保险公司顶不住压力,节节败退,"沉默是金"在这里得到充分的体现。

资料来源:陈福明、王红蕾主编:《商务谈判》,北京大学出版社 2006 年版。

问题:从上述案例中我们得到什么启示?

提示:适度沉默可以让对手拿捏不准,从而动摇对手的信念。

(四)避实就虚

避实就虚策略是指你方为达到某种目的和需要,有意识地将洽谈的议题引导到相对次要的问题上,借此来转移对方的注意力,以求实现你方的谈判目标。

对方最关心的如果是价格问题，而你方最关心的是交货问题，这时，谈判的焦点不宜直接放到价格和交货时间上，而是放到运输方式上。

在讨价还价时，你方可以在运输方式上做出让步，而作为双方让步的交换条件，要求对方在交货时间上做出较大的让步。这样，对方感到满意，你方的目的也达到了。

微型案例

佯卖破绽用暗示

某日用化工公司与日商谈判进口一种高效杀菌的无磷洗衣粉以及技术转让的问题。谈了好几个回合，日商都尽力回避技术转让，总是强调要求该公司进口洗衣粉。该公司谈判代表已经看出了对方的手段是企图以回避技术转让问题来抬高技术转让的价码，于是便改变了战术，也闭口不谈技术转让的问题了。

谈了一阵之后日商觉得有点不对劲，便有意地提起技术转让的话题，可该公司的代表却显得兴趣不大。

正当日商迷惑不解的时候，该公司代表便开始在洗衣粉的进口价格上大幅度压价，并提出了许多苛刻的要求。接着与日商谈判进入了相持阶段。

在激烈的讨价还价中，该公司代表似乎不经意地透露了美国一家化工公司的无磷洗衣粉的报价，作为表明日商的报价过高的理由，然后主动缓和了气氛，放慢了谈判的节奏。

果然，机敏的日商心里打起了鼓："对方在技术转让问题上不愿与我交谈了，是不是已经考虑了要与美国人合作呢？"

不久，这名日商沉不住气了，再一次主动提出技术转让的话题，并表示只要该公司按日方的价格购买一定数量的洗衣粉，就可以同时转让技术，转让费好商量。

该公司代表顺坡下驴，大谈起技术转让的具体问题，并进一步强化了心理暗示，在插进的题外话中出现了"美国人更大方"的语句。结果使这名日商不得不大谈其技术如何如何优越，比起美国的、法国的、意大利的都有哪些长处等，自己先乱了阵脚，生怕买卖被别人抢了去。

谈判的最终结果是该公司以较低的价格进口了一批无磷洗衣粉。因为该公司已得知国内有人开始研究这种产品的配方了，不久国产的无磷洗衣粉问世。这次谈判该公司凭着一张寄自大洋彼岸的报价单巧妙地暗示，日商疑神疑鬼，从而争取到了较有利的价格。

资料来源：中文在线相关资料整理。

问题：谈判过程中发生了什么事情？日用化工公司是如何应对的？

提示：多渠道获取信息更容易在谈判中掌握主动。

（五）情感沟通

人有七情六欲，满足人的感情和欲望是人的一种基本需求。在谈判中充分利用感情因素以影响对方，则不失为一种可取的策略。

可利用空闲时间，主动与谈判对方一起聊天、娱乐、讨论对方感兴趣的话题，也可馈赠小礼品，请客吃饭，提供食宿的方便。还可通过帮助解决一些私人问题，从而增进了解、联系感情、建立友谊，从侧面促进谈判的顺利进行。

微型案例

高雅得体的寒暄

宏达公司(总部在北京)的王总与华翔公司(总部在重庆)的李总进行谈判。李总一走进宏达公司门口,王总就迎上前去,对李总说:"见到你很高兴,请接受一位老朋友对你的欢迎与敬意。"

接着,宏达公司王总说:"这几天北京的天气很好,这也是对贵宾的欢迎。当然,北京的天气比较干燥,要是能'借'一点重庆的雾,就更好了。我小时候就听说重庆有雾,所以重庆人特别爱吃辣。我也很爱吃辣,可是很遗憾,至今还没有去过重庆,没能亲自尝尝重庆的辣。"

华翔公司的李总笑着说,重庆的雾是地势造就的,重庆一面是陆地,三面环山,而且地势倾斜,局部气流循环造成重庆的雾气。王总风趣地说:"那么,我们北京'借'你们的雾就更困难了。"

华翔公司的李总说:"可以借点雨给你们,雨比雾好。你们可以借点阳光给我们。"

这种寒暄,双方都说得十分高雅而得体。

问题:上述案例告诉我们在谈判中我们还应注意些什么内容?

提示:谈判之初先用情感沟通,能使不相识的人相互认识,使不熟悉的人相互熟悉,使单调的气氛活跃起来,为双方进一步攀谈架设桥梁。

(六)双赢互惠

谈判是要达成各取所需的目的,不顾及对方的利益,是一种不明智的商谈谋略。在谈判中,考虑自己利益的同时也要考虑对方的利益,设身处地为对方考虑,对对方的合理要求应尽量予以满足,而对于己方提出的一些条件也应充分考虑到对方的承受能力,这样才能达到双赢互惠的目的。

微型案例

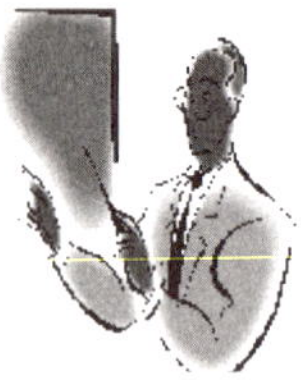

20 世纪 70 年代,当埃以之间矛盾冲突不断、各方出面调停时,一位美国律师获准同埃及总统纳赛尔讨论埃以冲突问题。律师问纳赛尔:"你希望梅厄夫人(以色列总理)采取什么行动?"纳赛尔坚决地答道:"撤退!从阿拉伯的领土上完全撤退!"律师惊讶地问:"没有什么交换条件?对方从你这里什么也没得到?"纳赛尔斩钉截铁地说:"什么也没有,这是我们的领土,以色列应该撤退!"律师又问:"如果明天早晨梅厄夫人在广播和电视上宣布说:'我代表以色列人民宣布,我国将从自 1967 年以来获得的土地,包括西奈半岛、加沙走廊、西海岸、耶路撒冷和戈兰高地上完全撤退',但是阿拉伯国家没有做出任何让步。那么,情况会变成什么样呢?"纳赛尔听完大笑起来,说道:"啊,她在国内要有麻烦了!"在这次谈话中,埃及人认识到,他们对以色列提出的条件是不合实际,也是不公正的。纳赛尔修正了自己的观点,从而有了日后的中东停战协议。

问题:从上述案例中,我们能得出什么结论?

提示:任何成功的谈判都必须建立在互惠共赢的基础上。

第三节　商务宴请礼仪

一、宴请的种类

(一)国宴

国宴,是规格最高的宴会,是国家级庆典宴会。举办方是本国政府首脑或国家元首,也可以是来访的外国元首或政府首脑。

宴会厅必须悬挂主客两国国旗,宾主入席后乐队要奏两国国歌。举办者作为宴会的主持人。宴会上主人和主宾要发表讲话或致祝酒词,席间要奏音乐。

小资料

法国的国宴

从路易十四开始,法国在外交方面形成了一个重要的不断发展的外交宴请传统。法国著名的烹饪著作《口味心理学》的作者勃利亚·萨代林有句名言:"告诉我爱丽舍宫吃些什么,我就告诉你法国是一个怎样的国家。"这句话流传了100多年,至今仍为法国人津津乐道。他们认为,爱丽舍宫的餐桌,是法国的"橱窗",是国家的命运、生活的艺术和款待客人礼节的某种象征。一句话,它关系到国家的威望。

因此,在爱丽舍宫,无论是便宴还是国宴,一切都要精心地遴选和细致地安排。首先,菜单要印制得精美,封面通常采用法国艺术家的作品。其次,菜肴和用酒都是由总统亲点。就拿密特朗总统来说,因为他喜欢传统的菜肴,因此近几年爱丽舍宫的宴席上,从未出现过野味和猪肉,牛肉也很少,吃得最多的是鱼、羊、鸡、鸭。

爱丽舍宫宴席有四大主管,人称"四大天王"。其中一人管宴席上的鲜花摆设,一人是专管厨房的首席大厨,另外两位专管宴席上的用酒。爱丽舍宫的酒窖在厨房的旁边,内藏1.5万瓶各种名酒,随用随补。1989年7月,法国大革命200周年大庆期间,来爱丽舍宫参加宴会的贵宾达到5 400名,光是名贵的藏酒就喝掉3 200瓶!这个酒窖属于国家级机密之一,总统府的大主管绝对不会允许任何人进去参观,哪怕是国际上最有权威的品酒师。久而久之,爱丽舍宫的酒窖便蒙上了一层神秘的色彩。

我国李先念主席访法期间,密特朗总统为他举行了规格很高的宴会,法国议长、总理、外交部长均出席。服务员身穿黑色礼服,打着领结,垂手侍立。主菜只有两道:蒸龙虾和烤小鸭,其余为点心和甜食,外加一个生菜沙拉。每道菜都放在大盘里,由服务员端到客人左方,由客人用餐刀自行择取。在悠扬的乐曲中,国宴圆满结束,却不见桌上杯盘狼藉,这是客人自行择菜的好处,吃多少拿多少,不想吃就不必拿。堂堂国宴,气氛热烈,却杜绝浪费。

资料来源:张百章、何伟祥编著:《公关礼仪》,东北财经大学出版社2005年版。

(二)正式宴会

正式宴会,适用于宴请规格较高,活动内容较正式、严肃的场合,重点在于突出给予对方较高的礼遇。它除了不挂国旗、不奏国歌、出席者级别不同外，其余都与国宴相似。

(三)便宴

便宴，它属于非正式的宴会，形式简便，不排桌次座位，不做正式讲话，菜肴道数不必过多，气氛随便、亲切，有利于各方自由交往。官方和非官方的宴会都可以采用这种形式。它有午宴和晚宴之分，也有早餐会。此种便宴都是坐着进食，由服务员顺次上菜。

(四)家宴

家宴，它是指在自己家中设便宴招待宾客的方式。可以由主妇亲自掌勺，也可请厨师上门做菜。可以广泛用于亲朋好友聚会，也可以用于官方宴请或业务洽谈宴请。席间全家人共同招待客人，气氛亲切、随和、友好，容易创造融洽的人际关系。家宴上午和下午都可举行，但在请柬上一定要注明时间。

(五)自助宴

自助宴，是一种相当自由的餐饮形式，除了不必排桌次座次外，来宾人数也不受拘束，也不用服务员上菜，宾客自己动手选择食品；可以先后参差进食，不必等客人到齐才能进食。这样的宴会形式便于宾客之间有较多的彼此认识的机会。

(六)工作餐

工作餐，是人们在特别繁忙、日程安排不开时采用的一种既节省时间、又达到招待目的的宴请形式。它可分为工作早餐、工作午餐和工作晚餐，适用于以谈论或从事某项具体工作为目的的招待场合，其特点是宾主共同进餐，边谈工作边进餐。工作餐一般只请当事人，不请客人的配偶，也不请其他与工作无关的人员。在国外，有的工作餐采取“AA 制”，即参加者各自付费。

二、筹备礼仪

(一)选定形式

商务宴会是商务交往中一种重要的社交活动，包括晚宴、鸡尾酒会、茶会等方式。

正式的宴会形式可以选用晚宴，目前比较盛行的晚宴通常在酒楼举行。国际上的大型商务活动多采用鸡尾酒会形式，鸡尾酒会不设椅子，招待品以酒水(一般不用烈性酒)、小吃(三明治、面包、小香肠等)为主，中午、下午、晚上均可；茶会是一种简单的招待形式，一般在下午四点左右举行，茶会通常设在客厅，一般不用餐厅。

要根据商务活动的目的，选择相应的宴请形式，只有有助于达到商业目的的形式才是最好的形式。

微型案例

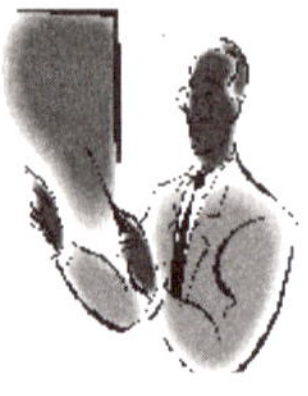

某投资商计划到一个贫困县投资一个农业项目。县长为了表达谢意，举行盛大晚宴招待投资商，席间全部上的是山珍海味，政府班子成员全部作陪。酒足饭饱后，投资商悄然而去。

问题：投资商为何悄然离去？

提示：不合时宜、超标准的宴请损害了招商引资的软环境。

（二）确定时间和地点

宴请时间的安排，体现主人对宴请的细心程度。宴请时间的确定原则上应以主宾双方都合适为宜，注意避开对方企业、个人的重大节假日、重要活动或禁忌的时间。如宴请西方客人一般不选择13日和星期五；伊斯兰教徒在斋月内白天禁食，宴请宜在日落后举行。客人具有象征意义的日子也要尽可能避开。

宴请地点的选择，体现主人对宴请的重视程度。通常应选择那些交通便利、环境幽雅、风味独特、卫生安全的饭店、宾馆作为宴客的场所。

微型案例

某生物制药企业计划到某地级市开办一家制药企业，该市宣传的一个亮点是环境状况特别优越。

在宴请该企业负责人的宴会上，该企业负责人惊奇地发现，酒店居然设置有两名工作人员，专门进行拍打蚊蝇的工作，结果，该合作没有实现。

问题：合作没有实现的原因在哪里？案例说明了什么问题？

提示：细节暴露了真实，宴请一定要确定合适的地点。

（三）发出邀请

正式的宴请活动应发送请柬。这既是基本的礼仪，也能提供赴宴信息供客人备忘。如果是便宴、工作餐，也可通过口头或电话的方式邀请。

请柬的封面一般选用红色，请柬的内容必须包括被邀请人的称谓、宴请的名义、详细时间和地点，请柬要用敬语。特别重大的宴会，还需要在请柬信封下角注明席位号。

请柬应提前一周至二周发出，对于特别重要的客人，必须委派专人送达。并且在宴请前一天注意提醒。

微型案例

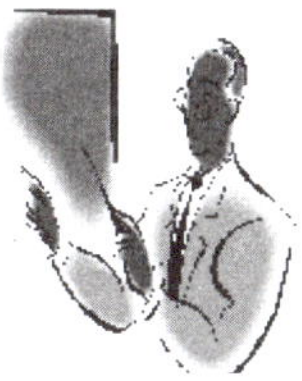

某公司给合作伙伴寄发了一份请柬，邀请合作伙伴的董事长参加一个重要的商业宴会，结果该董事长没有参加宴会。

问题：在发放商务宴请的请柬时应该注意些什么问题？

提示：请柬发出后一定要确认是否收到，对于特别重要的宴请最好采取亲自上门的方式。

（四）制定菜单

菜单的制定在商务宴请中起着特别重要的作用，这里面也有很大的学问，有的商务宴请耗费巨大，结果毫无特色，给客人留下的印象只是铺张浪费，影响商务活动的效果。

在制定菜单的过程中，要注意冷热、荤素、甜咸、色香味搭配。时令菜与传统菜肴搭配，菜肴与酒水搭配；要体现地方特色，给客人留下印象，如本地的山野菜、土酒等；还要注意不要触犯客人禁忌，例如，穆斯林不吃猪肉、不饮酒的宗教禁忌，驾驶员不饮酒的工作禁忌，西方很多人不能接受“山珍海味”的民族禁忌以及客人的个人禁忌。

微型案例

某经销商到某市寻求制造企业合作伙伴，众多合作伙伴纷纷选择豪华酒楼宴请经销商，经销商天天喝得醉醺醺的，合作意向一天天消减。

甲制造企业秘书晓艾策划了一个宴请方案，宴请地点放在一个湖上小船上，菜肴以当地土菜为主，结果，经销商选定了甲制造企业作为合作伙伴。

问题：为何经销商最终选定了甲制造企业？

提示：接待的特色显示公司的与众不同，“菜单”也是竞争力。

（五）布置现场

商务宴请要注意突出喜庆、活泼、欢乐的氛围。宴会厅可以设置致辞台，台上适当放置鲜花，宴会厅四周摆放一些绿色植物，在宴会厅外最好安排1～2间休息室，供重要来宾临时休息、等候。桌布、餐巾必须洁白、平整，玻璃杯、酒杯、筷子、刀叉碗碟等餐具，必须明亮、洁净。

三、宴请礼仪

（一）迎宾礼仪

参加迎宾的主要人员包括主人及少数其他人员；迎宾地点放在休息厅、宴会厅门口为妥；言行上主要是握手、问好、引领；主人、主宾进入宴会厅，全体客人就座，宴会开始，规模过大，也可请上席以外的客人先入座，上席最后入座。

微型案例

某公司举办商务宴请，邀请了众多合作伙伴，由于来宾过多，公司总经理在门口迎候时，逐一与来宾打招呼，但是有一家新客户的董事长，由于公司总经理不熟悉，因此没有与之及时打招呼。

董事长认为总经理故意冷落自己，是对自己公司的轻视，于是，没有参加宴会就走了。

问题：上述案例反映出什么问题？

提示：来者都是客，不能够冷落任何一位客人。

（二）座次礼仪

1. 中餐桌次的安排

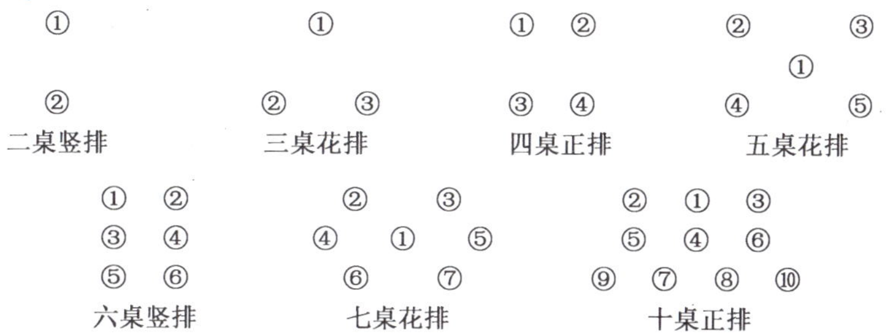

2. 西餐桌次的安排

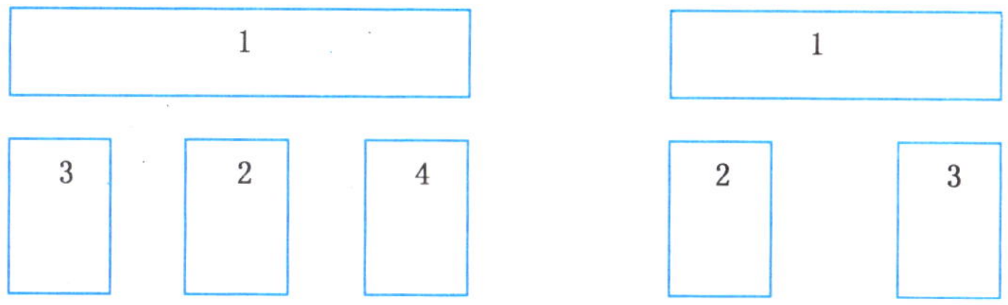

3. 中餐席位的安排

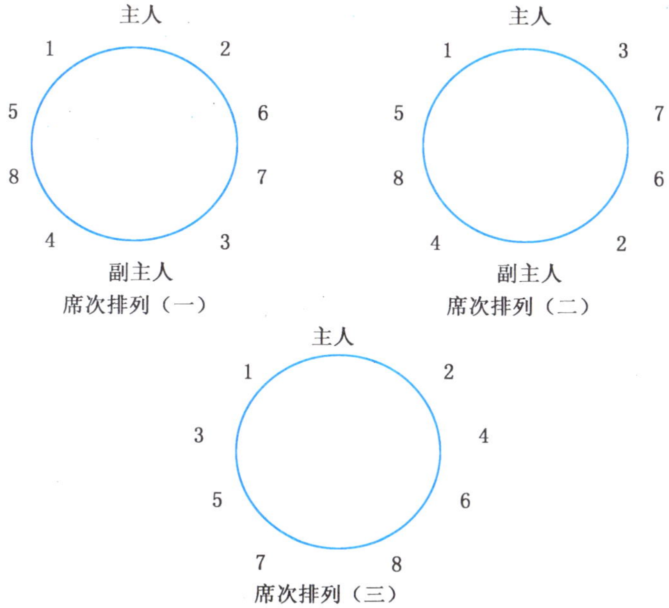

席次排列（一）　席次排列（二）　席次排列（三）

4. 西餐席位的安排

正规的宴请是男主人(第一主人)坐主位,遵照以右为尊的原则,其右侧为第一贵宾夫人,女主人坐在男主人的对面,右侧为第一贵宾,其余客人男女插座。

小资料

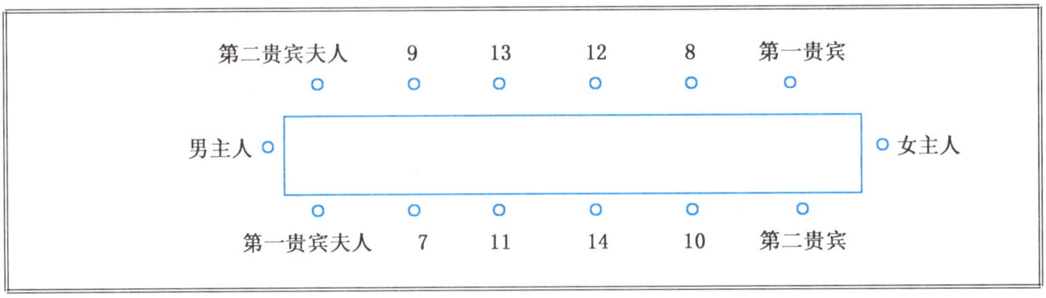

(三)致辞祝酒

正式商务宴请,一般安排致辞,有的一入席双方即讲话致辞;也可在热菜之后甜食之前,由主人致辞,接着由客人致答谢词。致辞要简短,不宜超过 3 分钟,语言简洁,可以适当引用古诗词。

致辞时,服务人员要停止一切活动,参加宴会的人员均暂停饮食,专心聆听,以示尊重。

致辞毕则祝酒。故在致辞将结束时,服务人员要迅速把酒斟足,供主人和主宾等祝酒用。

小资料

喝酒为什么要碰杯

据传,喝酒碰杯的习俗起源于古罗马。古罗马人崇尚武功,经常开展“角斗”竞技。竞技前选手们习惯于饮点酒,以示壮胆和勉励之意。由于酒是事先准备好的,为了防止心术不正的人在酒中投毒或做手脚,人们便想出一个办法,在竞技开始前双方喝酒时,各自将自己的酒往对方的杯中倾注一点,以示公平。随后,这种礼仪就逐渐发展成为碰杯的礼仪。

资料来源:王家贵编著:《现代商务礼仪简明教程》,暨南大学出版社 2009 年版。

(四)上菜敬酒

中餐的上菜顺序一般是:先上冷盘,后上热菜,最后上甜食和水果。宴会桌数再多,各桌也要同时上菜。上菜的方式大体上有以下几种:一种是把大盘菜端上,由各人自取。二是由招待员托着菜盘逐一往每个人的食盘中分让。三是用小碟盛放,每人一份。

西餐的上菜顺序一般是:头盘(开胃品),常见的品种有鱼子酱、鹅肝酱、熏鲑鱼等,味道以咸和酸为主;第二道菜为汤,大致分为清汤、奶油汤、蔬菜汤、冷汤,常见的品种有牛尾清汤、海鲜汤等;第三道菜为副菜,通常为鱼类、面包类、蛋类菜肴;第四道菜为主菜,主要是肉类、禽类菜肴;可以在上副菜的同时或者之后上蔬菜;第六道菜上甜品,主要是布丁、奶酪、水果等;最后一道上茶。

在宴请过程中,接待方一般要依次向所有宾客敬酒,或按桌敬酒。需要注意的礼仪是在上菜、敬酒时千万不要强行给客人用自己的餐具夹菜、强行劝酒。根据现行法律,不要给司机安排白酒或者含酒精的饮料,以免给司机带来刑事责任风险,给后续出行带来影响。

微型案例

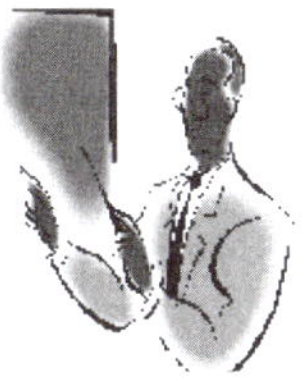

在某公司举办的商务宴会上，主办方的总经理逐一给客人敬酒，当敬到某一桌时，却漏了一位客人，这位客人又特别在意，要求总经理必须自罚一杯，否则，错误不可原谅。

总经理毫不犹豫，给自己斟满一杯，一饮而尽。

问题：在宴请中，主办方应该如何避免上述情况的出现？

提示：商人也好面子。不要遗漏任何一位客人，尤其是在逐一敬酒时。

（五）进餐礼仪

小资料

主宾犯错，百官奉陪

清朝时李鸿章应德国政府的邀请出访德国。在一次招待宴会上，由于他不懂西餐礼仪规则，误将“洗手盂”当成饮用水端起来喝了，当时的主人为不使李鸿章出丑，也端起“洗手盂”一饮而尽，在场的文武百官一见，立刻心领神会，也只好忍笑奉陪。

资料来源：王家贵主编：《现代商务礼仪简明教程》，暨南大学出版社 2009 年版。

中餐的餐具主要有杯、盘、碗、碟、筷、匙几种。在正式的宴会上，水杯放在菜盘上方，酒杯放在右上方。筷子和汤匙最好放在专用的座位上。酱油、醋、辣油等佐料应一桌数份，并要备好牙签和烟灰缸。有时宴请外国宾客时，除放置筷子外，还应摆上刀叉，一桌数份。

用餐时要注意文明礼貌。对外宾不要反复劝菜，可向对方介绍中国菜的特点，不可强为他人夹菜。如宴请外宾，则宴会时间的选定应避开外宾的忌讳。例如，对信奉基督教的人士不要选 13 日，伊斯兰教在斋月内白天禁食，宴请宜在日落后举行。此外，菜肴的选择应兼顾外宾的饮食习惯和宗教信仰。例如，宴请印度教徒不能用牛肉；伊斯兰教徒不饮酒，用清真席；佛教徒只食素，不吃海参和动物内脏。

微型案例

进食无礼，尽失形象

一天傍晚，巴黎的一家餐馆来了一群中国人，老板安排了一名中国侍者为他们服务，交谈中得知他们是某市的一个考察团，今天刚到巴黎。随后侍者向他们介绍了一些法国菜，他们不问贵贱，主菜、配菜一下子点了几十道，侍者担心他们吃不完，何况菜价不菲，但他们并不在乎。点完菜后，他们开始四处拍照，竞相和服务小姐合影，甚至跑到门外一辆凯迪拉克汽车前面频频留影，还不停地大声说笑。用餐时杯盘刀叉的碰撞声乃至嘴巴咀嚼食物的声音始终不绝于耳，一会儿便搞得杯盘狼藉，桌子上、地毯上到处是油渍和污秽。坐在附近的一名先生忍无可忍，向店方提出抗议，要他们马上停止喧闹，否则就要求换座位。

资料来源：赵春珍编著：《中外礼仪故事与案例赏析》，首都经济贸易大学出版社2011年版。

问题：在进餐时，我们应当注意哪些进餐礼仪？

一般在正式宴请时，应先用公筷或汤匙将所需菜肴接夹到自己的碟盘中，然后再用自己的筷子慢慢食用，而不能直接到菜盘中夹菜送入嘴里。假如遇有鱼刺、肉骨之类的杂物需要吐出时，也须用筷子放在嘴唇间将杂物接到自己的碟盘中。直接吐于桌布上的举止不能令人想象。吃东西时要把嘴闭上咀嚼，不要拿筷子和汤匙整个往嘴里塞；喝汤时不要发出声音，汤若太烫，可过一会儿再喝，不要用嘴去吹；不要一边吃东西，一边找人聊天；用牙签剔牙时，应用手或餐巾掩住嘴；不要让餐具发出任何声响。客人入席后，不要立即动手取食，而应待主人打招呼后，再与大家一同开始用餐。不要无故在中途离去。吃饱后，应等众人都放下筷子，并见到主人示意散席时，方可离座。

小资料

正确使用筷子用餐的八忌：

第一，每次夹的菜不宜太多。

第二，为防止汤汁滴落，在夹菜时应用碗接着汤汁。

第三，不能用筷如“拔草如蛇”似的在菜盘中胡搅一通。

第四，不能在用餐前将筷子放入汤中“洗涮”。

第五，不能用嘴吮筷子上的菜卤。

第六，不能用筷代牙签剔齿缝。

第七，不能用筷敲打盘碗。

第八，不能用筷子指点人。

提醒您

不是主人，请勿开酒

当商务宴请的菜品与酒水都上齐了之后，主人需要做一件很重要的事情就是“开酒”。

吃西餐时应右手持刀，左手握叉，先用刀把食物切成小块，再用叉送入嘴里。用刀叉切割食物时必须用叉子牢牢按住所切的食物，刀紧贴在叉边上一面划开；不要用力过猛而撞击盘子发出刺耳的声响。一般应切一块吃一块，每一块以一口的量为宜。待全部切好后再一块块吃是美国人的习惯。当吃完一道菜后，应将刀、叉平行排放在盘子上，刀右叉左，叉尖向上，刀口向内，这就表示这道菜已用毕；而若暂时离席，刀、叉应交叉摆放或摆成“人”字，叉尖向下，这表明这道菜尚未用毕。用餐过程中，餐具一定要适情做出正确的摆放，以免服务员或宾客误解造成难堪。

小资料

牛排的“几成熟”

牛排的生熟程度，在西餐中称“几成熟”。

三成熟(Rare)：切开牛排见断面上下两层呈灰褐色，其间70%的肉为红色并带有大量血水，最能保留牛肉的鲜美。

五成熟(Medium)：切开牛排见断面中央50%的肉为红色，带少量血水，是品尝牛排的最佳成数。

七成熟至全熟(Welldone)：切开牛排见断面中央只有一条较窄的红线，肉中血水已近干，是大众选择的成数。

八成熟：切开以后无血汁流出，切口呈粉红色，是刚接触牛排的人的最佳选择。

全熟：切开以后渗出少量清澈的肉汁，肉质变得稍硬，一般不推荐选择，但对于有宗教信仰的人来说比较合适。

全白：是在全熟的基础上更进一层，切开后肉质呈白色，个别需求，也不推荐。

西方人爱吃较生口味的牛排，由于这种牛排含油适中又略带血水，口感甚是鲜美。

东方人更偏爱七成熟的牛排，因为怕看到肉中带血，认为血水越少越好。

资料来源：徐汉文、张云河主编：《商务礼仪》，东北财经大学出版社2014年版。

西餐中的匙是专门用来喝汤的(喝咖啡的小匙例外)，俗称汤匙，因此它不宜用来进食，但可以与叉并用，帮助叉盛取食物。匙、叉并用盛取食物与刀、叉并用盛取食物有一点相同之处，即匙应将食物拨到叉的内侧，而不是外侧。用匙喝汤也颇有一番讲究。喝汤时，应用右手持匙、左手扶着盘子，由桌沿朝着桌中心的方向慢慢舀去；剩少许时，可以用左手把汤盘靠自己的一边稍稍提起，再用匙轻轻地由里向外舀去。喝完以后，汤匙应放在盘里，匙心向上，匙柄置于盘子右边缘外。

不论是用叉进食或用匙喝汤，均不能将叉、匙的整体放入嘴里。一般用叉进食时，嘴唇是碰不到叉齿的；用匙喝汤时，只将匙的1/3放入嘴里。对自己喜欢吃的食物，不要站起身子到餐桌的另一头去夹或主动要求添加。自己不爱吃或不能吃的食物，当服务人员或主人分夹给你时，一般也不要拒绝，可取少量放入盘内，并表示“谢谢，够了”。

西餐中喝咖啡，一般宜用带有咖啡碟的小咖啡杯，并附一个小咖啡匙。咖啡杯的正确拿法是：右手拇指和食指捏住杯耳将杯子端起，左手轻轻托着咖啡碟，慢慢移向嘴边轻吸，不可以发出响声。饮完咖啡，应将咖啡杯置于咖啡碟中，不可将两者分别放置。咖啡匙是专门用来搅拌咖啡的，咖啡匙上沾有液体，不要用力甩动，也不要用舌头去舔。用过的咖啡匙应放在咖啡杯左侧的咖啡碟上，应避免端杯子时碰到它。喝咖啡时，也不要用咖啡匙一匙一匙地喝。

微型案例

如此进餐，形象尽失

小陈在一家跨国贸易公司工作。有一次偶然的机会，小陈的外国老板让他带着一些客户吃西餐，地点是在一家五星级饭店。可小陈此前从来没吃过西餐，此时只能临场发挥了。他坐下后首先拿起桌子上一块叠得很精致的布仔细地擦了自己的刀叉。用餐时使用刀叉既费劲又辛苦，他使劲地切割食物，刀盘摩擦发出阵阵刺耳的响声，没办法他只得切成一大块后就放进嘴里狼吞虎咽起来，并将鸡骨头、鱼刺吐在洁白的台布上。中途，小陈随意将刀叉并排放，并将餐巾往餐桌上一放，就起身去了趟洗手间，回来后发现还没吃完的饭菜已经被端走了，餐桌已经收拾干净。他非常生气，就与服务员争吵起来。

资料来源：赵春珍编著：《中外礼仪故事与案例赏析》，首都经济贸易大学出版社 2011 年版。

问题：在吃西餐时，我们应该注意哪些西餐礼仪？

(六)交谈礼仪

宴请可以增进友情、加强沟通，席间一味地埋头吃是不礼貌的。主宾双方应就彼此都感兴趣的话题亲切交谈。可以选择一些愉悦性的话题，宴会中不宜深入谈判具体的、实质性的问题，要“多叙友情，少谈工作”，千万不要把餐桌变成谈判桌，也不要在公共场所交流一些低级趣味的“荤段子”。

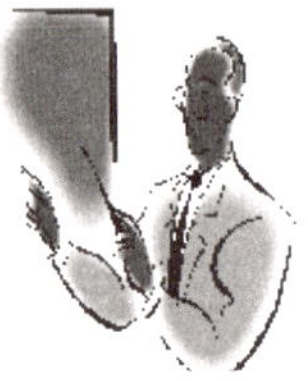

微型案例

甲公司举办商务宴会，乙公司财务部长应邀而来，与甲公司财务部长同在一席。两人多日不见，在酒席上三杯酒下肚后，各自讲起了“黄段子”，同席的几位女士忍无可忍，提前退席。

问题：在商务宴请活动中的交谈礼仪需要注意哪些内容？

提示：商务宴请中的交谈内容虽然应当轻松，多叙友情，但是不能低级趣味，损害公司利益，损害个人形象。

四、送客礼仪

一般宴会应掌握在 90 分钟左右，最多以不超过 2 小时为宜。过早结束，会使客人感到不尽兴；时间过长，则宾主双方都感到疲劳。一般最后上水果，然后上茶水。主宾简单交流后，宴会即可结束。

宴会结束后，引导员应走在客人前面带路，接待方主要陪同人员将客人送至门口，为其开门；贵宾或长辈一定要送到楼下或送上车，直到看不见为止。

微型案例

甲公司举办商务宴会，乙公司总经理因故提前离场，甲公司没有启动礼仪预案，乙公司总经理独自离开时，七弯八拐，找不到出口，最后不得不折回，求教于甲公司现场工作人员。

问题：举办商务宴请的主办方应如何送提前离场的客人？

提示：置先行离场的客人于不顾，是何等失礼，面对提前离场，应当有专人送客。

第四节　商务馈赠礼仪

商务馈赠，是指人们在商务活动中以物的形式向交往对象表示祝贺、感激、慰问、惜别之情，是一种正常的人际交往，它同行贿、受贿有着本质的区别。随着商务活动的日趋频繁，馈赠礼品越来越受到人们的重视，因为它能起到联络感情、加深友谊、促进交往的作用。

中央八项规定开始实施后，国有企业在商务馈赠方面有了纪律约束，必须严格遵守。其他经济组织商务馈赠也要遵守财务等相关规定。

小资料

习近平送出去的礼都是什么牌子？

随着向联合国赠送“和平尊”的仪式落幕，习近平的美国之行接近尾声。当地时间28日，结束联大的发言后，他将乘机返回北京。一个星期，从加州到白宫，再到踏上联合国的国际领土，收到和送出去的礼物记录了习近平从西到东的一路。

习近平一共收到三份礼品，送出四种礼物，这还不包括大单福利。

送出一：地道国货

如果说送出的这四种实物礼品有什么突出的共同点，那么一定是“浓浓的中国风”。

送联合国“和平尊”　表面工艺来自景泰蓝

当地时间27日，习近平向联合国赠送了一份“重礼”——一人高的“和平尊”，以纪念联合国成立70周年。

这个“尊”有什么讲究，里面有多少中国元素？首先，“尊”本身就是中国古代青铜器中的一种，代表中国商朝和西周时期的传统文化。不过，与青铜器材质的粗糙不同，“和平尊”的表面工艺来自景泰蓝。这种嵌珐琅的古老技术给了“和平尊”一个华丽的“中国红”的外表，纹饰则是以中国传统吉祥纹饰，辅以丝绸之路等元素，有龙、凤还有和平鸽的雕刻，无一不是中国元素。

送林肯高中乒乓球桌　网购要4 500元

在访美行程之初，习近平一到林肯高中，就送了两款“国货”，乒乓球桌和球具以及中文古典图书。

尽管中国擅长于此，但乒乓球当然不是中国的发明，不过，习近平赠送给林肯高中的球桌是地道的中国运动名牌——“红双喜”。“红双喜”创始于1959年，是第一个在世界大赛上（1961年第26届北京世乒赛）亮相的中国体育品牌。

据《人民日报》和《侨报》此前报道，在林肯中学校长办公室里有其收藏的中国特色小物件，其中就包括几副红双喜牌乒乓球拍。

此外，习近平向林肯高中赠送一批中国古典书籍，包括《红楼梦》《白话史记》《唐诗》《宋词》等。

送华侨月饼礼盒100～300元

习近平从林肯中学回到西雅图下榻饭店不久，就偕夫人彭丽媛来到四楼大厅，与早已在此等候的数百名来自美国各地的华侨亲切见面并赠送正宗国货——月饼。

从与会旅美侨胞代表发布的图片可以看到，该月饼盒呈金黄色，印着红色的"钓鱼台传统月饼"字样，月饼上印有"伍仁"字样。

据《法制晚报》报道，习近平一共带了三种口味的月饼，分别是五仁、瓜仁和豆沙以及黑芝麻。华侨评论称"浓浓家乡味"。

该月饼价格相对比较亲民，根据包装不同，一个礼盒(一般有六块左右)的价位为100～300元，在钓鱼台国宾馆里也有销售。

送出二：实惠大单

"南南合作"的大单不能只用钱算

除了这些实物礼品外，习近平还在参观与演讲时送出了惠及美国公司、国际组织和发展中国家的实惠大单。

在波音，习近平送出了第一个实惠大单作为礼物。如今，这套订单成为波音公司官网的头条。大单内容包括：采购300架飞机，价值约为380亿美元。

更大的大单是习近平在联合国发展峰会发表演讲时"赠"出的，在未来的15年里，中国对发展中国家的投资争取达到120亿美元。他表示，中国将会免除对有关最不发达国家的债务，其中包括小岛屿发展中国家的债务。在未来的5年里，北京将向发展中国家提供600个海外支持项目，并提供更多奖学金名额。

同时，宣布将设立"南南合作援助基金"，首期提供20亿美元。

出席并主持全球妇女峰会时，习近平还宣布，为支持全球妇女事业和联合国妇女署工作，中国将向妇女署捐款1 000万美元，用于支持落实北京宣言和行动纲领，落实2015年后发展议程相关目标。

今后5年内，中国将帮助发展中国家实施100个"妇幼健康工程"和100个"快乐校园工程"，邀请3万名发展中国家妇女来华参加培训，并在当地培训10万名女性职业技术人员。

这些超级大单被专业人士解读为"赢得国际形象""利于中国商品和企业走出去"的举措。

收到：独一无二私人定制

美国各方送给习近平的礼物则以"私人定制"为主，多为具有纪念意义的"小物件"，不过颇为用心。

"1号"球衣印上了"XI"

在林肯高中，习近平收到了一件"1号"橄榄球衣。在美式橄榄球比赛中，球员在场上的位置决定了其可选择的球衣号码范围。一般而言，1至9号是四分卫、踢球手和弃踢手的号码，也是一支美式橄榄球球队最重要的组成部分。1号通常是临场指挥的领袖，大部分的进攻由他发动，并有责任在大部分的进攻前制定战术，发出指令。

这样一讲，大家基本可以明白林肯高中的用心，更何况，这件球衣的队员号码上还有为习近平印的姓氏“XI”。

荧光外套确保安全的工作服

为了这次习近平的到访，波音做了精心安排，会场摆放了印有中国国际航空标志的787客机，现场大屏幕直播习近平在机舱里参观的画面，之后再安排习近平从舷梯上走下。

在这样一个颇有代入感的现场，厂方向习近平赠送了两件礼物，一件是工作人员的荧光外套，另一件是747舷舱的窗框，镶有习近平夫妇到达美国时的照片。

为什么送荧光外套？翻查波音公司的照片时发现，其员工在进入硕大无比的厂房时，一般为了安全会穿着荧光背心或荧光外套。

平时，波音公司也供游客参观，是西雅图著名旅游景点。波音工厂是世界上容积最大的单层建筑，占地面积近400万平方米。有驴友描述，在巨型的飞机和起重机旁边，工人们就像一个个小矮人。工作时穿着荧光服是为了确保安全。这也是作为飞机制造厂商的波音公司特有的产物。

舷舱窗框镶照片的灵感从哪里来？通过驴友的介绍，站在飞机舷窗后面留影其实也是波音公司特有的旅游项目之一。说不定波音公司的灵感是从这里而来。

为了给习近平准备这份礼物，波音公司需要等到习近平和夫人彭丽媛的专机落地，在一天内获取并洗出照片，然后镶嵌到特制的相框中去。

资料来源：腾讯新闻 http://news.qq.com/a/20150929/014241.htm，有删减。

一、礼品遴选

(一)形式恰当

商务馈赠礼品要注意形式恰当，针对不同情况要选择不同性质的礼品，礼品的选择要价格适宜、体现特色、便于携带，不能过于流俗。

微型案例

某客商到湖北荆州某企业洽谈合作事宜，为馈赠礼品，荆州企业负责人伤透了脑筋。秘书晓艾建议采购一个工艺品鸟架鼓，鸟架鼓作为荆州名片，上过中国与罗马尼亚的邮票，享誉海内外，是荆州文化的象征，礼品受到客商的喜爱。

问题：在选择馈赠礼品的时候我们需要注意些什么？

提示：礼轻情意重，礼品重在特色。

(二)尊重需求

礼品遴选要尊重客人的需求，要了解客人的文化修养、教育程度、志趣爱好，不能千人一面，全部赠送现金、有价证券、香烟、名酒等。“投其所好”也许比较极端，但是多一份对客人的了解，必然可以提高馈赠行为的被认可程度。

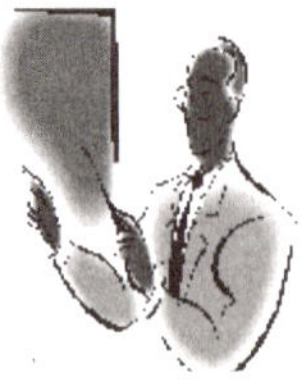

微型案例

某客商是知名的私营企业政治诉求问题研究专家，到某公司后，该公司在本地某高校购买了某著名学者关于私营企业主政治诉求的新著。该客商获赠该书后，爱不释手，商务合作得以顺利实现。

问题：赠送礼品如何才能投其所好？

提示：了解客人、尊重客人的需求，“投其所好”，这种馈赠往往能发挥“事半功倍”的效果。

（三）不犯禁忌

客人常常有属于自己的民族、宗教、信仰、职业和私人禁忌，这些禁忌可能长期积累形成，对商务活动的效果有着直接影响，不犯禁忌的馈赠可以起到感情“润滑剂”的作用，触犯禁忌的馈赠起到的是刚好相反的效果。

微型案例

中东某信仰伊斯兰教的客商到中国某生猪饲养大省，该省生产火腿，在客商离开前，该县馈赠给该客商一大件火腿，结果客商十分生气，扭头而去，项目合作也没有搞成。

问题：在涉外礼仪的馈赠中需要注意些什么？

提示：馈赠品要强调地方特色，同时也要强调民族禁忌，对信仰伊斯兰教客商馈赠这一类礼品，无疑是对客人民族信仰的蔑视。

二、恰当的馈赠

（一）时间恰当

商务馈赠要把握好时机，商务活动开始前馈赠有贿赂之嫌，商务活动结束后又不能产生推进感情的效果，因此要选择一个双方感情比较融洽的场合赠送礼品，既能够表达情意，又能够促进商务活动目的的实现。

微型案例

沿海某私营企业秘书晓艾陪同董事长晓月到内地，与某国有企业负责人洽谈商务事宜。为了表达感情，晓艾陪同晓月在星期一上午早早等候在负责人办公室门口。

因为是星期一，负责人办公室门口人很多，轮到晓月与负责人会晤时，晓艾掏出早就准备好的一尊微型金质观音放在负责人桌上，刚好负责人的秘书送签一份文件。

负责人留下了自己的秘书与晓月继续商谈，商谈结束时，负责人强烈要求晓艾收回礼物，并要秘书负责督办到位，晓艾只得收回。

问题：上述案例中的负责人为何拒收晓艾的礼物？

提示：馈赠物品价值过高，有商业贿赂之嫌；加之赠送时间不当，不可能取得预期效果。

（二）地点合适

商务馈赠地点要合适，在公共场合馈赠有伤大雅，在私密场所馈赠有收买之嫌。公司馈赠的客人较多时，可以由服务人员分送到住处；商务庆典时，可以在报到处馈赠。

微型案例

甲公司想表彰乙公司董事长对公司的支持，但一直找不到一个合适的途径与办法，为此，甲公司董事长一筹莫展。

秘书晓艾建议，在甲公司成立十周年庆典上，甲公司授予乙公司董事长荣誉董事长称号，并馈赠一个价值不菲的金质证章，以表达谢意，取得特别好的效果。

问题：馈赠如何能做到取得效果，而不显得唐突？

提示：馈赠地点要合适，这有利于提高馈赠的实际效果。

（三）方法灵活

商务馈赠要讲求品味，注重包装，采取客人能够接受的灵活的方式实施馈赠。

商务馈赠可以采取当面赠送、送物到家、邮寄赠送、托人转送等多种方式，只要能够达到联络感情、加深印象的方法都可以采用。

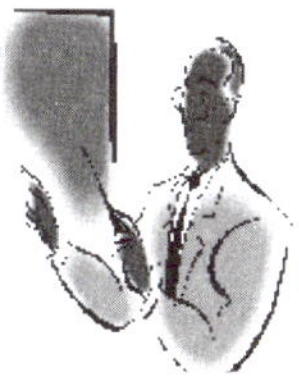

微型案例

业务员马某对公司的贡献特别大，公司决定给他一个别出心裁的奖励。

经过杨秘书策划，在马某女友生日当天，公司在当地影响最大的卫视台黄金时段，点播了一首特别抒情的歌曲，获得了意想不到的效果。

问题：上述案例成功之处在于哪里？

提示：馈赠的方法讲求灵活，创新的馈赠容易获得特殊的馈赠效果。

小资料

赠送鲜花礼仪

赠送鲜花成了时下国际通用的既时尚又实用的一种礼仪形式。迎来送往的时候，赠送精心挑选的鲜花，显得既有修养又体面，还能联络情感，增进友谊，是一举多得的交际手段。但因为不同的鲜花往往有各自约定俗成的含义，什么时候送什么花，什么场合选什么花，什么人喜欢什么花，都需要根据具体情况，因时、因地、因对象而精心设计。否则因考虑不周产生误解，反而失去馈赠礼仪花卉的目的。所以我们有必要对各种常见的赠花礼仪做一定的了解，才不至于好心办坏事。

我国传统的赠送鲜花礼仪

按照我国民间流传的习俗，凡花色为红、橙、黄、紫的暖色花和花名中含有喜庆吉祥意义的花，可用于喜庆事宜；而白、黑、蓝等寒色偏冷气氛的花，大多用于伤感事宜。因此在通常情况下，喜庆节日送花，要注意选择艳丽多彩、热情奔放的；致哀悼念时应选淡雅肃穆的；探视病人时要注意挑选悦目恬静的。具体地讲，有以下方面：

春节期间，给亲友送花要选带有喜庆与欢乐气氛的剑兰、玫瑰、香石竹、兰花、热带兰、仙客来、水仙、蟹爪兰、红掌、金橘、鹤望兰等，具体送哪种还要根据对方爱好和正在开放的应时花而定。

向长辈祝寿时，可依老人的爱好选送不同类型的祝寿花，一般人可送长寿花、百合、万年青、龟背竹、报春花、吉祥草等；若举办寿辰庆典的，可选送生机勃勃、寓意深情、瑰丽色艳的花，如玫瑰花篮，以示隆重、喜庆。

友人新婚祝贺，一般要选送红色或朱红色、粉红色的玫瑰花、郁金香、火鹤花、热带兰配以文竹、天门冬、满天星等，或选用月季、牡丹、紫罗兰、香石竹、小苍兰、马蹄莲、扶郎花等配以满天星、南天竹等组成的花束或花篮，既寓意火热吉庆，又显高雅传情，象征新婚夫妇情意绵绵，白头偕老，幸福美好。

国内外赠花的不同风俗

在不同的风俗习惯里，同一品种的花，在寓意上根本不同。选送花的时候一定要注意民俗寓意，不能弄巧成拙。

中国人赞赏荷花“出淤泥而不染”的性格，并喜欢它，但在日本，荷花却表示死亡。在广东、海南、港澳地区，金橘、桃花表示“吉”“红火”的意思，而梅花、茉莉和牡丹花却表示“霉运”“没利”“失业”的意思。

另外，不同的习俗，对于花的色彩也有不同的理解。比如国内，我们都喜爱红色的花，特别是结婚时，送红色的鲜花，才算喜庆。而西方给新娘送白色鲜花才是最好的祝福。

数量上也有所不同。在中国，喜庆活动中送花要送双数，在丧葬上要送单数花。在国内特别是沿海地区，送4枝花给别人，必然不受欢迎，因为4的发音和“死”相近。而在西方国家，送花讲究单数，但“13”这个数字是不可以用的。日本人喜欢奇数，如数字“3”等，对“4”和“9”相当反感。

在世界上大多数国家特别是西方国家，红玫瑰花被视为爱情的象征，因此在一般社交场合就不适宜献上这种花，以免给人太多“惊喜”。

资料来源：《青年社交：赠花礼仪》，http://www.why.com.cn/epublish/node32916/node32917/userobject7ai314579.html。

提醒您

回礼的时机与方式

一般而言，来客应该赠送礼品，主人则应回礼。回礼的方式可以有很多种，既可以回赠一定物品，也可以用款待对方的方式来回礼。如果是回赠礼品，应注意以下几点。

1. 不超值。回礼的价值一般不应超过对方赠送礼品的价值，否则会给人攀比之感。

2. 收到私人赠送的礼品，回礼时应该有一个恰当的理由和合适的时机，不能为了回礼而不选时间、地点地单纯回送等值的物品。

3. 分别时是最好的回礼时机之一。

4. 常与外国客户打交道的公司不免要赠送礼品，如探望病人或参加婚礼、生日的时候，送上一束鲜花。相处较长的外宾离别时，赠送一两件小纪念品等，则是一种友好、祝愿或者感谢的表示。

5. 如果不知道收礼人的喜好，又不知道应该送什么，可以选择礼品卡、礼品兑换册等方式。这样的送礼方式可以让收礼人有更多的选择，不会造成送的礼收礼人不喜欢的尴尬。

6. 礼品一般应当面赠送(参加婚礼或送别，可预先送去)。祝贺生日、赠送年礼，可派人送上门或邮寄，并随礼品附上送礼人的名片，也可书写贺词，装在大小相当的信封内。信封上写清楚受礼人的姓名(不写地址)。

资料来源：王炎、杨晶主编：《商务礼仪》，电子工业出版社2014年版。

第五节 商务电话礼仪

一、座机使用礼仪

(一)文明接听

接听电话时要做到文明接听，电话铃音最好不要超过三声，提起听筒后，要自报家门，接听电话时的语言要和蔼，尽可能使用普通话，用语文明，多用“谢谢、没关系、记住了”等文明用语，不使用“打错了、没有这个人、老总不在”这样的拒人于千里之外的语词。

微型案例

秘书马某桌前两台电话同时响起，小马手忙脚乱，一会儿拿起这个电话，一会儿拿起那个电话，结果，两个客人都很不高兴。

问题：上述案例中的情况，秘书应该如何处理?

提示：两个电话同时响起，秘书应当尽快接听两个电话，了解基本情况，区分轻重缓急，记录事情不急的一方的电话号码，待会儿打过去，然后挂断；优先接听事情紧急的那一个电话。

（二）做好记录

商务电话往往蕴含着很多重要的商机，电话接听人员不一定都能准确判断事情的轻重缓急，在此情况下，电话接听人员应当做好详细的受话记录，特别是来电号码、单位、联系事项的基本情况、联系人等，以便领导处理。

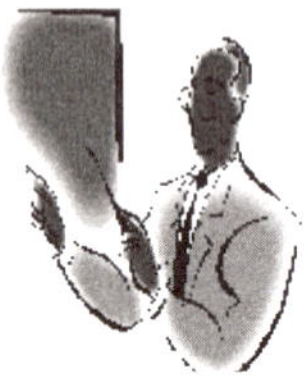

微型案例

秘书晓艾有一个习惯，重要电话必须做好记录，然后按照办文流程进行处理，为公司提供了大量卓有成效的商务信息，受到总经理的嘉奖。

问题：秘书应该如何做好电话记录？

提示：商务电话是商务沟通的重要载体，秘书人员应当养成详细做好电话记录的工作习惯，为企业积累信息、寻找商机、创造财富。

（三）迅速处理

接听重要的商务电话后，一定要及时处理、迅速回复，避免贻误商机。

一般来说，通过电话进行商务沟通迅速、及时，但是缺乏面对面沟通的情感交流，可信度难以把握、容易失密。

因此，秘书人员对于商务电话涉及的商务信息一定要注意遴选、加强保密，充分加以利用。

微型案例

秘书晓艾参加博士答辩，于秘书临时顶替，但是于秘书不能坚守岗位，接听一个重要的商务电话后，没有记录，就被妻子找回去了，等到于秘书回到公司，商机已经全部丧失，公司损失至少 20 万元。

问题：如果你是上述案例中的秘书小于，你会如何去做？

提示：商务电话必须及时处理，为了保证处理的及时性，必须强调电话接听员坚守岗位，同时要及时、有效地处理商务电话，强化责任制，否则容易给企业造成难以估量的损失。

二、手机使用礼仪

（一）内置到位

手机首先并且主要是一个通信工具，平常应当置于公文包或者上衣口袋，尽可能减少炫耀的成分，这是一个商务人士应当具备的基本素养。

微型案例

秘书小马的手机是华为的最新型号，因此小马对其珍爱有加，长期放在紧贴身体的手机套中，一旦要使用，掀起外衣才能接听，常常成为公众焦点。

问题：我们应该如何正确对待手机？

提示：手机作为一般的通信工具应防止炫耀，同时应以方便接听为主。

(二)遵守公德

商务活动中手机应当关机或者设置为静音,接打电话时应当远离商务活动场所,不要在商务活动中用手握住话筒,低声接打电话,影响商务活动。

微型案例

销售公司古经理性格外向、办事泼辣,经常在商务活动中当众大声接打电话,终于有一天,被总经理请出了会议室。

问题:在商务活动中,我们应该如何注意接听电话礼仪?

提示:在商务活动中,当众接打电话是一个人缺乏修养的表现,也是严重影响商务活动效果的违规行为,必须通过严格的控制、惩罚制度,杜绝这类事件的发生。

(三)注重保密

商务活动中应当更多使用有线电话,特别是内部电话,尽可能避免在手机中谈论重要的商务活动,尤其是进货渠道、管理模式、研发技术、交货时间、付款方式等特别重要的信息,要注意保守商业秘密。

微型案例

研发部的赵部长一次用手机接听了当年攻读硕士时的导师的一个电话,汇报了正在进行的一个新产品研发的动态,结果半个月后,竞争对手推出了与公司研发方向完全一致的新产品,追根溯源,是那个与导师的沟通泄的密。

问题:如何做好电话的保密工作?

提示:手机泄密已经是商务活动中必须高度重视的问题,要保护好商业竞争力,小心你的手机。

三、接打电话礼仪

(一)打电话礼仪

打电话时,首先要注意的就是自己的语言与声调。总体来讲,应当简捷、文明、礼貌。

在通话时,声音应当清晰而柔和,吐字应当准确,句子应当简短,语速应当适中,语气应当亲切、和蔼、自然。

打电话时所使用的语言,应当礼貌而谦虚。应尽量用三言两语把要说的事情说完。应遵循“通话三分钟”原则。

打电话时,每个人开口讲的第一句话,都事关自己给对方的第一印象,所以应当慎之又慎。一般打出电话都需要自报家门,让对方了解自己的身份。

如果电话是由总机接转,或双方的秘书代接,在对方礼节性问候之后,应当使用“您好”“劳驾”“请”之类的礼貌用语与对方应对,不要对对方粗声大气,出口无忌。

得知要找的人不在,可请代接电话者帮助叫一下,也可以过后再打。无论如何,都不要忘了客客气气地讲话。

在通话时，若电话中断，按礼节应由打电话者再拨一次。拨通以后，须稍做解释，以免对方生疑，以为是打电话者不高兴挂断。

当通话结束时，别忘了向对方道一声“再见”。按照惯例，电话应由拨电话者挂断。挂断电话时，应双手轻放。

小资料

给客户打电话的最佳时间选择技巧

如何给客户打电话，除了要掌握好各种技巧之外，选择给客户打电话的时间也很重要。那么给客户打电话的最佳时间是什么？以下分享给客户打电话的最佳时间选择技巧。

1. 以周为标准

星期一，这是双休日刚结束、上班的第一天，客户肯定会有很多事情要处理，一般公司都在星期一开商务会议或布置这一周的工作，所以大多会很忙碌。所以如果要联系业务，尽量避开这一天。如果找客户确有急事，应该避开早上的时间，选择下午会比较好一些。

星期二到星期四，这三天是最正常的工作时间，也是进行电话业务最合适的时间，电话业务人员应该充分利用好这三天。这也是业绩好坏与否的关键所在。

星期五，一周的工作结尾，如果这时打过去电话，多半得到的答复是“等下个星期我们再联系吧！”这一天可以进行一些调查或预约的工作。

2. 以一天为标准

早上 8∶30～10∶00，这段时间大多数客户会紧张地做事，这时接到业务电话也无暇顾及，所以这时电话业务员不妨先为自己做一些准备工作。

10∶00～11∶00，这时客户大多不是很忙碌，有些事情也会处理完毕，这段时间应该是电话行销的最佳时段。

11∶30～下午 2∶00，午饭及休息时间，除非有急事，否则不要轻易打电话。

有一种情况可以打，就是你之前被前台和无关的人挡了，你想换个人尝试一下，那么，最好在 12∶30 以后打。

下午 2∶00～3∶00，这段时间人会感觉到烦躁，尤其是夏天，所以，现在和客户谈生意不合适，聊聊与工作无关的事情倒是可行。

下午 3∶00～6∶00，努力地打电话吧，这段时间是创造佳绩的最好时间。在这个时间段，建议你自己要以比平时多 20%的工作量来做事情。

3. 按职业区分

(1)会计师：切勿在月初和月末，最好是月中才接触。

(2)医生：早上 11∶00 后和下午 2∶00 前，最好的日子是雨天。

(3)销售员：早上 10∶00 前或下午 4∶00 后，最热、最冷或雨天会更好。

(4)牧师：避免在周末时候。

(5)行政人员：上午 10∶30 后到下午 3∶00 为止。

(6)股票行业：避免在开市后，最好在收市后。

(7)银行家：早上 10∶00 前或下午 4∶00 后。
(8)公务员：工作时间内，切勿在午饭前或下班前。
(9)艺术家：早上或中午前。
(10)药房工作者：下午 1∶00～3∶00。
(11)餐饮业从业人员：避免在进餐的时候，最好是下午 3∶00～4∶00。
(12)建筑业从业人员：清早或收工的时候。
(13)律师：早上 10∶00 前或下午 4∶00 后。
(14)教师：下午 4∶00 后，放学时。
(15)零售商：避免周末或周一，最好是下午 2∶00～3∶00。
(16)工薪阶层：最好在晚上 8∶00～9∶00。
(17)家庭主妇：最好在早上 10∶00～11∶00。
(18)报社编辑记者：最好在下午 3∶00 以后。
(19)商人：最好在下午 1∶00～3∶00。
资料来源：世界工厂学堂，http://edu.gongchang.com/a/dianhua－2012－01－16－28930.html。

(二)听电话礼仪

在听电话时，首先要注意自己的态度与表情。虽说通电话是一种“未曾谋面”的交谈，表面上看，商务人员接电话时的态度与表情对方是看不到的，但是实际上，对于这一切，对方完全可以在通话过程中感受得到。

电话铃声响起不超过三次，就应接起电话。在国外，接电话有“铃响不过三遍”的规矩。

接电话时，态度要谦恭。在办公室接电话，尤其是外来的客人在场时，最好是走近电话，双手捧起电话，面含微笑地与对方友好通话。谈话时嘴里勿含食物。

须注意的是，在商务交往中，不允许接电话时以“喂，喂”或者“你找谁啊”作为“见面礼”。特别是不允许一张嘴就不客气地查问对方“你找谁”“你是谁”。在听电话时，也应先自报家门，以免对方打错电话。

通话结束，应认真地道别，而且要等对方先放下电话后再挂电话。

(三)代人接听电话礼仪

1. 要以礼相待。接电话时，对方所找的人不是自己，不要显得不耐烦，以“不在”的回答打发对方，而应友好地问：“对不起，他不在，需要我转告什么吗?”

2. 要尊重隐私。代接电话时，不要询问对方与其所找之人的关系。当对方有求于己、希望转达某事给某人时，要守口如瓶，千万不要随意扩散。别人通电话时，不要旁听，更不要插嘴。

3. 做好笔录。代接电话，对方要找的人不在时，应向其说明后，问对方是否需要代为转达，如果对方有此请求，一定要照办。对方要求转达的具体内容，应认真做好笔录；对方讲完后，应重读一遍，以验证自己的记录正确无误，以免误事。记录他人电话，包括通话者单位、姓名、通话时间、通话要点、是否要求回电话、回电话时间等。

4. 要及时传达。代接电话时，应要弄清楚对方是“谁”“找谁”这两个问题。对方不愿讲第一个问题，不必勉强。对方要找的人不在，可据实相告，再询问对方“有什么事情?”若是二者先后次序颠倒了，就会令对方生疑。若对方所找的人就在附近，应立即去找，不要拖延。答应对方代为传话，就要尽快落实。除非万不得已，不要将自己代人转达的电话内容，再托他人转告。这样，容易使内容走样，而且有可能会耽误时间。

小资料

电话的发展历程

在这颗星球上约有亿万部电话，随处可见。人们把电话装在汽车里、飞机上、高尔夫球场上、庭院里以及家里的每个房间，用它来订购服装、请大夫、了解球赛战况，电话使人们更易于与他人沟通联系。如今，电话已经成为我们生活中的一部分，没有电话已是不可想象的了。

1876 年 3 月 7 日，至今仍被认为是最有价值的发明专利 No.174456 判给了亚历山大·格兰汉姆·贝尔，但假如贝尔稍迟几个小时申请他的发明专利权，那么埃力夏·葛雷将得到电话发明者的殊荣。今天我们所熟悉的贝尔电话系统，也许就该称葛雷系统了。

1877 年 4 月 4 日，第一部私人电话安装在马萨诸塞州的查理斯·威廉姆斯家里。电话线一直架到了他在波士顿的办公室。

1877 年 5 月 17 日，爱德文·蒙迈士这位波士顿防盗装置行的业主，首次使用电话总机系统。总机的五路线分别接到 5 个办公室，当然电话铃用的是蒙迈士防盗警铃。

1878 年 9 月 1 日，埃玛·M·娜特成为世界上第一位女性接线员。在这以前曾有过男性接线员，但不久证明他们不适合这项工作，原因是他们言语粗鲁且喜欢恶作剧。

1878 年 11 月 13 日，纽约证券交易所装上了第一部电话。这称得上是华尔街上的一场革命。没过几年经纪人都相继在交易所与他们的办公室之间架起了电话线。

1879 年，电话号码出现。第一代电话接线员需要熟记用户的姓名。但自从马萨诸塞州卢湾城流行起麻疹后，一位内科医师提出了给用户编上号码的建议。因为他担心假如哪一天有一名接线员病倒了，城里的电话通信系统就会全面瘫痪。不久这种电话号码就风靡全美国。

1884 年 5 月 1 日，世界上第一幢摩天大楼房产保险公司的十层楼在芝加哥建成。正是电话使摩天大楼在大城市中相继涌现。因为如果没有电话这种通信工具，大楼里的信息都要靠人工来传递，那么供通信员使用的电梯是远远不够的。

1889 年 8 月 13 日，威廉·葛雷在康涅狄格州哈特福德市发明了投币电话。这种电话使任何人都能打电话了。不久，第一批用橡木和布帘子搭成的电话亭出现在街头。

1891 年 3 月 10 日，直拨电话发明。阿曼·斯乔格取得了第一架直拨电话机的专利权。因为斯乔格始终怀疑当地的电话接线员（她的丈夫是斯乔格的同行）把给斯乔格的业务电话转到了她丈夫那里。谁知这种猜疑居然促使了直拨电话的产生。

1929年3月27日，赫伯特·胡佛成为第一位在办公室桌上装电话机的美国总统。他结束了美国总统在他们椭圆形办公室外的电话亭子里打电话的年代。

1963年11月18日，发明了按钮电话，但弗雪帕拉斯玩具公司的圆盘拨号电话机仍保持着良好的销售形势，人们似乎留念这种旋转的玩意。这家公司售出了几百万台这类电话机，使它成为美国历史上最流行的玩具之一。

1965年6月14日，电报电话公司推出了一种销售自动收费服务项目。这大大地促进了电话销售服务业的发展。人们不分白天黑夜，在家中可免费拨一个800号，就能采购到你需要的物品。到1989年共有800万个800号码。

1980年10月29日，美国广播公司首次启用电报电话公司的900号码服务系统。在里根和卡特这两位总统候选人竞选辩论后，收集民众的意见。

今天电话的革命仍在进行着。通信变得更简便易行，在这个进程中，世界似乎变得越来越小。

资料来源：王炎、杨晶主编：《商务礼仪》，电子工业出版社2014年版。

小 结

关键术语

商务接待礼仪　商务谈判礼仪　商务宴请礼仪　商务馈赠礼仪　商务电话礼仪

本章小结

1. 在商务接待中要做到热情迎客、细心待客、礼貌送客。

2. 在商务活动中，必须高度重视对客商的迎接，从细节上表现公司一流的管理、一流的员工素质，以促成商务目的的实现。在迎候客人时应注意：(1)熟悉情况；(2)设计站牌；(3)佩带标识；(4)耐心等候。

3. 在待客上，要注意环境布置、引导、座位安排等环节。

4. 送别客人，要注意：(1)善始善终，无论商业目的是否达到，接待方一定要注意千万不能显得过于功利；(2)文明留客，陪同方希望挽留客人多住上几天以加深感情，这时可以适当安排客人感兴趣的观光旅游等活动项目，切不可强行挽留；(3)注重细节，“出迎三步，身送七步”。

5. 谈判人员的礼仪，应注意的事项有：(1)仪容礼仪；(2)遵守时间；(3)了解对手；(4)利益优先。

6. 谈判中的交往礼仪，应注意的事项有：(1)照顾对手；(2)尊重对手；(3)诚实守信；(4)合作互利。

7. 谈判的策略包括的内容有：(1)黑脸白脸策略；(2)抛砖引玉策略；(3)沉默是金策略；(4)避实就虚策略；(5)情感沟通策略；(6)双赢互惠策略。

8. 商务宴会是商务交往中一种重要的社交活动，包括晚宴、鸡尾酒会、茶会等方式。

9. 商务宴会的筹备礼仪包括：(1)选定形式；(2)确定时间和地点；(3)发出邀请；(4)制定菜单；(5)布置现场。

10. 商务宴会的宴请礼仪包括:(1)迎宾礼仪;(2)座次礼仪;(3)致辞祝酒;(4)上菜敬酒;(5)进餐礼仪。

11. 商务礼品的遴选应注意:(1)形式恰当;(2)尊重需求;(3)不犯禁忌。

12. 商务礼品的馈赠应注意:(1)时间恰当;(2)地点合适;(3)方法灵活。

13. 在使用座机时,需要注意:(1)文明接听;(2)做好记录;(3)迅速处理。

14. 在使用手机时,需要注意:(1)内置到位;(2)遵守公德;(3)注意保密。

15. 打电话时应注意:(1)首先要注意的就是自己的语言与声调;(2)在通话时,声音应当清晰而柔和,吐字应当准确,句子应当简短,语速应当适中,语气应当亲切、和蔼、自然;(3)打电话时所使用的语言,应当礼貌而谦虚;(4)如果电话是由总机接转,或由双方的秘书代接,应当使用"您好""劳驾""请"之类的礼貌用语与对方应对;(5)得知要找的人不在,可请代接电话者帮助叫一下,也可以过后再打,无论如何,都不要忘了客客气气地讲话;(6)在通话时,若电话中断,按礼节应由打电话者再拨一次,拨通以后,须稍做解释;(7)按照惯例,电话应由拨电话者挂断,挂断电话时,应双手轻放。

16. 听电话时应注意:(1)电话铃声一响,就应接电话,应注意,"铃响不过三遍";(2)接电话时,态度要谦恭;(3)面含微笑地与对方友好通话;(4)谈话时嘴里勿含食物;(5)通话结束,应认真地道别,而且要等对方先放下电话后再挂电话。

17. 代人接听电话时应注意:(1)要以礼相待;(2)要尊重隐私;(3)做好笔录;(4)要及时传达。

知识结构图

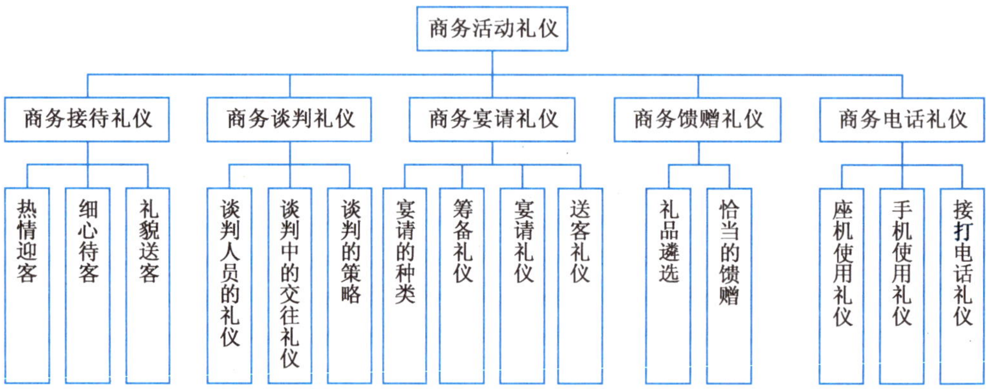

应　用

案例研究

案例一

一条领带

1988年,美国流行一种式样的领带,一些政治家和经济学家都系这种领带。9月份,日本首相竹下登访问美国时,有人送他一条这样的领带。后来,竹下登在与美国总统经济顾问举行会谈时,就戴上这条领带,颇得美国方面的好感。美国总统的经济顾问对竹下登说:"现在里根政府内的很多人也系这种领带，看来你是自由经济的奉行者。”这使本来很麻烦的谈判出现转机，变得异乎寻常地顺利。事后，日本人总结说，与美国人交朋友，领带是一种重要的工具。

人类的交往都是由外及内的，当互不相识的谈判人员走到一起，首先进入各自心灵的是对方的外表——礼仪、礼节。

问题：

1. 从上述案例，我们可以得到什么启示？
2. 在谈判中需要注意的事项有哪些？

案例二

自助餐礼仪

秘书王丽和领导一起代表公司出席一家外资企业的周年庆典。正式的庆典活动结束后，那家公司为全体来宾安排了一顿丰盛的自助餐。尽管在此之前王丽也曾吃过自助餐，但是在这么隆重的场合吃自助餐还是头一次。幸运的是她看到其他用餐者的表现非常随意，于是也就放松了自己。让王丽开心的是，她在餐台上排队取菜时，竟然见到自己平日最爱吃的北极扇贝。于是，她毫不客气地盛上了满满一大盘子。她认为每次去取让人家看到了不好，就干脆一次取了吃个够，再说了，这么好吃的东西又这么贵，说不定一会儿来的时候就没有了。然而令王丽脸红的是，当她端着盛满了北极扇贝的盘子从餐台边上离开的时候，周围的人都用异样的眼光看着她，让她觉得很尴尬，同时也给同行的领导造成了不良的影响。

问题：

1. 案例中的王丽哪些地方做得不好？
2. 在商务活动中我们应该如何规范自己的礼仪行为？

实验实训

1. 设计一个商务接待场景，组成 2 个活动组，模拟一次商务接待活动。
2. 将班级学生进行分组，每两组为一个单位，模拟一次商务谈判活动。

复习思考题

1. 乘车时应当注意哪些礼仪？
2. “出迎三步，身送七步”的含义指的是什么？
3. 商务宴请时应注意哪些礼仪？
4. 商务馈赠时有哪些礼仪规范？

第五章　商务仪式礼仪

学习目标

知识目标：掌握签字仪式、开业典礼、剪彩仪式、新闻发布会礼仪的基本知识。

技能目标：能够筹备签字仪式、开业典礼、剪彩仪式、新闻发布会等。

引入案例

意外的开业典礼

今年8月8日，是上海市宏大公司开业的日子。

这一天，酒店上空彩球高悬，四周彩旗飘扬，身着鲜艳旗袍的礼仪小姐站立在店门两侧，她们的身后是摆放整齐的鲜花、花篮，所有员工服饰一新，精神焕发，整个酒店沉浸在喜庆的气氛中。

开业典礼在店前广场举行。

上午10：00，应邀前来参加庆典的有关领导、各界友人、新闻记者陆续到齐。典礼仪式在音乐和掌声中隆重举行。主持人宣布典礼仪式正式开始，然后按照事先准备好的流程进行，先是向在场的观众介绍到场嘉宾，然后请上级领导和本单位领导致辞，接下来就是剪彩仪式，礼仪小姐用托盘托着彩带进场，剪彩的嘉宾也陆续上台，但是其中一位嘉宾因有事未到场，可是主持人不知道，在介绍嘉宾时也没有注意，结果就使得开始剪彩时少了一位嘉宾，台上一片混乱。幸亏一位领导赶紧请公司的一位副总出面担任剪彩嘉宾，庆典活动才得以进行下去。

问题：如果你是主持人，会如何避免出现这样的情况？

第一节　签字仪式礼仪

签字仪式，是商务活动中合作双方或多方经过谈判或协商，就彼此间的商务活动、商品交易等达成协议订立合同后，由双方代表正式在有关的协议或合同上签字的一种庄严而又隆重的仪式。

微型案例

上海合作组织签字仪式

2001 年 6 月 15 日，中国、俄罗斯、哈萨克斯坦、吉尔吉斯斯坦、塔吉克斯坦、乌兹别克斯坦六国元首——江泽民、普京、纳扎尔巴耶夫、阿卡耶夫、拉赫莫诺夫、卡里莫夫——在上海浦东香格里拉大酒店举行隆重而又庄严的签字仪式，共同签署《“上海合作组织”成立宣言》和《打击恐怖主义、分裂主义和极端主义上海公约》两个重要的文件。

签字仪式在酒店三楼大宴会厅举行。大厅内主席台前的布景板上，用中俄两种文字书写的“上海合作组织”会标和会徽赫然醒目。大厅的正前方是六国元首签字的条桌，上面铺着墨绿色的台布，共 6 米长，1.5 米宽。条桌的后面按各国国家名称英文字母的顺序竖立着六国国旗，条桌上的小国旗按照同样的顺序摆放，元首们坐在和自己国家的国旗相应的位置上签字，各国政府要员的座位对应着各自国家的国旗位置。

上午 10∶30，参加签字仪式的六国主要官员陆续进场就座。10∶40，江泽民等六国元首结束了在宴会厅隔壁的会议厅内举行的“上海合作组织”成员国元首会议，面带微笑，互相交谈着步入签字仪式现场。

接着，我国外交部礼宾司司长张云宣布：“中、俄、哈、吉、塔、乌元首签字仪式现在开始，共签署《‘上海合作组织’成立宣言》和《打击恐怖主义、分裂主义和极端主义上海公约》两个文本。首先请中华人民共和国主席江泽民阁下签署文本……”

签字后，六国元首相互握手，并从工作人员手中接过香槟，端起酒杯走到一起，相互祝酒，共同庆祝这一历史性的成功。

签字仪式于 10∶48 结束。10∶52，六国元首开始共同会见记者，并按签字顺序发表讲话。

资料来源：向国敏编著：《现代秘书实务》，首都经济贸易大学出版社 2005 年版。

问题：从上述案例中，你能看到签字仪式需要注意哪些礼仪？

在商务活动中，通过会见与会谈产生的正式文件一般需要举行签字仪式正式签署后方能生效。签字仪式也是表明会谈各方对文件约束力的认可，体现各方对会谈成果的重视，同时签字仪式还具有见证和宣传的作用。通常的签字仪式都有较为规范的程序。

一、签字仪式的准备工作

（一）布置好签字厅

布置签字厅的总体要求：庄重、整洁、清静。

1. 室内应铺地毯，正规的签字桌应为长桌，其上最好铺设墨绿色的台布。
2. 签字桌应横放于室内，在其后可摆放适量的座椅。
3. 签署双边性合同时，可放置两张座椅，供签字人就座。
4. 签署多边性合同时，可以仅放一张座椅，供各方签字人签字时轮流就座；也可以为每位签字人提供座椅。签字人就座时，一般应面对正门。

小资料

签署合同的座次安排

1. 签署双边性合同的座次安排

(1)应请客方签字人在签字桌右侧就座,主方签字人则应同时就座于签字桌左侧。

(2)双方各自的助签人,应分别站立于己方签字人的外侧,以便随时对签字人提供帮助。

(3)双方其他随员,可以按照一定的顺序在己方签字人的正对面就座;也可依照职位的高低,依次自左至右(客方)或是自右至左(主方)排成一行,站立于己方签字人的身后。

(4)当一行站不完时,可按照以上顺序并遵照“前高后低”的惯例,排成两行、三行或四行。

(5)原则上,双方随员人数大体上相当。

2. 签署多边性合同的座次安排

(1)一般仅设一把签字椅,也可以给每位签字人一把椅子。

(2)各方签字人签字时,须依照有关各方事先同意的先后顺序依次上前签字。

(3)助签人应随签字人一同行动。在助签时,应按照“右高左低”的规矩,助签人应站立于签字人的左侧。

(4)有关各方的随员,应按照一定的序列,面对签字桌就座或站立。

(二)准备好签字用具

在签字桌上,应事先安放好待签的合同文本以及签字笔、吸墨器等签字时所用的文具。

(三)签署涉外商务合同时,需在签字桌上摆放双方国旗

插放国旗时,在其位置与顺序上,必须按照礼宾序列。例如,签署双边性涉外商务合同时,有关各方的国旗需插放在该方签字人座椅的正前方。

(四)确定好签字人员

举行签字仪式之前,有关各方应事先确定好参加仪式的人员,并向有关方面通报,尤其是客方,要将出席签字仪式的人数提前通报给主方,以便主方做好安排。参加签字的各方,事先还要安排一名熟悉仪式程序的助签人员,签字时给文本翻页,并指明签字处,防止漏签的事情发生。

(五)对待签署合同文本的要求

1. 由主方负责待签文本的准备

(1)依照商界的习惯,在正式签署合同之前,应由举行签字仪式的主方负责准备待签合同的正式文本。

(2)应会同有关各方一道指定专人,共同负责合同文本的翻译、校对、定稿、印刷、装订、盖火漆印。

(3)对在常规合同文本上正式签字的有关各方,均提供一份待签的合同文本;必要时,还可再向各方提供一份副本。

2. 签署涉外商务合同

(1)按照国际惯例,待签的合同文本应同时使用有关各方法定的官方语言。

(2)亦可同时并用有关各方法定的官方语言。

3. 待签合同文本的印制

应以精美的白纸印制而成,按大八开的规格装订成册,并以高档质料如真皮、金属、软木等作为封面。

二、签字仪式的程序

(一)就座

有关各方人员进入签字厅,在既定座位上各就各位;参加人员在仪式举行场地集结;双方签字人员在规定的席位落座;助签人员分别站立在签字人员座位旁边,协助翻揭文本,指明签字处。

(二)签字人正式签署合同文本

1. 首先签署己方保存的合同文本,接着再签署他方保存的合同文本。

2. 商务活动规定:每个签字人在己方保留的合同文本上签字时,按惯例应当名列首位。因此,每个签字人均应首先签署己方保存的合同文本,然后再交由他方签字人签字。这一做法,在礼仪上称为“轮换制”。它的意义是在位次排列上,轮流使有关各方均有机会居于首位一次,以显示机会均等、各方平等。

3. 数国间举行签字仪式时,通常按国名的英文字母的第一个字母顺序排列进行。签字人分别在每个国家的文本上签字,本国代表应在本国保管的文本的最上方签署名字。签字人和其他国家代表并排或相对落座。

(三)签字人正式交换已经由各方正式签署的合同文本

1. 各方签字人应热烈握手,互致祝贺,并相互交换各自一方刚才使用过的签字笔,以示纪念。

2. 全场人员应鼓掌表示祝贺。

(四)共饮香槟酒互相道贺

交换已签的合同文本后,有关人员,尤其是签字人,当场干一杯香槟酒是国际上通行的用以增添喜庆色彩的做法。

(五)拍照

有些签字仪式拍照不受限制,有的签字仪式只能在这个时候拍照。

(六)公证

在一般情况下,商务合同在正式签署后,应提交有关方面进行公证,此后才正式生效。所以为了方便起见,可以安排公证人员在现场公证。

三、参加签字仪式的礼仪要求

签约仪式也是正式的商务活动,所以参加签约仪式的礼仪不能忽视,要格外地重视。

1. 注意妆容

参加签约仪式,女性要化淡妆,可以涂唇彩,但是妆容不要太浓艳,这样不合时宜;男性需要注意面容的清洁和胡须的处理。

2. 注意服饰礼仪

签约仪式是正规的商务活动，签字人、助签人员以及随员都应穿着具有礼服性质的深色西装套装、中山装套装，配白衬衫，男士需打领带、穿深色皮鞋等，以示对活动的重视。在签字仪式上的礼仪小姐及工作人员，可以穿统一式样的制服或者旗袍一类礼仪性的服装。

3. 注意仪态礼仪

在参加签字仪式时，无论是主办单位的人员，还是受邀参加签字仪式的嘉宾，都应该注意自己的仪态礼仪，坐立行走的姿势要端正，要微笑示人，举止言谈要友好、热情、大方、得体，不应嬉笑打闹、肆意妄为，保持会场的安静。

4. 注意社交礼仪

在受邀参加签字仪式时，见到主人要主动握手道贺，入座后也应礼貌地与邻座的人打招呼、握手等，也可以通过自我介绍、递送名片的方式与对方友好交谈。主办方的人员也要注意握手、名片礼仪等。

第二节 开业典礼礼仪

为了扩大组织自身在社会的知名度，使组织与公众之间、与其他组织之间相互了解，促进合作，一般在组织成立或有重大活动时都举行典礼。在商务活动中，商务人员参加典礼仪式的机会很多，既有可能奉命为单位组织一次典礼仪式，也有可能应邀去出席外单位的某次典礼活动。

开业典礼是商业活动中，各类企业、商场、酒店等在成立或开张时，为达到宣传自己的目的，营造一个良好的开端，经过精心策划，按照一定的程序专门举行的一种庆祝仪式。

微型案例

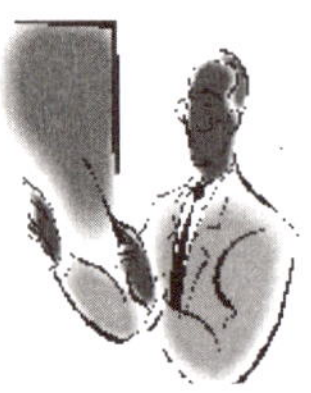

麻省理工学院的校庆

麻省理工学院(MIT)迎来150周年校庆之际，著名教育家熊丙奇先生正好出席哈佛中国论坛，趁此机会就去"蹭"了一次麻省理工学院的校庆大会。

事情是这样的：在麻省理工学院读研究生的刘欢带着熊丙奇先生参观校园时，问其有无兴趣参加该校150周年的校庆大会，他可以弄到门票。熊丙奇先生当时很诧异，马上迎来大庆的校园根本没有一点气氛，没有醒目的横幅，没有彩色气球……

在150周年校庆展中展示的150件学生的发明中，既有雷达、第一台实时计算机、第一个人造假肢、天气追踪系统、晶体管、频闪摄影，也有不少被认为是"荒谬、无用"的发明，或者说"搞笑"的发明。"伟大的发明"和"荒谬的创意"共处一室，道出的其实是最简单的道理，伟大的发明往往孕育在貌似荒谬的创意中。"书呆子"看似"呆"，思想却可天马行空。大学，给学生们创造的就是这种包容"荒谬"、无限想象的空间。

虽然这次大会校方也邀请了各方贵宾，但在大会上却没有介绍与会嘉宾的环节，甚至整个活动都没有主持人。此次校庆更像是一次学术活动，主题是反思麻省理工学院的办学，展望未来50年的新发展。学校校董、校长、教授的发言，内容很实在，没有大谈学校的卓越成就，而更多的是思考学校的未来。这和麻省理工学院的"书呆子"气质很吻合。

这种“书呆子”气还表现在在会场后方区域吃自助餐，大家排着长队取食，然后在一起聊天，让人感觉这就是一个盛大的Party……

麻省理工学院150周年校庆，其新奇之处在于，“伟大的发明”和“荒谬的创意”共处一室；反思办学，展望未来；大家一起排着长队在会场后方区域吃自助餐。这种新奇，让人感怀，让人感动；让人深思回味，让人永久难忘。

资料来源：王玉苓编著：《商务礼仪案例与实践》，人民邮电出版社2018年版。

问题：从这个案例中，你得到了什么启示？

一、典礼活动的类型

典礼活动很多，常见的有开业典礼、周年纪念庆典、竣工典礼等。

1. 开业典礼。组织或企业在成立之际向社会首次展现自己，以引起社会与公众的关注。

2. 周年纪念庆典。是指社会组织利用本单位的周年纪念日，向外界宣传自己、扩大影响力而举办的活动。

3. 竣工典礼。组织在某项巨大工程或重要任务完成之际，举行盛大的活动来庆祝，引起社会公众的格外关注，同时扩大组织在社会上的影响力。

4. 剪彩仪式。在开业典礼、奠基仪式、竣工典礼、开工典礼、展销会等活动中，都需要举行剪彩仪式。

5. 本单位荣获某项荣誉的庆典活动。当本单位荣获了某项荣誉称号或单位的“拳头产品”在国内外重大评选中获奖时，单位都将举行庆典活动，以示庆祝并对外界进行宣传。

二、开业典礼的准备工作

（一）做好开业典礼的舆论宣传工作

1. 企业可运用传播媒介在报纸、电台、电视台广泛发布广告或在告示栏中张贴开业告示，以引起公众的注意。

2. 广告或告示的内容一般包括：开业典礼举行的日期，开业典礼的地点，企业的经营范围及特色，开业的优惠情况等。

3. 开业广告或告示发布时间，一般在开业前的3～5天内。

4. 邀请记者在开业仪式举行时，到现场进行采访、报道，予以正面宣传。

（二）准备开幕词、致答词

1. 注意控制发言时间

2. 开幕词、致答词要言简意赅、热情庄重，起到联络感情、增加友谊的作用。

（三）拟定典礼程序

典礼程序有着严格的先后顺序，事先应做好妥善安排。按照典礼规格确定司仪，做好负责签到、接待、摄影、录像、音响、现场布置等人员的安排工作。

（四）做好来宾邀请工作

一般来讲，确定庆典出席者的名单，应以庆典的宗旨为指导思想。参加典礼的人士包括上级领导、社会名流、新闻界人士、同行业代表、合作伙伴、社区公众、单位员工等。开业典礼仪式成功与否，很大程度上与邀请的参加典礼的嘉宾的身份、人数等有直接关系。

(五)发放请柬

1. 提前一周发出请柬,便于被邀者及早安排和准备。

2. 请柬的印制要精美,内容要完整,文字要简洁,措辞要热情。被邀者的姓名要书写整齐,不能潦草马虎。

3. 对于一般的请柬可派员送达,也可通过邮局邮寄。给有名望的人士或主要领导的请柬,应派专人送达,以表示诚恳和尊重。另外,在典礼举行前,最好电话确认对方是否来参加典礼仪式。

(六)做好场地布置工作

1. 活动场地:可以是正门之外的广场,也可以是正门之内的大厅。

2. 不布置主席台或座椅:按照惯例,举行开业典礼时宾主一律站立,故一般不布置主席台或座椅。

3. 现场装饰:为显示隆重与敬客,可在来宾尤其是贵宾站立之处铺设红色地毯,在场地四周悬挂横幅、标语、气球、彩带、宫灯,在醒目处摆放来宾赠送的花篮、牌匾。

(七)做好各种物质准备

1. 用品准备:来宾的签到簿,本单位的宣传材料,彩带、剪刀、托盘,待客的饮料,等等。

2. 设备准备:对于音响、录音录像、照明设备以及开业典礼所需的各种用具、设备,必须事先认真进行检查、调试,以防在使用时出现差错。

(八)安排接待服务人员

1. 在举行开业典礼的现场,一定要有专人负责来宾的接待服务工作。

2. 主办单位需要提前培训本单位全体员工,除要求员工在来宾面前都要以主人翁的身份热情待客、有求必应、主动相助之外,更重要的是分工负责,各尽其职。

3. 在接待贵宾时,须由本单位主要负责人亲自出面。在接待其他来宾时,则可由本单位的礼仪小姐负责。对于年事已高的或非常重要的嘉宾,应安排专人始终陪同,以便招待与照顾。

4. 来宾较多时,须为来宾准备好专用的停车场、休息室,并应为其安排饮食。

小资料

礼品的馈赠

举行开业仪式时赠予来宾的礼品,一般属于宣传性传播媒介的范畴之内。

根据常规,向来宾赠送的礼品,应具有如下三大特征:

(1)宣传性:可选用本单位的产品,也可在礼品及其外包装上印有本单位的企业标志、广告用语、产品图案、开业日期等;

(2)荣誉性:要使之具有一定的纪念意义,使拥有者对其珍惜、重视,并为之感到光荣和自豪;

(3)独特性:应当与众不同,具有本单位的鲜明特色,使人一目了然,或令人过目不忘。

三、开业典礼的程序

(一)迎宾

接待人员在会场门口接待来宾,请来宾签到并引导来宾就位。

(二)典礼开始

主持人宣布开业典礼正式开始,全体起立,奏乐,介绍到场的重要嘉宾。

(三)致贺词

由上级领导和来宾代表致贺词,主要表达对开业单位的祝贺,并寄予厚望。由谁来致辞事先要定好,以免当众推来推去。对外来的贺电、贺信等不必一一宣读,但对其署名的单位或个人应予以公布。

微型案例

嘉宾代表贺词

尊敬的各位领导、各位来宾、××酒店全体同仁:

大家下午好!

今天,能有幸同大家一道参加××酒店的开业庆典,我本人感到十分高兴和欣慰,在这美好时刻,请允许我代表参加本次庆典的各位来宾向××酒店表示热烈的祝贺!

我们相信,××酒店凭借其出色的经营管理、无微不至的服务,再加上××酒店所处的优越的地理位置、舒适的园林环境,尽享"天时、地利、人和",必将宏图大展、马到成功!

最后,我衷心祝愿××酒店生意兴隆、财源广进!

谢谢!

资料来源:胡爱娟、陆青霜编著:《商务礼仪实训》,首都经济贸易大学出版社2014年版。

(四)致答词

由本单位负责人致答词。其主要内容是向来宾及祝贺单位表示感谢,并简要介绍本单位的经营特色、内容及目标等。

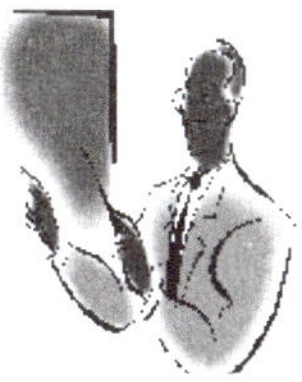

微型案例

董事长致辞

各位领导,各位来宾,各位亲友:

下午好!

今天,是我们××酒店开业的大喜日子,在此我们对能来参加××酒店开业庆典的各位领导、来宾及亲友表示热烈的欢迎和万分感谢!并向支持、关心××酒店建设的政府各级领导和社会各界人士致以崇高的敬意!

××酒店从筹建到今天正式开业,总共历时9个月,在酒店筹建这段时期,得到了各级领导和朋友的大力支持!在大家的大力支持之下,在酒店管理人员和各位员工的共同努力下,××酒店得以顺利开业!

同时，我和董事会也相信，在政府各级领导、社会各界人士大力支持以及酒店全体员工的共同努力下，××酒店将会开创出更加美好的明天！

谢谢各位！

总经理致辞

各位领导、各位来宾，女士们、先生们：

大家下午好！

今天，是一个好日子，更是我们××酒店的大喜日子，因为在今日、今时，我们××酒店汇聚了众多领导及来宾，正举行对我们每一个人来说意义深远的开业庆典！

在这激动人心的美好时刻，首先，我代表××酒店全体员工向出席我们××酒店开业庆典的领导、来宾以及一直关心和支持××酒店的社会各界人士表示衷心的感谢，并致以良好的祝愿！

刚才，董事长对××酒店的未来发展提出了要求并寄予了良好的祝福和期望，在此，我们每一个人都会铭记于心！“热情、周到、友好、诚信”是我们××酒店的服务宗旨，今后，我们××酒店将同众多一流酒店一道为社会提供一流的酒店服务！我们有理由相信，在各级政府领导和各界人士的支持和关怀下，××酒店将会迎来一个又一个美好的明天！

最后，我再次感谢各位领导、各位来宾、各位同行以及一直支持和关心××酒店的社会各界人士，并希望大家今后继续支持和经常光临，我们××酒店将热情地期待您的到来！

谢谢大家！谢谢各位！

资料来源：胡爱娟、陆青霜编著：《商务礼仪实训》，首都经济贸易大学出版社 2014 年版。

（五）揭幕

由本单位负责人和一位上级领导或嘉宾代表揭去盖在牌匾上的红布，宣告企业正式成立。参加典礼的全体人员应鼓掌祝贺，同时可燃放鞭炮庆贺。

（六）参观

可引导来宾参观，介绍本单位的主要设施、特色项目及经营策略等。

（七）宴请

开业典礼结束后一般都宴请主要邀请的嘉宾，在规模较大的饭店设宴款待。

四、参加开业典礼的礼仪要求

对主办开业典礼的组织来讲，肯定是希望开业典礼能给自己的公司带来好运，希望以后能顺顺利利，所以参加开业典礼的礼仪也不能忽视。

1. 整洁的仪容

无论是开业典礼的主办方还是受邀参加开业典礼的人员，事先都应该做适当的仪容准备，女士须化淡妆，整理好发型，男士需洁面剃须。总之，应给人神清气爽的感觉。

2. 规范的服饰

如果是工作人员，最好身着统一的服饰，这样显得整齐，并且也能展现企业的精神。男士，身穿西装；女士，身穿职业套装，最好是带裙的套装。受邀参加开业典礼的嘉宾身穿正式的服装即可，服装色彩搭配合理即可。

3. 遵守时间

开业典礼的流程都是事先安排好的，环环相扣，如果不遵守时间，会影响整个流程的进行，而且也会影响受邀嘉宾的时间安排。

4. 做好服务的礼仪

开业典礼时会有很多受邀请的嘉宾，也会有一些围观的群众或者慕名而来的客人，无论身份、地位如何，主办方都应该做好服务的礼仪，以礼相待，微笑服务，做好接待工作，不可用暴力的方式或者不文明的方式驱散围观的群众。

小资料

酒店开业典礼仪式方案

一、策划目的

××酒店定于2014年5月8日隆重举行开业庆典仪式，旨在通过开业典礼仪式制造良好的声势和宣传效果，使气氛热烈祥和、喜庆隆重，并且通过本次活动，融洽与政府、社会各界、当地居民良好的关系，进一步提高××酒店的知名度、美誉度。

通过本次活动，把××酒店开业的信息迅速向社会传播，从而更广泛地吸引社会各界的关注，树立良好的形象，为××酒店的进一步发展壮大奠定坚实的基础。

二、基本要素

策划主题——××酒店开业庆典。

策划宗旨：营造热烈、喜庆、庄重、高雅的现场气氛，借此达到良好的宣传效果。

活动场所：酒店正门。

举办时间：2014年5月8日15∶00～19∶15。

三、工作安排

1. 筹备阶段

(1)策划部工作安排：

2014年4月15日出方案初稿；

2014年4月19日将策划方案呈送董事会审阅。

(2)物资筹办：根据计划采购活动的各种用品，并进行现场布置。要做到不遗忘、不漏项。

2. 设计制作阶段

(1)2014年4月25日，呈送设计方案及效果图，交董事会审阅；

(2)4月30日，所有用品经确认后开始制作；

(3)5月5日完成所有制作。

3. 现场布置阶段

(1)2014年5月7日晚，完成彩旗、条幅、充气拱门、花篮等的安装工作；

(2)2014年5月8日14∶00前铺好地毯，安装好音响、签到台，划分好主礼区。

4. 活动当天实施阶段工作安排

(1)2014年5月8日14∶00，音响测试完毕，礼仪小姐到场待命。

(2)5月8日14∶30，工作人员到达现场准备工作。

(3)5月8日15：00，活动现场正式开始运作，奏迎宾曲，礼仪小姐迎接来宾，引导来宾签到，佩戴胸花。

四、场景布置

（酒店内部布置另行安排）

1. 酒店大门进口处放置一个充气龙形拱门(拱门上字样为：热烈祝贺××酒店隆重试业)；两侧立中华柱各两个，中华柱下面用菊花小花盆围住。

2. 舞龙两条。

3. 乐队。

4. 西式花篮500个，花牌150个，放置于酒店进门口大道两侧及主会场两侧。

5. 门上方悬挂8米×6米"贺"字巨幅两条，红布金字，其左边悬挂横幅5条，右边5条，共10条。

6. 楼顶放置直径为2.5米的PVC升空气球20个，地面20个，共悬挂横幅40条。

7. 彩旗1 000面，上书"5月8日××酒店隆重试业"，分别插于酒店进门口大道及各路段。

8. 舞台背景墙一个，5.7米×12米；舞台一个，0.9米×12米。

9. 礼炮6门，放置于主礼宾区两侧，各三门。

10. 小氢气球2 000个，用于放飞。

11. 红地毯800平方米，置于进门口大道及主礼宾区。

12. 音箱一套，落地麦克风两个，无线麦克风两个。

13. 讲台上的鲜花一盆。

14. 红灯笼100串，悬挂于酒店进门口大道两侧的树上。

15. 金币200枚，用于装饰酒店进门口两侧树干。

五、气氛营造

1. 礼仪小姐

(1)数量：12位；

(2)规格：专业；

(3)位置：主席台两侧及签到处；

(4)功能：青春靓丽的礼仪小姐身穿大红旗袍，给热烈隆重的环境增添喜庆气氛，协助迎送来往嘉宾及为嘉宾剪彩服务。

2. 音响

(1)数量：一套；

(2)规格：专业(配置音箱12个，有线麦克风2个、无线麦克风2个，麦克风架2个，VCD机2台，功放机4台，调音台1个，工作人员2人)；

(3)位置：主会场一侧。

3. 摄影

(1)数量：1人；

(2)规格：专业；

(3)功能：拍摄精彩画面，留作纪念和存档。

4. 摄像

(1)数量:2人;
(2)规格:专业;
(3)功能:录制庆典现场,留作纪念和存档。
六、开业庆典仪式的程序
时间及工作安排:
1. 2014年5月8日15∶00,音响播放背景音乐,礼仪小姐、醒狮、工作人员、物品全部到位。
2. 15∶30～16∶00,礼仪小姐引领嘉宾、记者签到并佩戴胸花。(先引至休息区休息,由接待组接待。)
3. 16∶40～17∶30,礼仪小姐引领嘉宾到主礼区,员工入场。
4. 17∶40～18∶00,主持人宣布庆典活动正式开始,并介绍主礼嘉宾。
(1)主持人讲话:
尊敬的各位领导、各位来宾,女士们、先生们:
大家下午好!
今天,是我们××酒店隆重开业的大喜日子,在这激动人心的美好时刻,我代表××酒店全体同仁向百忙之中来参加我们××酒店开业庆典的领导、来宾,以及一直关心和支持××酒店的社会各界人士表示衷心的感谢,并致以最良好的祝愿!
今天,出席并在主礼区就座的嘉宾有:(略)。
在此,我们再次对所有参加××酒店开业庆典的嘉宾表示热烈欢迎!
下面我宣布,××酒店开业庆典仪式正式开始。
首先,我们以热烈的掌声欢迎××酒店董事长×××致辞!
(2)请领导为龙点睛。
(3)舞龙表演:"双龙戏珠"及"采地青"。
5. 18∶00～18∶30,礼仪小姐捧出花球、剪刀,主持人介绍剪彩领导和嘉宾,剪彩领导和嘉宾到位后,主持人宣布正式剪彩。(放礼炮和放飞气球)
6. 18∶40～19∶00,舞龙表演"采天青",舞龙采青后抛给董事长,寓意"接财"。
7. 19∶15,主持人宣布庆典仪式结束,礼仪小姐引嘉宾参加鸡尾酒会,将部分客人安排至客房。
8. 酒会结束后给离店嘉宾送纪念品。
七、协作组织分工表
1. 外联接待组
(1)活动主持人的选定(负责人:×××);
(2)活动各项工作的监督(负责人:×××);
(3)活动程序的策划与安排(负责人:×××);
(4)活动前检查各项工作是否到位;
(5)活动各项内容在各小组间的沟通;
(6)程序和时间的编排与确定(负责人:×××);
(7)确定剪彩人员、确定致辞的领导及宾客名单和席位安排。
2. 会场工作组

(1)确定被邀请嘉宾名单;
(2)落实来宾接送车辆;
(3)记者、新闻媒体、摄影器材、接送车辆及人员的落实;
(4)外协单位的联系与落实;
(5)与政府有关部门协调,保证开业典礼仪式顺利进行并准备好礼品;
(6)活动场内、外工作的落实及迎送人员的落实;
(7)签到处及迎送人员的落实;
(8)赠送纪念品人员的落实;
(9)休息区的跟进、落实。

3. 财务工作组

(1)列出活动费用开支项目表,既要满足计划内项目开支,又要监督开支按计划进行,并负责有关单位结算等;
(2)休息区物料费用;
(3)物资购买费用;
(4)聘用人员费用;
(5)特别来宾食宿费用;
(6)其他杂项费用开支。

4. 后勤工作组

(1)布置灯光、音乐,协助新闻单位将有关设备搬到会场并安装到位;
(2)活动所用物料的购买和制作(如请柬、签到本、纪念品、宣传品、办公用品、背景牌及其他用品的购买和制作);
(3)安排保卫、电工等会场工作人员;
(4)落实贵宾接待室、洗手间的位置;
(5)落实开业前后车辆的安排;
(6)活动会场收发工作。

5. 活动安排

(1)5月3日完成开业宣传横幅发布工作(跟进人:×××);
(2)5月5日~7日,电视台发布酒店开业广告(跟进人:×××);
(3)出席嘉宾、剪彩嘉宾请柬确定工作,4月25日前确定(跟进人:×××);
(4)出席嘉宾、剪彩嘉宾请柬派送及收回回执单,5月5日完成(跟进人:×××);
(5)嘉宾纪念品确定及到位,5月5日完成(跟进人:×××);
(6)5月6日,酒店进门口两侧大道及彩旗插好(跟进人:×××);
(7)5月3~7日,礼仪小姐的选拔及培训(跟进人:×××);
(8) 鸡尾酒会筹办工作(跟进人:×××);
(9)酒会主持工作(跟进人:×××);
(10)5月7日,拱门、气球、巨幅、条幅、主礼区安装完毕(负责人:×××);
(11)5月7日晚,地毯、音响、签到台、花篮、礼炮布置(负责人:×××)。

资料来源:胡爱娟、陆青霜编著:《商务礼仪实训》,首都经济贸易大学出版社2014年版。

第三节　剪彩仪式礼仪

剪彩仪式，是指有关单位为了庆祝组织开业，宾馆、商店等机构的开张，高楼大厦的落地启用，道路或航线的开通等，而聘请知名人士用剪刀剪断红色缎带的庆典活动。剪彩仪式的会场布置要求喜庆、热闹。

微型案例

剪彩仪式的起源

剪彩仪式源于一次偶然事件。1912 年，美国圣安东尼奥州的华狄密镇有一家大百货公司将要开业。开业这天的一大早，老板按当地风俗，在开着的店门前横一条布带，防止公司未开张前有闲人闯入。这时，老板 10 岁的女儿牵着一条哈巴狗从店里匆匆跑出来，无意中碰断了这条布带，等在门外的顾客以为这是该店为了开张志喜搞的“新把戏”，便蜂拥而入，争先购物，真是生意兴隆。不久，当老板的一家分公司又要开张时，想起第一次开张时的盛况，又如法炮制，这次是老板有意让小女把布带碰断，果然财运又很好。于是，人们认为公司、店铺开张时，让女孩碰断布带是一个极好的兆头，都争相仿效。后来，人们用彩带取代了颜色单一的布带，并用剪刀剪断，执行人也由小女孩改成年轻的姑娘，后又由当地官员或社会名流所替代，人们还给这种做法正式取名为“剪彩”。时至今日，剪彩已风靡全球，成为商务公关、开业志庆的一种重要仪式，并约定俗成地形成了一整套礼仪规范和要求。

资料来源：杨眉主编：《现代商务礼仪》，东北财经大学出版社 2005 年版。

问题：剪彩仪式需要注意什么？

一、剪彩仪式的准备工作

（一）剪彩的用具准备

剪彩仪式上需要用的一些特殊的物品，如红色绸带、新剪刀、白色薄纱手套、托盘以及红色地毯等要事先准备，以免临场慌乱。

1. 红色缎带，按传统做法，它应由一整匹未使用过的红色绸缎，在中间扎上几朵大而醒目的红花而成。现在为了节俭，一般使用两米左右长的红缎带、红布条作为剪彩物品。一般来说，具体要结多少花团，其数目往往与现场剪彩者的人数直接相关。按常规，红色缎带上所结花团的数目较现场剪彩者的人数多一个，这样可使每位剪彩者处于两朵花团中间，也有的是花团数目较现场剪彩者的人数少一个，这种不太常用。

2. 新剪刀，是专门供剪彩者剪彩时使用，必须是人手一把，而且是崭新、锋利的，以免因剪刀而让剪彩者面临尴尬场面，在剪彩仪式结束后，主办方可将每位剪彩者所使用的剪刀经过精心的包装后，送给对方以资纪念。

3. 白色薄纱手套，是供剪彩者剪彩时戴的，以示郑重，但一般情况下可以不准备。如果需要准备，则要保证人手一副，并且大小适中，洁白无瑕。

4. 托盘，是供盛放剪刀、手套、红色缎带用的，一般也应用新的托盘，通常选用银色不锈钢制品。为了显示正规，还可以在托盘的上面铺红色绒布或绸布。

5. 红色地毯，主要是铺设在剪彩者正式剪彩时站立的地方，其长度可视剪彩者人数的多少而定，宽度应超过一米。在剪彩时铺设红地毯主要是为了提高仪式的档次，营造一种喜庆的气氛。

(二)剪彩人员的确定

在剪彩仪式中，除了需要选定主持人外，还要选定剪彩者和礼仪小姐。

(1)剪彩者的确定。剪彩仪式前要事先选好为组织剪彩的嘉宾，通常情况下，可从上级领导、单位负责人、社会名流、合作伙伴、员工代表中选定。剪彩者的人数可以是一人，也可以是多人，但一般不超过五人。剪彩者的名单一经确定，就应及时通知剪彩者，同时还应告知对方还有哪几位一起为本组织剪彩。

剪彩者如果仅为一人，则其剪彩时居中而立即可，若剪彩者不止一人，则应遵循常规排列顺序：中间高于两侧，右侧高于左侧，距离中间站立者愈远，位次便愈低，其中要注意：主剪者应居于中间的位置。需要说明的是，右侧高于左侧，是国际惯例，但在我国，如果没有外宾参加的场合，排列的原则应为“左侧高于右侧”。

(2)礼仪小姐的确定。组织为了增加剪彩仪式热烈而隆重的喜庆气氛，通常也要有几位礼仪小姐来负责引导宾客、拉彩带、捧花、递剪刀等工作。对礼仪小姐的要求是：应大方、庄重、文雅，穿着打扮应整齐划一，淡妆、盘发，礼仪小姐通常身着红色旗袍或西式套装。

礼仪小姐的基本条件是：相貌姣好、身材颀长、气质优雅、年轻健康、反应灵敏、机智灵活、善于交际。礼仪小姐的最佳形象为：身着款式、面料、色泽统一的旗袍，配肉色连裤丝袜、黑色高跟皮鞋，化淡妆，盘头，不能佩戴过多的饰物。

二、剪彩仪式的程序

剪彩仪式的程序有以下几个方面：

第一，邀请来宾就座。在剪彩仪式上，通常只为剪彩者、来宾和本单位的负责人安排座席。在剪彩仪式开始时，即应敬请大家在已排好顺序的座位上就座。主席台上应摆放座位卡，以便来宾能对号入座。一般来讲，剪彩者应就座于前排。

第二，宣布剪彩仪式正式开始。在主持人宣布仪式开始后，乐队应演奏音乐，现场可燃放鞭炮，全体到场者应热烈鼓掌。此后，主持人应向全体到场者介绍到场的重要来宾。

第三，奏本单位标志性歌曲。主持人宣布奏乐，全场起立。

第四，领导致辞。首先是主办单位的负责人致辞，其次是上级主管部门的代表致辞，然后是合作单位致辞等。发言内容要言简意赅，并富有鼓动性，使场面隆重而热烈。

第五，开始剪彩。在剪彩正式开始前，应向全体到场的宾客介绍剪彩者。当主持人宣布剪彩开始后，礼仪小姐用托盘呈上剪彩用的剪刀等用具登场，拉彩带者将红色缎带拉直，托盘者站在拉彩带者身后一米左右，然后剪彩者上台进行剪彩。剪彩者应面带微笑，拿起剪刀把彩带一刀剪断，待放下剪刀后，再向在场来宾致意，全体来宾应热烈鼓掌。

第六，陪同参观。剪彩仪式结束之后，主人应陪同来宾参观。随后，主办单位应向来宾赠送纪念性礼品，并设宴款待宾客。

微型案例

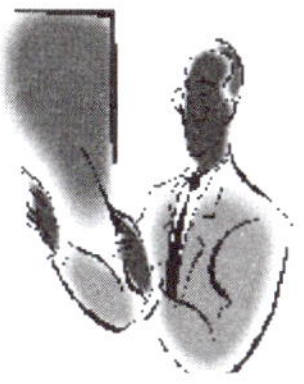

剪彩仪式讲究排场

李林在自己所在的城市买了一座二层商铺，本来打算对外出租，可是一直没有碰到合适的租客，这间商铺一直闲着。最近，李林看到商铺附近的各类小店都已陆续开业，生意也红火，就想着自己的商铺干脆不租出去，自己留着做点生意。刚好自己的商铺又当街，要是装修一下，弄一家小型超市肯定也能赚不少钱，打定主意后，李林就开始张罗起来。

花了几个月的时间，超市就筹备好了，李林琢磨着选个好日子搞一个开业典礼，图个吉利。李林在电视上看别人开业的时候搞剪彩仪式，于是自己也想搞一个剪彩仪式，可是剪彩仪式请谁来帮自己剪彩呢？搞的规模小了，让人家笑话，搞的规模大了吧，又担心钱的问题，看来这个剪彩还真是不好办啊。

问题：请你帮李林筹划一个方案。

三、剪彩仪式的注意事项

1. 进行正式剪彩时，剪彩者与礼仪小姐的具体做法应符合规范，不能乱了程序。

2. 当主持人宣布进行剪彩之后，礼仪小姐即应率先登场。在入场时，礼仪小姐应排成一行行进。从两侧同时登台，或是从右侧登台均可。登台之后，拉彩带者与捧花者应当站成一行，拉彩带者处于两端拉直红色缎带，捧花者每人双手捧一朵花团。托盘者应站立在拉彩带者与捧花者身后一米左右，并且自成一行。

3. 在剪彩者登台时，引导者应在其左前方进行引导，使之各就各位。剪彩者应从右侧入场。当剪彩者均已到达既定位置之后，托盘者应前行一步，到达前者的右后侧，以便为其递上剪刀、手套。

4. 在主持人向全体到场者介绍剪彩者时，剪彩者应面含微笑向大家欠身或点头致意。

5. 剪彩者行至既定位置之后，应向拉彩带者及捧花者含笑致意。当托盘者递上剪刀、手套时，也应微笑着向对方道谢。

6. 在正式剪彩前，剪彩者应首先向拉彩带者、捧花者示意，待其准备好后，再集中精力，右手手持剪刀将红色缎带一刀剪断。若有多名剪彩者同时剪彩时，其他剪彩者应注意主剪者的动作，保持与其协调。

7. 剪彩之后，红色花团应准确无误地落入托盘者手中的托盘里，切勿使之坠地。

8. 剪彩者在剪彩成功后，可以右手举起剪刀，面向全体到场者致意，然后将剪刀、手套置于托盘内，并举手鼓掌。

9. 剪彩者依次与主人握手道喜，并列队在引导者的引导下退场，退场时，一般宜从原上台的方向下台。

10. 待剪彩者退场后，其他礼仪小姐方可列队由右侧退场。

微型案例

下台剪彩

某大公司举行新项目开工剪彩仪式，请来了张市长和当地各界名流嘉宾参加，请他们坐在主席台上。仪式开始时，主持人宣布："请张市长下台剪彩！"却见张市长端坐没动。主持人很奇怪，重复一遍："请张市长下台剪彩！"张市长还是端坐没动，脸上还露出一丝恼怒。主持人又宣布一遍："请张市长剪彩！"张市长才很不情愿地勉强起来去剪彩。

资料来源：吕维霞、刘彦波编著：《现代商务礼仪》，对外经济贸易大学出版社 2003 年版。

问题：上述案例中问题出在哪里？

第四节 新闻发布会礼仪

新闻发布会是社会组织为了宣布某项重要消息，把有关新闻机构的记者召集在一起，进行信息发布的一种特殊形式的会议。组织召开新闻发布会的目的是及时、公正地把组织的重要信息传递给社会公众，让社会公众对自己有明确的认识。新闻发布会是组织与新闻界建立联系的一种较正式的沟通形式，危机处理期间选择召开新闻发布会来传播信息比以其他方式发布信息，无论是在内容的广度上、还是深度上，都是比较有效的方式。

微型案例

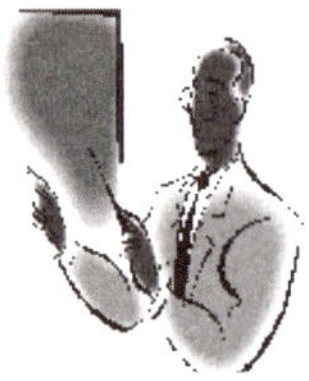

"通知"惹的麻烦

某公司就自己新开发的一个新产品系列，想通过新闻发布会形式推向市场。时间安排在周一上午 10:00。眼看时间就要到了，可是前来参加新闻发布会的媒体代表只有三四个人，总经理非常焦急，询问负责发放通知的办公室主任小王，小王说："我都通知到了呀。"总经理想了一下又问："你是怎么通知的？"小王说："我给各媒体单位一一打了电话，他们也都答应要来参加，可谁想他们都没有来。"总经理听后气不打一处来，但只是瞪了半天眼睛，没有发火。他拍着自己的脑袋说："这也怪我没交代清楚。"

资料来源：杜明汉主编：《商务礼仪》，高等教育出版社 2010 年版。

问题：上述案例的问题出在哪里？

一、新闻发布会的准备工作

（一）确定举行新闻发布会的必要性

举行新闻发布会必须有充分的理由和明确的目的。在新闻发布会举行前，社会组织必须对准备发布信息的重要性，是否具有广泛传播的新闻价值，以及新闻发布会召开的最佳时期有明确的认识。只有在确认召开新闻发布会的必要性和可能性后，方可决定举行新闻发布会。

适于举办新闻发布会的时机包括：

1. 公司及产品(服务)已成为公众关注问题的一部分；

2. 公司或其成员已成为众矢之的；

3. 新产品上市；

4. 开始聘用某大腕明星做自己的广告模特或代言人；

5. 公司人员重大调整；

6. 公司扩大生产规模；

7. 公司取得销售业绩的最新纪录，等等。

(二)确定新闻发布会的主题

新闻发布会的主题大致有两类：

1. 说明性主题

如企业推出新产品、企业经营方针的改变等，此时新闻发布会主要是对外宣布决定。

2. 解释性主题

如企业产品质量出现了问题，企业出现了重大事故等，此时，新闻发布会主要是对所发生的事件进行解释。主办的单位可以根据具体情况来确定新闻发布会的主题。

宝洁公司新闻发布会的主题就属说明性主题，即说明要推出的新产品。

(三)确定新闻发布会举行的相关事宜

1. 确定新闻发布会的地点

举行新闻发布会可以考虑在本单位所在地或事件发生地或当地著名的宾馆、会议厅等。另外，对于新闻发布会现场，还应考虑交通是否方便，采访条件是否优越，扩音、录音、录像、照明设备是否完好、齐备，座位是否够用等。

2. 确定新闻发布会的时间

召开新闻发布会的具体时间应该在上午 10:00～11:00，选定时间时要注意：

(1)避开节日与假日；

(2)避免与重大社会活动相冲突；

(3)防止与新闻界的宣传报道重点撞车。

3. 确定邀请的对象

应根据新闻发布会的主题，确定邀请对象。新闻记者是新闻发布会的主宾，邀请哪些记者参加，应根据新闻发布会的性质而定。如果是为了扩大影响和知名度，可以多种类、多层次地多邀请记者；如果只是进行宣传与解释，则邀请面可小些。此外，广告公司、客户、同行等也是受邀请的对象。

4. 拟发邀请信

要拟订详细的邀请名单，提前 3～4 天发出邀请信或请柬，临近开会时还应提前一天打电话联系与落实。

5. 选择新闻发布会的主持人和发言人

新闻发布会的主持人和发言人不仅要熟悉本企业及产品，而且要思维敏捷、反应迅速、有较高的文化修养和专业水平。新闻发布会的主持人大多由主办单位的办公室主任或秘书长、公关部部长担任。新闻发言人是组织所指定的、在危机发生后代表组织向内外公众介绍事实真相和组织所采取的措施，并与新闻界有良好关系的专门人员。新闻发布会的发言人通常由本单位的领导人担任，因领导人对本单位的方针、政策及各方面情况比较了解，由他们回答记者的提问更具权威性。另外，新闻发言人还应具有广博的知识面、清晰的语言表达能力、及时应对的能力等。

6. 准备好新闻稿等资料

收集有关危机的资料、图片、模型、表格及组织处理危机的措施，本着真诚负责的态度通过媒介告知公众所发生危机的真相和组织正在采取的补救措施等。新闻稿的内容应事先在组织内部通报，以统一口径，防止在会上出现自相矛盾的现象。

7. 准备好记者有可能提出的问题的答案

准备好记者有可能提出的问题的答案，如事故发生时间、人员受伤和死亡情况、事故原因、进展情况、组织的高层决策者的态度、对当地政府或环境的影响。

8. 预算会议所需费用

根据新闻发布会的规格和规模做出可行的经费预算。预算的费用项目一般有场租、会场布置、印刷品、茶点、礼品、文书用品、音响器材、邮费、电话费、交通费等。需要用餐时还应加上餐费。

9. 其他准备工作

如会场的布置、音响设备的调试、礼品的准备、座次的安排、工作人员胸卡的制作以及与会人员的仪态举止训练等。

小资料

新闻发布会应准备的材料

第一，发言人的发言稿。发言稿既要紧扣主题，又要全面、准确、真实、生动。

第二，回答提纲。为使发言人在现场回答问题时表现自如，可事先预测一下记者将要问到的问题，并准备好答案。

第三，报道提纲。可事先将报道重点、有关的数据、资料编印出来，作为记者采访报道的参考资料。

第四，其他辅助材料。如图片、实物、模型、录像、光碟等，目的是增强发言人的讲话效果，加深与会者对会议主题的认识和理解。

微型案例

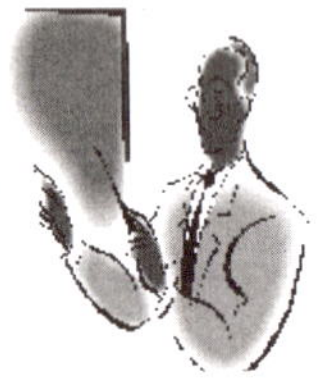

借机造势

据说，菲亚特集团曾举行过一次别具一格、影响颇大的记者招待会。会场设在意大利第三大城市、皮埃蒙特大区首府都灵，1 200 多名欧美记者云集一方，通过卫星电视将罗马、巴黎、伦敦、法兰克福、马德里与都灵连成一片。菲亚特集团汽车公司董事长吉德拉即席回答了 6 大城市的记者提问。数千里之隔的一问一答，情景交融，浑然一体。

从新汽车的设计、性能、特点到菲亚特集团的经营管理、市场竞争等问题，吉德拉都对答如流。出现在欧洲6大城市面前的这位企业家，头脑敏捷、目光锐利，展现出了雄心勃勃冲向国际市场的形象。

在这场世界规模的记者招待会前，菲亚特集团还在都灵举办了盛况空前的歌舞会，特聘意大利广播电视公司明星、节目主持人门塔那和玛丽亚、黛莱莎、丽塔登台表演，歌舞会的观众多达2万余人。两次标新立异的活动，使人们对菲亚特集团投资16亿美元的新产品——新颖、美丽而又实用的“蒂波”汽车留下深刻印象。“蒂波”汽车进入市场第一个月，订货量高达60 000多辆，成为意大利和一些欧洲国家的畅销车。

菲亚特集团的新产品“蒂波”汽车之所以大获全胜，成为畅销车，要归功于别具一格的记者招待会的轰动效应，而这次招待会的别具一格离不开构思的奇异、准备的周密以及董事长吉德拉的对答如流。

资料来源：王玉苓编著:《商务礼仪案例与实践》，人民邮电出版社2018年版。略有改动。

问题：从案例中你能学到什么？

二、新闻发布会的程序

召开新闻发布会，会议的程序要安排得当，以免给记者不好的印象。

1. 签到。在接待处设签到处，接待时最好由组织的某位主要人物出面迎宾，以显示出组织对活动的重视，给来宾及记者们留下好印象。与会人员应用预先准备好的笔在签到簿上签上自己的姓名、单位、职业、联系电话等。

2. 分发会议资料。应发给每位来宾一个事先准备好的资料袋，其中有：新闻发布稿、技术性说明（必要时发放）、主持人的传略材料和照片，以及会上要展示的产品或模型的照片。

3. 宣布会议开始。会议开始时主持人简要说明召集会议的目的，所要发布的信息或事件发生的背景和经过等。

4. 发言人讲话。发言人讲话要措辞准确，讲清重点，吐字清晰、自然，可以就某些内容做重点、详细的讲述。

5. 回答记者提问。发言人要准确、流利自如地回答记者提出的各种问题，态度要诚恳、语言要精练，对于保密的或不便回答的问题不要避而不谈，可以用幽默的方式进行回答。不要误导记者写对组织不利的报道。另外，对记者的提问，不要随意打断，也不要以各种动作、表情和语言对记者表示不满。

6. 接受重点采访。如果记者有这样的要求，应尽力安排，给记者更多了解组织的机会。

7. 宣布会议结束。如果有条件，社会组织还可举行茶会或酒会，以便与记者进一步沟通，加强与媒介的联系。

8. 安排其他相关活动

新闻发布会后，可以邀请记者和与会嘉宾一起参观企业或者试用产品，或安排小型宴请。

微型案例

宏达公司召开"新品面膜"新闻发布会

2019年夏天，宏达公司旗下某著名品牌召开"新品面膜"新闻发布会。

主题：邀请您参加新品体验会。

地点：上海市某酒店

拟邀请的出席人员：生活频道、音乐频道、各大报纸、各个时尚杂志负责人。

司仪：时尚频道主持人李萌。

女主角：产品的形象代言人，某影视明星。

资料：宣传资料和光盘、新品试用装。

新闻发布会程序：

第一，由宏达公司发言人介绍"新品面膜"的生产情况，并请产品专家出示检测结果。

第二，影视明星介绍敷面膜的体会以及正确方法。

第三，技术人员详细介绍"新品面膜"。

第四，邀请记者参加不同品牌的面膜试用，亲身体会该新品的与众不同。

第五，宏达公司代表接受媒体记者采访。

第六，代言人接受各大媒体提问与采访。

第七，招待自助餐。

问题：从上述案例中你学到了什么？

提醒您

召开新闻发布会时的注意事项：

第一，在新闻发布会上发言人讲话应简明扼要，重点突出，清晰流畅，对记者提问要随问随答，回答诚恳而巧妙。

第二，发布的信息必须准确无误，发现错误应立即更正。对于不便发表和透露的内容，应委婉地做出解释。

第三，各位发言人在重大问题上要统一口径，切忌说法不一。

第四，不要随意打断记者的发言和提问，也不能以各种表情、动作表示不满。对各方记者要一视同仁，不能厚此薄彼。

三、新闻发布会的会后工作

发布会结束后，应在一定时间内对其进行一次认真的评估工作。

1. 了解新闻界的反应

对照来宾签到簿与来宾邀请名单，核查新闻界人士的到会情况，了解一下与会者对此次发布会的意见或建议，尽快找出自己的缺陷与不足。

2. 整理与保存会议资料

主办单位需要认真整理保存的新闻发布会的有关资料，大致分为两类：一类是新闻发布会自身产生的图文声像资料，以备查考利用；另一类是新闻媒介对本次新闻发布会的报道情况，包括有利报道、不利报道和中性报道。

3. 酌情采取补救措施

如果出现不利的新闻报道，应该马上采取行动，说明真相，向新闻机构提出要求；如果不利报道是真实的，要通过媒体向公众道歉。一般新闻媒介对组织的不利报道可分为以下几种情况：

第一，是事实准确的批评性报道。组织对这类报道应虚心接受，有则改之，无则加勉。

第二，是由误解而出现的失实报道。组织对于媒介的失实报道，应当及时通过恰当途径联系新闻媒介，将问题解释清楚，消除误会，达成一致。

第三，是有意歪曲事实的敌视性报道。组织对于具有敌意的报道，应讲究策略地与媒介进行再次沟通，立场坚定，尽量为组织挽回声誉。

第四，借助政府机关、权威机构和人士等的间接传播，以提高危机处理过程中组织的形象认可度。

四、新闻发布会的礼仪技巧

1. 介绍新闻发布会的目的，也要介绍到会的主要宾客及发言人。

2. 在会场中安排一些图片、模型以及其他工具，借此让嘉宾和记者们对本次活动有更进一步的了解。

3. 尽量有礼貌地准确地解释所发生的事件及进展的情形如何。

4. 态度要诚恳，对所发生的危机表示遗憾和关注，对受害者及其亲属表示同情和安慰。

5. 发言人微笑要慎重，要看具体针对的是哪一种主题的新闻发布会。

6. 别忘记需向到场的记者们提供新闻稿。

7. 有礼貌地控制会场秩序，保持有序提问。

8. 回答问题尽可能让记者满意。

9. 会议结束，应该向在场的记者道谢，然后从主席台附近的门离开。

10. 个别记者有特殊要求，想针对某一问题进一步采访，可以请其在会议结束后再进行采访。

牢记要点

在新闻发布会中牢记下列“不要”：

不要对前来参加新闻发布会的记者厚此薄彼；

不要推测危机的结果，特别是伤亡的人员及数量；

不要使用行话，避免别人听不懂；

不要推卸责任，即使确定组织不负主要责任，也要委婉地说明；

不要发布不准确的消息；

不要求记者一定刊登什么或不刊登什么；

> 不要拒绝记者提问，即使不能回答，也要说明原因；
> 不要查看记者所写的报道，但可提出问题，阐明真相；
> 不要抱怨组织领导或同事以前如何如何等；
> 不要指责临阵退却的同事，因为会有更重要的工作需要去做；
> 如果组织没有什么可以隐瞒的，不要轻易采取低姿态等。

小　结

关键术语

签约仪式　开业典礼　剪彩仪式　新闻发布会

本章小结

1. 签约仪式，是商务活动中合作双方或多方经过谈判或协商，就彼此间的商务活动、商品交易等达成协议、订立合同后，由双方代表正式在有关的协议或合同上签字的一种庄严而隆重的仪式。

2. 签字仪式的准备工作包括：(1)布置好签字厅；(2)准备好签字用具；(3)签署涉外商务合同时，需在签字桌上摆放双方国旗；(4)确定好签字人员；(5)做好需签署的合同文本。

3. 签字仪式的正式程序：(1)签字仪式正式开始，有关各方人员进入签字厅；(2)签字人正式签署合同文本；(3)签字人正式交换已经由各方正式签署的合同文本；(4)共饮香槟酒互相道贺；(5)拍照；(6)公证。

4. 开业典礼是商业活动中，各类企业、商场、酒店等在成立或开张时，为达到宣传自己的目的，营造一个良好的开端，经过精心策划，按照一定的程序专门举行的一种庆祝仪式。

5. 典礼活动的类型：(1)开业典礼；(2)周年纪念庆典；(3)竣工典礼；(4)剪彩仪式；(5)本单位荣获某项荣誉的庆典活动。

6. 开业典礼的准备工作包括：(1)做好开业典礼的舆论宣传工作；(2)准备开幕词、致答词；(3)拟定典礼程序；(4)做好来宾邀请工作；(5)发放请柬；(6)做好场地布置工作；(7)做好各种物质准备；(8)安排接待服务人员。

7. 开业典礼的程序有：(1)迎宾；(2)典礼开始；(3)致贺词；(4)致答词；(5)揭幕；(6)参观；(7)宴请。

8. 剪彩仪式，是指有关单位为了庆祝组织开业，宾馆、商店等机构的开张，高楼大厦的落地启用，道路或航线的开通等，而聘请知名人士用剪刀剪断红色缎带的庆典活动。

9. 剪彩的用具包括红色绸带、新剪刀、白色薄纱手套、托盘以及红色地毯等。

10. 剪彩仪式的程序有：(1)邀请来宾就座；(2)宣布剪彩仪式正式开始；(3)奏本单位标志性歌曲；(4)领导致辞；(5)开始剪彩；(6)陪同参观。

11. 新闻发布会是社会组织为了宣布某项重要消息，把有关新闻机构的记者召集在一起，进行信息发布的一种特殊形式的会议。组织召开新闻发布会的目的是及时、公正地把组织的重要信息传递给社会公众，让社会公众对自己有明确的认识。

12. 新闻发布会举行的相关事宜有：(1)确定新闻发布会的地点；(2)确定新闻发布会的时间；(3)确定邀请的对象；(4)拟发邀请信；(5)选择新闻发布会的主持人和发言人；(6)准备好新闻稿等资料；(7)准备好记者有可能提出的问题的答案；(8) 预算会议所需费用；(9)其他准备工作。

13. 新闻发布会的程序包括：(1)签到；(2)分发会议资料；(3)宣布会议开始；(4)发言人讲话；(5)回答记者提问；(6)接受重点采访；(7)宣布会议结束；(8)安排其他相关活动。

14. 新闻发布会会后的工作包括：(1)了解新闻界的反应；(2)整理与保存会议资料；(3)酌情采取补救措施。

知识结构图

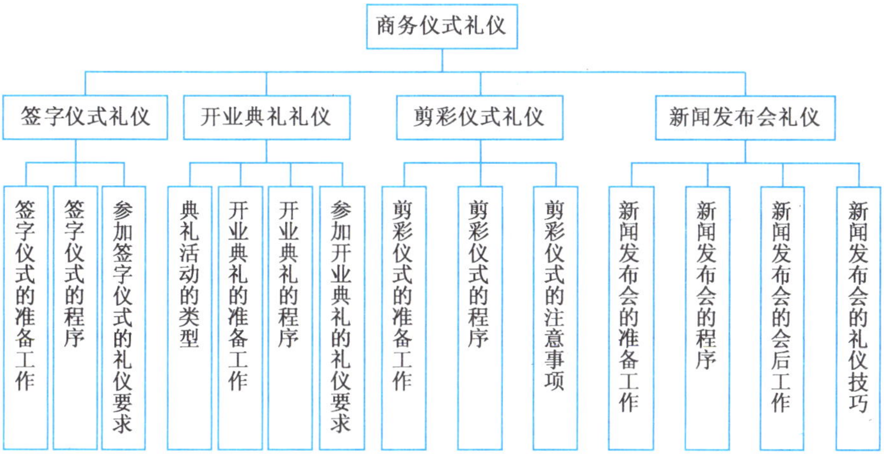

应　用

案例研究

案例一

揭牌仪式

杭州某学校为了庆祝学校一新建的实训基地落成，想举办一个正式的揭牌仪式，并将此任务布置给文秘专业的大三学生，由其拟定一个揭牌仪式的方案。学生们认为揭牌仪式与开业典礼的仪式差不多，所以在拟定揭牌仪式的时候也参考了开业典礼的仪式。于是初步拟定的揭牌仪式的流程包括：(1)迎宾；(2)典礼开始；(3)致贺词；(4)致答词；(5)揭牌仪式；(6)参观实训室；(7)宴请。然后学生们交给老师看，但是老师看后觉得有些不足，需要继续完善一下。

问题：

1. 请问还有哪些不足？

2. 如果让你来制作揭牌仪式的方案，你会如何去做？

案例二

开业典礼方案

——天地公司开业庆典

庆典时间：2019 年 9 月 9 日上午 10：00

地点：天地公司

名称：天地公司开业庆典活动

简介：天地公司于9月9日在公司所在地隆重举行开业庆典仪式，届时会有许多当地的商界人士、新闻媒体人士及市政府领导出席。活动中，大家可以了解到公司代理的各种酒类产品，同时公司准备了丰盛的晚宴款待各位嘉宾，另外还有内容丰富的娱乐活动请大家共享欢乐。

9：00～10：00 礼仪小姐迎宾

10：00～10：30 开业典礼正式开始

1. 全体起立，唱国歌
2. 主持人介绍到场嘉宾
3. 嘉宾代表发言祝贺
4. 主人致答词
5. 邀请嘉宾揭幕

10：30～11：00 参观公司

11：00～12：30 公司在亚洲大酒店设宴，请嘉宾共进午餐

17：30～18：00 在度假村酒店星光厅迎宾

18：00 开始入席

18：10 司仪邀请张总经理致辞

致辞完毕，晚宴正式开始

19：00～20：30 精彩节目表演及黄金抽奖活动

20：30～22：00 世纪之星夜总会活动

问题：

1. 案例中的开业典礼有不足之处吗？如果有，请指出。
2. 开业典礼需要有哪些环节？

实验实训

1. 丽华公司与天地公司举行签字仪式，请同学们按照签字仪式的礼仪要求，设计两家公司的签字情景。

2. ××电动自行车有限公司是一家全国知名的电动车专业生产单位，产品质量深受业内专家和消费者的好评。为争当行业内的“领头羊”，公司投入大量的财力和技术力量，建设了新的厂房，也分析了市场压力和潜力，认清当前的形势，设计了一批符合市场需求和环保要求的电动车。为此，公司准备召开全国客户洽谈会暨产品发布会。请拟写一份参加会议人员的名单，做好接待工作，并组织召开此次新闻发布会，注意会场的布置。

复习思考题

1. 新闻发布会是按照怎样的程序进行的？
2. 组织在举行剪彩仪式时应注意哪些方面？
3. 筹备开业典礼需要进行哪些方面的准备工作？
4. 组织举行签字仪式需要做好哪些方面的准备工作？

第六章 商务会展礼仪

学习目标

知识目标：掌握商务会议活动的基本要素以及商务会议的基本类型。
技能目标：掌握举办商务会议的主要礼仪。
掌握组织展览会的主要礼仪。

引入案例

上海外国语大学志愿者 15 种语言服务进博会

2019 年 10 月 17 日，距离第二届进博会开幕还有 18 天。上海外国语大学针对 2019 第二届中国国际进口博览会组织志愿者展开了多种语言专业培训，让上海外国语大学志愿者在进博会志愿服务中更好地展现志愿者的风貌，为本届进博会贡献更多力量。

据了解，上海外国语大学共有第二届进博会志愿者 447 名，是上海市高校进博会志愿者参与学生人数最多的学校，涉及英语、法语、西班牙语等共 15 个语种，将为第二届进博会国外展商和观众服务提供保障。

资料来源：《上观新闻》，2019 年 10 月 18 日。

问题：进博会组委会为什么要对志愿者开展 15 个语种的培训？

第一节 商务会议礼仪

商务会议是一种围绕特定商务目标进行，以口头发言或书面交流为主要方式，有组织、有计划的商议活动。

商务会议作为一种重要的交流、管理手段，在集思广益、传递信息、资源共享等方面发挥着越来越重要的作用。

一、商务会议活动的基本要素

（一）会议人员

会议人员是指参与商务会议的人员，包括会议主体、会议客体以及其他与会议有关的人员。

1. 会议主体是指主要策划、组织会议的人员，包括主办者、承办者、支持单位、赞助单位、协办单位等。

微型案例

2019 浙江乌镇·第六届世界互联网大会

大会时间：2019 年 10 月 20 日—22 日

大会地点：乌镇互联网国际会展中心和"互联网之光"博览会扩建展馆 A 馆（浙江省嘉兴市桐乡市乌镇）。

大会主题：智能互联 开放合作——携手共建网络空间命运共同体

大会聚焦"科学与技术""产业与经济""人文与社会""合作与治理"四大重点板块，共设 20 个分论坛，秉持开放、平等、互信、共赢的理念，邀请全球互联网领军人物及重量级嘉宾共同探讨与回应当前国际社会对 5G、人工智能、物联网等新技术、新业态发展的深度关切。

与会人士有来自数十家全球知名互联网企业及多家传统产业和 500 强企业的高管，我们熟知的有百度董事长李彦宏、网易 CEO 丁磊、小米创始人雷军等，还有前一段时间刚刚辞去阿里巴巴集团董事长的马云也出席了大会。除了企业高管，大会还有十余名国际互联网名人堂入选者、互联网教父级人物、图灵奖获得者和诺贝尔经济学奖获得者以及多位重要国际智库的负责人和社会知名人士参加。

本届世界互联网大会启用了互联网之光博览中心，累计超过 10 万人次参观，参观人数和境外观众数量均创造了新的纪录。本届大会发布了 15 项闪耀全球的世界互联网领先科技成果和 3 份重要报告，即《世界互联网发展报告》《中国互联网发展报告》和《乌镇展望 2019》。

问题：该案例中的会议主体包括哪些组织或个人？

提示：商务会议的主体成员可能是多个组织或个人。

2. 会议的客体，即参加会议的对象，包括正式成员、列席成员、特邀成员、旁听成员。与会者的数量是决定会议规模的主要因素，一般来说与会者的人数越多，会议的规模也就越大。

3. 其他与会议有关的人员包括主持人、会议秘书人员和会议服务人员等。主持人往往也可以被看作是会议的召集人、组织者或引导者。对于一般的小型会议，主持人也可以是召集人；而对于一些大型的会议，主持人就有可能会充当更多的角色，既是会议的组织者，也是会议的引导者。主持人对会议的正常开展和取得预期效果起着领导和保证作用。

（二）会议名称

会议的名称要求能概括并能显示会议的内容、性质、参加对象、主办单位，以及会议的时间、届次、地点、范围、规模等。当然，具体的某一次会议不可能也没有必要将上述项目全部展示，应视会议的具体要求而定。

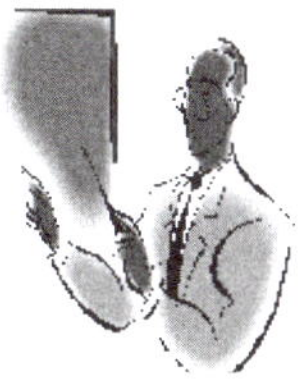

微型案例

会议名称

“刘通船闸管理所第一季度安全分析会”显示会议单位、会议性质，会议时间不具体。

“荆州职业技术学院 2020 年学生工作会议”则显示了单位、时间、性质。

“中国交建 2020 年度第一次 A 股类别股东大会”则显示了单位、时间、届次、范围、规模、性质、参加对象。

问题：我们如何定会议名称？

提示：可以依据会议实际情况对会议名称要素进行适当增减。

会议名称必须用确切、规范的文字表达，它既可用于会议的“会议通知”，使与会者心中有数，做好准备，又可用于会议的宣传、扩大会议的效果。大中型会议的会议名称用电子屏显示或做成横幅大标语，置于会议主场中的前方或后方，作为会议的标志，简称“会标”。会标必须用全称，不能随意省略，必须使用简称的，简称应当规范，以免语意不顺或文理不通，产生误会。目前很多大型的商务会议通常制作背景墙或电子背景墙，采用中英文对照，将商务会议的名称、会议时间、主办方等基本信息采用艺术形式全面展示在背景墙上。

（三）会议议题

商务会议的议题是根据会议目标来确定并付诸会议讨论或解决的具体商务问题，是商务会议活动的必备要素。举行会议首先要明确为什么“议”和“议”什么。每一次商务会议的议题应尽可能地集中，不宜过多，不宜太分散，尤其不宜把一些不相干的问题放在同一会议上讨论、研究。否则，就会分散与会者的注意力，不利于问题的解决。

微型案例

会议议题

二十国集团领导人应对新冠肺炎特别峰会于 2020 年 3 月 26 日举行，由沙特阿拉伯王国主办，以视频方式举行，习近平主席出席峰会。这是 G20 历史上首次举行领导人视频峰会。

新冠肺炎疫情在全球多点暴发并蔓延，产生严重的政治、经济、社会影响。国际社会迫切希望加强合作，抗击疫情。G20 是全球危机应对和经济治理的重要平台，汇聚了主要发达经济体和新兴市场经济体，在应对 2008 年国际金融危机过程中发挥了重要作用。在此关键时刻，G20 就新冠肺炎疫情专门举行峰会，就应对疫情蔓延、稳定世界经济进行沟通与协调，具有重要意义。

问题：如何确定会议议题？

提示：会议主题既要明确，也要进行适当提炼，便于传播。

（四）会议的时间

会议时间是指商务会议的召开时间和会期两方面。会议的召开时间，指的是会议什么时候开始和结束的时间节点。会期通常是指会议期间聚会、活动一次以上的会议，从开始到结束之间所需的时间段。会议可短可长，少则几分钟、几十分钟，多则数小时、几天，甚至十几天。会议组织者应尽可能准确地预计会议需要的时间，在会议通知中写明，及时通知与会者，便于与会者有计划地安排。

（五）会议地点

会议地点是指商务会议召开的举办地，也可具体指举行会议活动的场所。为了使会议取得预期效果，应根据会议的性质和规模，来综合考虑会场的大小、交通情况、环境与设备是否适合等因素。而有些重要会议在选择会议地点时，还要考虑其政治影响或经济效果。商务会议较多地选择在条件较好的公司所在地或者交通便捷的地区。政府组织的商务会议不选择在风景名胜区。

微型案例

沃尔玛首次全球董事会在中国召开

沃尔玛百货有限公司首次全球董事会会议在中国深圳召开。沃尔玛百货有限公司董事长罗伯·沃尔顿说："之所以把首次全球董事会放在中国开，是因为中国对沃尔玛有着双重重要意义。首先，多年来我们一直依赖中国为我们提供优质商品。此外，我们从 1996 年开始在中国开设零售分店。我觉得董事会成员应该亲自到这些店来看看，了解中国这个市场对于沃尔玛的价值及重要意义。"

问题：如何选择会议的地点？

提示：会议地点要结合会议层次、性质、规模等要素来确定。

（六）会议方式

会议方式，即为了提高会议效率，实现商务目的而采取的各种形式或手段，如现场办公会、座谈会、观摩会、报告会、调查会、电话会等。现在随着电信媒体的广泛运用，有些企业已采用"虚拟实境会议"，也就是"视频会议"，还有有线电视、卫星传讯等手段，使得企业在开会方式上面临空前的发展。这些手段的运用除了注重人性的考虑，最重要的是使远距离沟通变得容易，不仅免除了舟车劳顿之苦及车费的开销，而且还使各分公司能与总公司紧密联系。招商银行就运用了视频会议系统，该系统帮助招商银行节省了会议时间和费用，促进了全国各地分支机构之间达成高效、及时的跨区域会议交流。

（七）会议结果

会议结果，即会议结束时实现目标的情况。会议结果可能会与预想的目标一致，也可能与预想目标有一定的差距。会议最好能达到会前预设的目标，如果不能，会议也要求至少要有会议结果，即使只是一个初步的决议或达成初步协议。通常可以以会议决议如董事会决议、合同、条约、协定、声明等文件的形式记载下来，可以归档保存，也可以直接传达。

二、商务会议会前礼仪

（一）约请客人

商务会议一般需要约请客人，约请客人时要讲究礼仪，要弄清楚客人的姓名、公司名称、主营业务、客人的职务、会议的目的，对于不同的客人要采取不同的约请方式，但是必须注意的是任何约请必须明确时间、地点、会议对象，要通过一定方式给予确认，对于重要的客人必须亲自面请，并送交请柬备忘。

约请客人，最好事先对客人进行基本的信息汇总，哪些属于贵宾、哪些属于嘉宾等，客人的姓名、性别、社会职务，联系人员、联系方式等，公司委派去约请的人员是谁、联系方式等，避免遗漏和出现差错。

微型案例

2010 年 4 月 6 日至 9 日，时任上海市市长韩正率上海市代表团赴台举办了为期 4 天的访谒，在访谒台湾百年名校——台北中山高级女子中学——时，给学生们上起“世博课”，向他们推介还有不到一个月就要揭幕的上海世博会。

“再过 25 天，上海世博会就要开幕，这是世博第一次在发展中国家举行，也是初度以都市为主题，我在此约请在座的师生前往上海参加世博千人夏令营。”韩正在起头演讲前，就发出对台湾师生的热情约请。

当韩正市长问起“想不想去上海？想不想去看世博会？”时，师生们一声声发自心田的“想”响彻了整个礼堂。

3 个月之后，作为“市长的客人”，包括台北中山高级女子中学在内的 16 所台湾中学的 850 名师生如约来到上海，参加在 7 月 19 日至 22 日进行的“2010 沪台青少年走进世博千人夏令营”。

问题：案例中的韩正市长是如何约请客人的？

提示：不同的会议以及不同的邀约人可以采取灵活的方式来约请客人。

（二）商定流程

商务会议主办方应当与受约方进行充分的协商，充分尊重对方意愿，在不损害基本原则的基础上，尽可能就会议流程达成一致，并形成文本加以确认。

所有会议流程形成的文本必须在与会代表报到时一并提供。

微型案例

甲公司与乙公司计划通过一个商务会议就产品的研发达成一个初步的合作意向。

秘书晓艾奉命代表甲公司与乙公司协商会议流程，很短的时间，晓艾就与乙公司就会议主要研究事项的协商流程达成了基本一致，可是商务会议举行时，却很不顺利。

问题：如何确定会议流程？

提示：商定流程不能限定在流程本身，一定要首先确定一个会议主持人，否则会议将无法正常举行。

(三)落实会场

商务会议要确定好会议时间,包括开始时间、结束时间,每一个流程所需要的时间段;要确定好会议的形式,包括在现场办公会、座谈会、观摩会、报告会、调查会、电话会等形式中遴选与确定;要根据会场交通便捷程度、会场容量、环境与设备是否适合等因素落实会场。最恰当的会议地点尤其是旅游热点,一定要提前预订,不能心存侥幸,拖到即将开会时才去匆匆落实。

微型案例

某采购商招标一批计算机软件产品,约请了20余家计算机软件供应商,供应商应约来到某地采购商选定的宾馆后,发现没有网线,客商无法上网查询任何信息,引起客商极大的不满。

问题:如何选定会场?

提示:落实会场的同时必须注意相关配套设施与条件。

(四)安排座次

1. 会见的座次安排。会见通常在专门的会客厅、会议厅、办公室等场所举行。外国有时宾主各坐一边,有时穿插坐在一起。我国习惯在会客厅会见,双方一般应分边而坐;主方坐左边,客方坐右边;主宾席靠近主人席;译员、记录人员坐在主人或主宾的侧后边。主方陪见人在主人左边一侧按身份高低依次就座,其他客人按礼宾顺序在主宾一侧就座。座位不够时可在后排加座。

2. 会谈的座次安排。双边会议通常采用长方形、椭圆形或圆形桌子,宾主相对而坐,以正门为准,主人应位于背门一侧或门的左侧,来宾面对正门而坐或坐在门的右侧,双方主谈人居中。

我国习惯把译员安排在主谈人右侧,但有的国家让译员坐在后面,一般应尊重主人的安排。其他人按礼宾顺序左右排列。记录员一般安排在后面,参加会谈的人数不多时,也可安排在前面就座。

如会谈桌一端向正门,则以入门的方向为准,右为客方,左为主方。多边谈判,座位可摆成圆形、方形等。小范围会谈时,有时不用长桌,只设沙发,双方座位按会见座位安排。

小资料

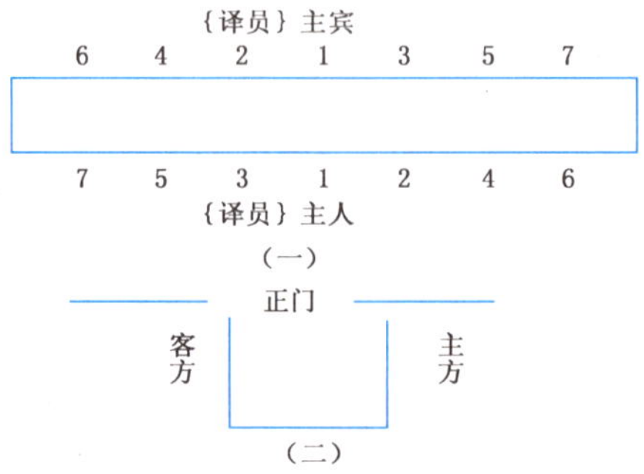

会谈的座次安排

提醒您

参加商务会议应遵守的礼仪

1. 准时到会，不迟到，不早退。遵守会议各项准则和要求，尽力参与，把会议开得圆满、成功。

2. 服饰得体，注意仪表、仪容、仪态，举止大方自然，待人彬彬有礼。

3. 虚心听取别人发言，不随便打断别人的谈话，万不得已要插话，应使用礼貌用语。

4. 自己讲话时应顾及全体在场人员，力求突出重点，简洁明快，不能乱发议论，扯些无关紧要的东西，耽误别人的时间。

5. 会风民主、平等，以协调、讨论、沟通为要旨，切忌死气沉沉，以势压人和争吵斗殴；切忌三五成群，搞小动作或拉山头、搞宗派；切忌离开会议主题去从事其他私人性的事情。

三、商务会议会中礼仪

（一）迎候致辞

举办商务会议时，主人应提前到达，并在大楼正门口或者接见厅、会见室门口迎候。迎候人员一般为公司负责人、公司接待负责人。重要来宾进门后，由主客逐一向主人介绍；对一般来宾可以在入座后分别介绍宾主双方。

商务会议中，主宾双方均可致辞，一般是主人先致欢迎词，然后由客人致答谢辞，致辞均不宜太长，最好事先拟好讲话稿，主要表示对主人的感谢和预祝会议圆满成功。

微型案例

天地公司邀请八位外地重要客户到公司参加商务会议，公司总经理在进入公司所在城市的高速公路出口等候，每接到一位客人就转给随从人员带到公司，八位客人深受感动，商务会议取得了前所未有的成功。

问题：迎候客人需要注意哪些礼仪？

提示：迎候表明了一种尊重、一种盛情和一种严谨，这是最好的商业合作伙伴具备的优秀品质。

（二）赠礼合影

1. 赠礼。参加商务会议的双方致辞后，可以互赠礼品，礼品不需要价值昂贵，但一定要有特色，能够体现公司的品位和表达公司对客人的尊重。国有企业除了在涉外商务活动中可以考虑赠送具有纪念意义的价值不高的礼品外，一般不宜互赠礼品。

2. 合影。商务会议的合影应事先安排好合影位次，一般是主客居中，主人的右侧为上，第一排人员既要考虑身份，也要考虑拍摄效果，主要会议人员应当事先用红条写好姓名，贴在座椅上，以减少等待时间。人数较多时，应当考虑分排就座和安排蹲、站一些参会人员。随着移动互联网时代的来临，时下商务合影一般采取发送电子版照片方式进行，不再分发纸质版照片。

微型案例

商务会议计划有八人参加，会议组委会安排了八把椅子，并将姓名全部写好后贴在了椅子上，可是，地方一位主要领导临时来到现场，却未有其座位，负责落实椅子的人回去接小孩了，没有及时调整，办公室主任一筹莫展，临时找了把不同型号、没有靠背的凳子，受到公司老总的训斥。

问题：针对会场临时发生的事情，工作人员应该如何去做？

提示：重大商务会议全过程工作人员应当坚守岗位，并留有余地，以备应急。

（三）会中休息

长时间的商务会议会使人疲乏，影响会议效果，会议主持人应掌握会议节奏，注意会中适当休息。

休息时，应当设立特定的吸烟区，以自助方式提供甜点、水果、饮料等，花样可以比较丰富，但总量不需要很多，以免浪费，水果以不剥皮、洗净的为妥，就近放置垃圾桶和一些面巾纸。休息场所还可以播放一些舒缓的音乐以放松心情。

会中休息时要注意提示与会人员吸烟区和洗手间的方位，洗手间里面要注意洗手液、手纸的及时补充。

（四）控制节奏

举办商务会议时要注意控制会议节奏，会议主持人要注意对会议的引导，防止会议跑题。

商务会议要围绕会议目的稳步推进，离开阶段性的会议成果，会议节奏将无法保障。

微型案例

商务会议进行过程中，甲乙双方就一个合作细节产生了严重分歧，会议一下子陷入僵局，这时主持人迅速转换话题，先就一个双方均感兴趣的问题进行交流，气氛一下子活跃起来，会议得以有节奏地推进。

问题：主持人在主持会议时如何控制会议的节奏？

提示：商务会议一定要控制节奏，但是控制节奏又不能采取过激的方式，只能采取艺术方法妥善解决。

提醒您

第一，除陪同人员和必要的翻译、记录员之外，其他工作人员即应退出。在会见、会谈的整个过程中，不允许其他人员随意出入。

第二，主谈人交谈时，其他人员不得交头接耳，也不能翻看与此会谈无关的材料，不允许打断他人的发言，要注意语言的表述。

第三，正式会谈如有新闻记者采访，通常在正式谈话开始前采访几分钟，新闻摄影通常是在主人和主宾站立握手、面向新闻记者时拍摄。然后，新闻记者们一同离开会场，会谈正式开始。

第四，秘书人员需在桌上备好茶水，夏天要加冷饮；会谈时间过长，可适当准备些咖啡或红茶。

四、商务会议会后礼仪

（一）回收文件

商务会议结束后，对于在会议过程中讨论的各种文本，因为是不定稿，流散出去必然产生与正式文本相互矛盾的不良后果，因此，一定要注意及时、逐份回收讨论文本。

微型案例

为了回收商务会议过程中使用的供讨论的文本，晓艾设计了一个控制办法，所有讨论文本的每一页都用底纹在全页标注“仅供讨论使用，会后收回”，文件回收效果显著。

问题：会务组工作人员如何正确回收文件？

提示：回收文件是会后工作的重要内容，也是保守商业秘密的需要。

（二）礼送客人

商务会议结束后，如果没有商务宴请，主人应将客人送至门口或车前，握手道别，目送客人离去后才可退回室内。

秘书人员要在商务会议过程中，做好会见（会谈）人员的食宿、交通、参观访问等一切事宜的服务工作。

（三）印发纪要

商务会议结束后，一定要及时印发会议纪要，会议纪要的语言要简洁，要围绕商务会议取得的成果叙写，对会议明确的合作意向要明确到合作期限、合作当事人、各方的权利义务等，纪要完成后要提交会议各方会签生效。

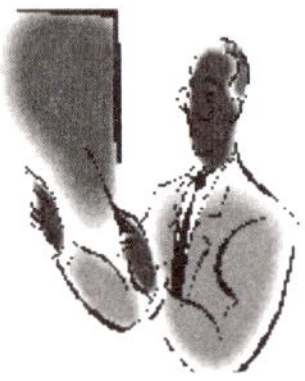

微型案例

甲、乙两家公司达成了一个合作意向，甲公司秘书晓马迅速拟写了一份会议纪要，经过甲公司老总签署后马上进行了印发，乙公司老总知悉后十分生气，终止了与甲公司的合作。

问题：为什么乙公司终止了与甲公司的合作？

提示：商务会议的纪要必须经各方同意，否则，缺乏效力、影响使用。

（四）致函答谢

商务会议结束后，作为训练有素的接待人员，应当以公司的名义，对每一位参与商务活动者及时致函表示谢意，并对会议召开期间的不足表示歉意。致函由老总签发，印制精美，并附有公司标识，这样可以展现公司对商务会议的慎重态度。

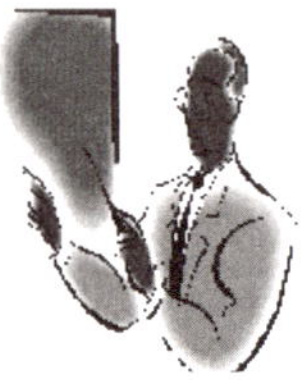

微型案例

甲公司召开的商务会议因为客商太多，秘书晓马在致函答谢时，误装了两份答谢函，产生了很不好的影响，给客商留下了工作马虎的恶劣印象。

问题：如何避免在细节上出现问题？

提示：礼仪工作无小事，商务会议应当和其他会议一样，力争做到完美无缺。

第二节　商务会展礼仪

会展，会议与展览的简称，也可以称为展览会，会展有经济发展和社会进步的“加速器”之称。会展业是一个新兴的、快速发展并被普遍看好和关注的朝阳产业。随着中国经济的快速发展、对外开放的扩大，专业会展人才已成为制约会展业进一步发展的“瓶颈”，已成为经济和社会发展的紧缺人才之一。

成功的会展既为别人推广品牌与产品，还要用另类方式展示自己，树立展商自己“展示品牌的品牌”。

微型案例

首届中国国际进口博览会 2018 年 11 月 5 日至 10 日在上海国家会展中心举行。30 万平方米的“四叶草”国家会展中心吸引了 3 600 多家企业前来参展。众多参展企业携带智能产品、技术和解决方案来到中国。

问题：首届中国国际进口博览会取得成功的原因是什么？

提示：一个成功的会展包含诸多要素的整合，细节影响会展的成败。

一个完整的会展包括：会展的创意、会展的选题、会展的可行性分析、会展的报批与备案、会展的筹备、会展营销、会展现场管理、总结与评价。

会展的主要组织工作有项目策划、主题确认、调研分析、立项申报、展馆预定、招展宣传、展品选定、展品运输、观众组织、展商接待、新闻发布、展场布置、安全保卫、开幕仪式、贸易促进、展会报道、撤展安排、展会总结、税费处理、跟踪服务等。

由于会展是一种创造性的工作，需要通过发掘资源、激发灵感创造新的会展思路，因此，需要从包括会展礼仪在内的各个方面进行全方位的推进。

一、营销礼仪

1. 展馆安排。会展商需要根据展会的特点，选择室内、室外、特装或标准展馆等。目前一般的大型展会均会设立线上展馆。

2. 价格确定。价格的确定主要取决于展会的目的、发展阶段、规模、周边城市举办展会的情况和参考相关的展会价格。

3. 相关宣传：政府主导型展会主要通过指令性宣传，市场运作型展会通过商业广告运作。

4. 招展方式。方式比较多，可以通过价格策略、媒体宣传等多种途径进行。

微型案例

招租策略

1. 借刀杀人。利用行业协会或地方政府有关主管部门的名义去招展，尽管企业不是十分愿意参加，但碍于面子，也只能参加。这种办法在使用时尽量避免不要违反基本原则，防止出现不必要的麻烦。

2. 空城计。对一部分位置较好的展位可做特色设计，并定较高的价格，报价时客户可能会产生疑问，招展人员要告诉他们，这是贵宾展位，享受特殊待遇，包括礼品、午餐等，主要是为业内著名企业准备的，数量不多，而且需要经理审定。出于逆反心理，客户有可能会根据这一点，选择价格比较高的展位。

3. 美人计。模特是会展经常采用的营销方式。车展、服装展多选用漂亮的小姐来担当模特。

4. 围魏救赵。选择人流量较多的时间，在场馆外面举办演出，可以在一定程度上缓解场馆内的人流量，防止出现拥挤现象。

5. 无中生有。在招商过程中，可以向客户介绍一些拟邀请的著名企业名单（拟邀请，就不一定非邀请到，但必须真的发邀请函），可以增加对客户的吸引力，又不违反诚信原则。

6. 抛砖引玉。在你对企业的产品有清晰的了解的基础上，与企业洽谈时故意回避新产品和主打产品，表示你们对他们过去的一些产品感兴趣，同时告诉企业上次展会中社会公众对参展的产品感兴趣，这样可以引起该企业展示新产品或主打产品的愿望。

问题：从上述案例中，你学到了什么？

提示：招租形式应当灵活多样。

5. 广告安排。主要是指在展会上发布各种媒体宣传的广告，包括报刊、网络等。

6. 相关资料准备。主要包括会展需要的各种业务资料和各具个性的宣传资料。

提醒您

以文艺形式招展方法比较

广场大家唱	影响小	成本低	综合 A
邀请歌手	影响小	成本低	综合 B
颁奖晚会	影响中	成本中	综合 C

二、会展组织礼仪

展览会的组织者需要确定参展单位，确定展览场所，分配展示位置，进行展览内容宣传，做好安全保卫，提供辅助服务等后勤工作。

主办单位事先应联系展览场所，初步确定展览时间，制定展览方案，然后根据展览会的内容对拟参展的单位发出正式的邀请或召集，将展览方案告知对方，并成立相应的组织机构。

参展单位的确定，必须注意两相情愿，不得勉强。对于报名参展的单位，主办单位应根据展览会的主题与具体条件进行必要的资格审核，资格审核通过后，在通过资格审核的单位中确定参展单位的正式名单。名单确定后，主办单位应及时地以专函形式正式发出通知，让获准参展单位尽早有所准备。

规划与布置展览现场，划分展览分区，分配展位。分配展位时可以采用竞拍、投标、抽签或是按正式报名的先后顺序的方法。

在展览会入口处或展览会的门券上，应说明参观的具体注意事项，使观众心中有数。

依法履行常规的报批手续，做好安全保卫工作。组织者可以到保安公司聘请保安人员维持秩序，如必要可与有关各方正式签订合同或协议，并且进行公证。为了安全，可找保险公司买保险。重大展览活动组织者要请当地公安部门配合。

微型案例

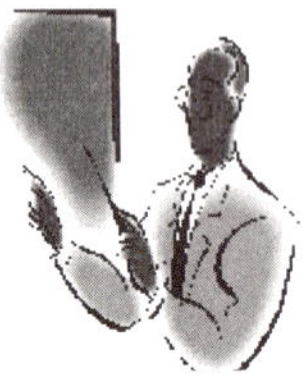

由中国机床工具工业协会主办并与中国国际展览中心集团公司共同承办的“第十六届中国国际机床展览会”于 2019 年 4 月 15 日至 20 日在北京中国国际展览中心(新馆)举行。展会主题为“新需求、新供给、新动力”，占用展览中心全部 8 个展馆，以及位于展馆东侧的 8 个临时展馆，展览总面积 13.1 万平方米。境内与境外展商各占展览总面积的 50% 左右。展会共吸引中国大陆和其他 27 个国家和地区的 1 653 家展商前来参展，比上届增长 5.5%，其中境内展商 812 家、境外展商 841 家，共有德国、美国、瑞士和日本等 12 个国家和地区的行业组织和贸促机构组织国家和地区展团参展。展会期间，展会主办方、各国机床协会、参展企业等 63 家机构组织了 121 场论坛、会议和技术交流活动。为期 6 天的展会共吸引了来自 82 个国家和地区的 125 500 名专业观众前来参观，总人次达 320 484。所有门票全部为电子票，参观者凭特制的入场券，刷卡后自动放行，参观者得以进入，既控制了人流量，又推介了数控技术的新产品。

问题：上述案例成功的原因是什么？

提示：数控产品的会展以数控产品作为门票，将高科技和会展主题产品化，便于参观者保存，提升了会展品位。

三、宣传推介礼仪

对展览会和展览内容进行宣传。宣传形式可以采用公开刊发广告、张贴有关展览会的宣传画、举办新闻发布会、邀请新闻界人士到场进行参观采访、发表有关展览会的新闻稿、赠送展览会门牌、现场散发宣传性材料和纪念品，在举办地悬挂彩旗、彩带或横幅、举办专题活动等。

会展宣传要力求做到新颖、突出重点、反映企业文化、突出社会责任、接近客户和观众心理。

会展宣传的主要宣传品是拓展函、工作手册、相关表格、服务指南。

拓展函也称展览手册，是用来说明展会相关内容的。拓展函多为小册子，也有彩页或折页。拓展函的主要内容是展会的基本内容、背景及意义、工作计划、参展办法和相关图案，拓展函必须明确标示展会名称、展会举办的时间和地点、主办单位和承办单位、展会特色、展品范围和展位价格等主要信息。拓展函的编制原则包括：内容全面、准确，简单实用，美观大方，便于邮寄和携带。

工作手册包括主要活动日程安排、新闻发布会实施方案、展会实施方案、主要服务项目。

相关表格包括征求意见表。一般在展会结束前，由参展商填写，包括需求和下次展会的意向、统计表、调查表。在展会结束之后几天内，发给参展单位。

服务指南主要包括场馆、展位服务指南，餐饮娱乐服务指南，旅游线路安排及景区介绍，城市和场馆的基本资料，参展企业的相关资料。

微型案例

2019 年上半年，某地举办了一次全国性的文博会，参与的客商、游客特别多。组委会编制了简易的会展地图，地图上采用中、英两种语言，标注了各展区参展商的基本分布和展会各种资源，并在地图背面印制了当地的交通旅游图，免费发给参观者，参观者通过地图即能迅速掌握会展基本情况。

问题：你赞同上述案例中的做法吗？

提示：使用地图方便了参展者，也方便了参观者，体现了会展组织者尊重参展者、参观者的良苦用心。

四、辅助服务礼仪

为参展单位提供一切必要的辅助性服务项目，且收费合理。主要包括：展品的运输与安装，车、船、机票的订购，与海关、商检、防疫部门的协调，跨国参展时有关证件、证明的办理，电话、传真、电脑、复印机等现代化的办公设备，举行洽谈会、发布会等商务会议或休息时所使用的适当场所，餐饮服务，参观游览的安排，接站、送站，邮政收发、存取款服务，展览时使用的零配件的提供，供参展单位选用的礼仪、讲解、推销人员等。

微型案例

北京西单图书城经常以出版社为单位组织新书展览，为了便于外地顾客购买，图书城专门设置了柜员机和邮局，顾客可以就近取款和就近邮寄，避免了长途搬运之苦。

问题：展会如何做好辅助服务礼仪？

提示：会展的服务礼仪是全方位的，最大限度为参展商和参观者提供便利是最大的礼仪。

五、工作人员礼仪

在展位上工作的人员应当统一着装，最佳的选择是身穿本单位的制服，或者是穿深色的西装、套裙。参展单位若安排专人迎接宾客时，则最好请其身穿色彩鲜艳的单色旗袍，并胸披写有参展单位或其主打展品名称的大红色绶带。全体工作人员除礼仪小姐外，都应佩戴标明本人单位、职务、姓名和有本人彩照的胸卡。

要努力维护整体形象。工作人员不应佩戴首饰，男士应当剃须，女士则最好化淡妆。站立迎客，不迟到、早退，不无故脱岗、东游西逛，时时注意礼貌待人。

当观众走近自己的展位时，不管对方是否向自己打了招呼，工作人员都要面含微笑，主动地向对方说："您好！欢迎光临！"

解说人员要训练有素，熟悉有关单位和产品的基本情况，熟悉有关资料，在解说的时候能够应对自如。要善于使解说围绕着参展单位与公众的双向沟通而进行，在必要时，还可邀请观众亲自动手操作，或由工作人员为其进行现场示范。

当观众在本单位的展位上进行参观时，工作人员可随行于其后，以备对方向自己进行咨询；也可以请其自便，不加干扰。假如观众较多，尤其是在接待组团而来的观众时，工作人员亦可在左前方引导对方进行参观。对于观众所提出的问题，工作人员要认真做出回答。不允许置之不理，或以不礼貌的言行对待对方。

当观众离去时，工作人员应当真诚地向对方欠身施礼，道以"谢谢光临"，或是"再见！"

在任何情况下，工作人员均不得对观众恶语相加或讥讽嘲弄。对于极个别不守展览会规则而乱摸乱动、乱拿展品的观众，仍需以礼相劝，必要时可请保安人员协助，绝不允许对观众擅自动粗，进行打骂、扣留或者非法搜身。

微型案例

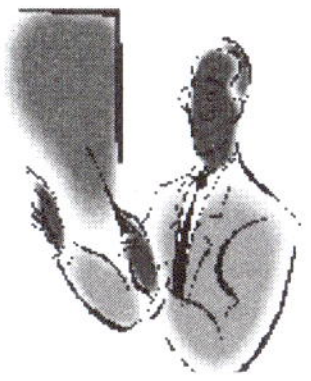

在国际展览中心的一次国际制冷展上，美国“TRAE”公司取得了极大成功，来宾被“TRAE”独特的展示设计所吸引。在亮丽的背景幕布上，悬挂着一张巨幅风景画，象征“TRAE”公司为改善人们的生存环境而奋斗的目标。在展台上，两位美丽动人的小姐带着微笑和来宾合影，一位专业摄影师用一次成像的相机把这一幕变成永恒。短短几天，大约 4 000 人得到了自己与“TRAE”小姐合影的照片。“TRAE”公司成功的展览礼仪企划，一时传为佳话。

问题：从上述案例中你得到什么启示？

提示：会展既是产品展示，也是自身形象展示，会展工作人员应当尽可能满足参观者的合理要求。

小　结

关键术语

商务会议礼仪　商务会展礼仪

本章小结

1. 商务会议活动的基本要素包括：(1)会议人员；(2)会议名称；(3)会议议题；(4)会议的时间；(5)会议地点；(6)会议方式；(7)会议结果。

2. 商务会议会前礼仪包括的环节有：(1)约请客人；(2)商定流程；(3)落实会场；(4)安排座次。

3. 商务会议会中礼仪包括的环节有：(1)迎候致辞；(2)赠礼合影；(3)会中休息；(4)控制节奏。

4. 商务会议会后礼仪包括的环节有：(1)回收文件；(2)礼送客人；(3)印发纪要；(4)致函答谢。

5. 商务会展营销礼仪包括的内容有：(1)展馆安排；(2)价格确定；(3)相关宣传；(4)招展方式；(5)广告安排；(6)相关资料准备。

6. 会展组织礼仪包括：展览会的组织者需要确定参展单位，确定展览场所，分配展示位置，进行展览内容宣传，做好安全保卫，提供辅助服务等后勤工作。

7. 宣传推介礼仪是对展览会和展览内容进行宣传。

8. 辅助服务礼仪主要是为参展单位提供一切必要的辅助性服务项目，且收费合理。

知识结构图

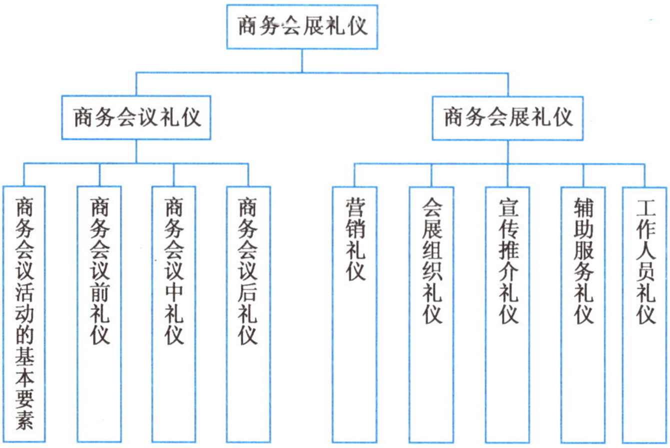

应　用

案例研究

案例一

展览礼仪企划,展览会的灵魂

在第四届多媒体展览会上,一个泰国的多媒体展商展位较大,却门庭冷落,专业人员无用武之地。而邻近展位的LG电脑因有几位小姐的出色的解说、表演、资料礼品的有序派发而使展位门庭若市。同样是参加展览会,最终的结果却不一样。怎样才能在展览会上最大限度地表现公司的优势,这使人们越来越关注。

展览会以其独具的专业性、针对性的特点逐渐成为国际、国内企业直接面对客户、展示自己的极好工具。与此同时一种新的礼仪文化随之诞生,即展览礼仪。展览礼仪最早形成于20世纪40年代法国巴黎的一次展览会,之后在70年代形成规模,并逐步向专业化、正规化发展,20世纪80年代末90年代初,展览礼仪在我国也逐步发展起来,尤其是近几年来伴随展览业的发展,我国的公司对展览礼仪企划也越来越重视。

一、什么是展览礼仪企划

礼仪企划是指通过专业策划公司的精心策划,为参加展览会的公司提供最完美的参展活动设计方案。它包括硬件的展位、展台布置,与之配合的各种声、光、电效果,以及软件的宣传促销活动、展览礼仪模特的培训及包装等,使公司的优势最大限度地表现出来。公司参加展览会的主要目的无非是提高公司的知名度,吸引客户,洽谈合作,在客户心目中树立自己良好的品牌形象。但是要达到这些目的的前提条件必须是:先把尽可能多的人吸引过来。参展企业通常把这个光荣而艰巨的任务交给展览礼仪企划公司来做。

如何进行展览礼仪策划,使企业在万商云集中能一枝独秀呢?

(1)要了解展览会的类型、企业品牌、产品特点、展台风格、展位的周边环境及竞争对手的情况。

(2)通过所掌握的资料进行整个礼仪活动的创意策划。例如,要达到影视效果、解说效果、配音效果等。

(3)根据展示风格，选择礼仪小姐的类型。

(4)根据选择的模特进行服装的设计与制作，展览服装要求新奇悦目，可按创意分为稳重型和明快型。总之，能充分表现一个企业的特色。

(5)根据创意将模特进行分工，例如，对解说员、演员、展示员、接待员进行培训。

(6)展览期间礼仪企划公司的管理及礼仪小姐的发挥也对展览的成功有着很大影响。1996年国际汽车展在国际展览中心举行，世界名车云集，盛况空前，取得极大成功。在成功的背后，展览会中的礼仪企划功不可没。奔驰、宝马、本田、三菱等名车企业不仅在展台设计、技术专业人员上花了大力气，更在礼仪策划、人员的选择与培训、服装的选择等方面下了功夫。当我们走进展览会，本田小姐嗓音清澈的解说，让人赞叹不已；福特小姐的现场表演让人流连忘返，精美的展台、高雅的小姐，更显示出汽车的名牌。这些展览礼仪小姐与汽车的品牌、车型、风格、特点巧妙融合，相得益彰，体现出展览礼仪企划的精细和独具匠心。伴随汽车展的轰动效应，展览礼仪企划更加受到人们的重视。

二、展览模特与展览礼仪企划

提到模特，大家立即想到时装表演，时装模特在服装业中的重要作用大家已认识到了。而对展览模特的了解却较为浅淡。1998年2月的COMDEX电脑展中，一些朋友说，展览模特不就是请几位漂亮的小姐，站在那里发资料吗？这里仅说对了一点，漂亮小姐发资料是为了推广企业形象，但这还远远不够，单单是漂亮的小姐还不能胜任展览礼仪模特，展览礼仪模特还要具备良好的公关素质，如应变能力、动听的声音、流利的解说能力、服装模特的表现能力、丰富的礼仪常识等。有的企业认为本公司中的专业技术人员，完全可以应付，就可不需要礼仪企划。其实回答很简单，那就是宣传和销售是不可分割的。现在这已成为事实。一位企业家曾经这样说："我的产品80%是宣传卖掉的，余下的20%存在库房。"

好的展览企划可以在展览会上使公司活起来，跨出展台，走向更广阔的世界。

资料来源：www.chinasexq.net/html/news/news06/2007827142026483.shtml。

问题：

1. 根据案例，你认为在举办展会中比较重要的礼仪是什么。

2. 请自选主题，做一份展览会礼仪企划。

案例二

特色流动展览会

2019年7月15日上午，"2019漆艺中国行"大篷车行动在北京"詠園"(咏园)启动。"詠園"是首创非遗创新发展平台的首期非遗主题文创园区，于2019年6月28日正式开园。荆州传统工艺工作站作为全国唯一的部级漆艺传统工艺工作站，是首批入驻"詠園"的漆艺专业机构之一，自此以后，工作站有了一个向全国、全世界推广中国漆文化的窗口。

"2019漆艺中国行"大篷车行动，是在文化和旅游部非物质文化遗产司、湖北省文化和旅游厅、荆州市文化和旅游局指导下，由荆州传统工艺工作站和正在筹备中的漆艺传承发展联盟发起。在首创非遗创新发展平台的支持下，载满爱漆人的大篷车从北京"詠園"出发，在2019年夏天开启一次奇妙的中华漆文化之旅。

"2019漆艺中国行"大篷车行动，对全国40余位国家级、省级漆艺代表性传承人进行探访，这既是发现探索之旅，也是创新发展之旅，对于推动中国大漆行业协同振兴具有重要的开创意义。

资料来源：荆州传统工艺工作站 2019 年 7 月 17 日《漆艺大篷车从北京“詠園”出发 拉开大漆行业协同振兴序幕》。

问题：

1. 根据案例，你认为这个流动展览会的特色体现在哪里。
2. 从这个案例中，你学到了关于展览会的哪些知识？

实验实训

1. 某公司将产品送交规模较大的展览会展出，不尽如人意的公司展品被安排在一个最偏僻的角落里，顾客稀少，生意清淡。为了改变这一情况，该公司在展馆门口贴出告示，征求金点子。请你代为设想一个能改变现状的创意设计并做说明，前提是展位不变，参观者和洽谈者纷至沓来。

2. 联系一次在学校所在地举办的会展，承接部分任务，组织学生全程参加，会展结束后，由会展组织方对学生给予评价，并安排学生写一篇 800 字的实训报告。

复习思考题

1. 商务会议会前、会中、会后有哪些礼仪？
2. 会展营销礼仪的主要内容是什么？
3. 会展组织、宣传推介、辅助服务中需要注意哪些礼仪问题？

第七章　求职礼仪

学习目标

知识目标：掌握求职信和个人简历的相关知识。

技能目标：掌握求职前的准备工作，掌握面试时的礼仪，掌握面试时的基本应对方法。

引入案例

普华永道招聘的五道关

审计专业毕业的人，没有不知道普华永道的，普华永道也是毕业生们特别是审计和财会等专业的毕业生们梦寐以求的“四大”会计行之首。然而要进入普华永道，却必须过关斩将——从每年的 11 月上旬到 12 月上旬短短的一个月时间里，应聘者需要历经大大小小五个关。

普华永道的招聘体系非常规范。每年的 9 月份，普华永道中国区会召开一个统一的招聘会议，专门讨论本年度的招聘事宜，分别确定招聘的时间、测试材料等具体事项。虽然招聘的测试程序有五个，但普华永道为每一次的测试确定了明确的时间：什么时候进行第一次面试，什么时候进行外语考试，什么时候宣布应聘结果。有了这样一个明确的时间表，应聘者不用三天两头打电话去询问了。

第一道关：网上提交简历

应聘者的简历都是在网上提交的。普华永道的网站上有对于简历的详细要求，应聘者按照要求填好电子表格，发到普华永道的网上，这算是第一关。

第二道关：英语关

应聘者的第二道关是英语关。在 900 多份应聘简历中，普华永道选取了 600 名左右的毕业生参加英语能力考试。一般为简历提交截止日以后的第五天。“我们的英语考试形式类似于大学课堂中的考试”，普华永道广州人力资源部介绍说，“至于口语能力，我们会在后面的面试中考核。”

第三道关：首轮面试

第一轮面试主要是介绍自己，整个面试过程都是用英语来完成的，由普华永道的各个业务部门经理做面试官。面试官会问一些关于工作经历和工作体会的问题。整个面试过程中，面试者都需要非常自信，而且要有良好的英语表达能力。第一轮面试以后，在 600 名应聘者中有400名左右跨过了第三道关，之后便迎来了第四道关。

第四道关：群体评估

这一道关被称为普华永道的“杀手锏”，也是招聘程序中最重要的一个环节，即群体评估（普华永道称为Assessment Center）。普华永道把通过第一轮面试的应聘者以10个人或12个人为一组，让这10个人就某一个问题自由发挥，而面试官则在一旁观察，看每一个人的表现，并且给他们评分。所有的讨论都要用英语来完成。

第一步要做的是介绍同伴。10个人要分别找一个自己不认识的人，两两搭配，用10分钟的时间相互介绍，然后用3分钟的时间向所有小组成员介绍自己的同伴。这主要是为了测试面试者的交流与沟通技巧，看面试者能不能在短时间内了解对方，并且在更短的时间里向别人介绍对方。

第二部分是主题讨论。面试官会给应聘者几个选题让他们挑选，然后有10分钟的准备时间，然后又是三分钟的时间做陈述。这个测试主要是看应聘者的表达能力。埃森·拉塞尔在他的《麦肯锡方法》中说到一个电梯理论——一名咨询师必须在和客户一起乘电梯的30秒钟内把自己的方案向他说清楚，不然就不会让繁忙的客户对你取得认同。看来，留给普华永道应聘者的3分钟还是挺长的。

群体评估的第三段落是案例解决。面试官给应聘者一个案例，让小组的10个成员共同来解决。每一个面试者都会得到一张纸条，上面是面试官提供的几条相关信息——这些信息是各不相同的，可能是有用信息，也可能是无用信息，需要面试者自己来判断。10个小组成员不能相互交换纸条，只能向别人提供自己手上的信息。这个测试主要是考察你的团队合作能力和领导能力。

经过这一轮考核，400名应聘者剩下了200名。他们要跨越最后一道关卡。

第五道关：最后的面试

最后一次面试，是由普华永道的合伙人来做面试官的。这个时候考核官主要看的就是他们的最终素质。

通过最后一轮面试的应聘者今年大概有60人，这60人即使不被录用，也会接到普华永道的等待通知单，一旦有空缺的职位，普华永道首先想到的就是有等待通知单的人。

问题：通过案例，面试者要经历哪几关才能成为普华永道的员工？成功的面试者需要具备哪些条件？

第一节 求职前的准备

微型案例

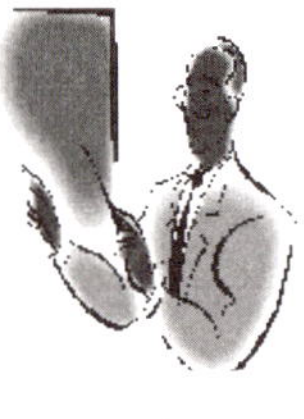

琳达的困惑

琳达今年27岁，现担任某进出口贸易公司文秘，工作已经5年了。照理说一切都是得心应手的，但是琳达近来心情颇不宁静。原来刚毕业的学生接二连三地进入公司工作，他们有着朝气蓬勃的脸庞，带着初生牛犊不怕虎的冲劲，有的学生显然是“皇亲国戚”，这些有利条件对他们而言如虎添翼，事业更是蒸蒸日上。

而自己仍然从事辅助工作，心里不是滋味，回想当年自己单枪匹马进公司拼搏，过五关斩六将，那感觉如同大海中的一叶扁舟，无论惊涛骇浪还是狂风暴雨，自己都挺过来了，如今年龄上的优越感离她远去，失落感油然而生。展望自己将进入而立之年，还是从事这份职业，内心交织着与日俱增的恐惧和自卑感，对工作的激情也在这种心理中磨灭了。

每天早上一睁眼，琳达就觉得一天将特别难熬，觉得自己做秘书的日子到了头。事实上她的收入水平在好友看来已经相当不错了，不过争强好胜的她认为凭自己良好的业绩和资深的经验，可以不受别人压制。为摆脱现状，她脑海里只有一个念头——跳槽。那么往哪里跳？怎么跳？如何越跳越好？未卜的前途令琳达陷入迷茫。她坦言：自己除了从事秘书行业，对别的行业一无所知，另起炉灶，也不知自己适合做哪行？如果不跳槽，难道自己继续面对后辈们虎虎生威的架势，甘愿一辈子当秘书。

问题：如果你是琳达，你将如何做？

一、职业生涯规划

所谓“职业规划”，就是根据自己的现有条件和专长，在对自身了解的基础上确定求职目标、求职方向以及一定时期内的工作方向，是求职者把自己的兴趣、价值观、能力和社会需要、社会就业机会不断协调以进行自身的行为的包装，力求实现个人的目标。

（一）职业生涯规划的作用

一种有效的职业规划有利于明确人生未来的奋斗目标，它能帮助一个人认清自己，在困境中百折不挠，最终走向成功。许多时候，很多事业的失败者，并不是他们没有足够的知识、才能，而是失败于他们走错了门、入错了行，没有对自己进行职业规划，或者没有进行正确的职业规划设计，没有找到适合于他们发展的职业目标与发展机会。职业生涯规划对个人的职业发展有着重要的作用，可以归纳为以下几点：(1)以既有的成就为基础，确立人生的方向，提供奋斗的策略；(2)突破并塑造全新充实的自我；(3)准确评价个人特点和强项；(4)评估个人目标和现状的差距；(5)准确定位职业方向；(6)重新认识自身的价值并使其增值；(7)发现新的职业机遇；(8)增强职业竞争力；(9)将个人、事业与家庭联系起来。

只有科学、合理的职业规划，才能真正地对自己的职业生涯起到指导、促进作用。

（二）职业规划的步骤与方法

职业规划就是将人才与职业进行匹配。既要分析自己的特点和长处，找出优势所在，又要分析职业和社会的发展趋势。

1. 自我分析与环境分析

一般而言，一个人能否成功，很大程度上取决于能否清醒地认识自己。所以我们至少需要从以下五个方面认识自己：我是谁？我想干什么？我能干什么？环境支持、允许我干什么？我最终的目标是什么？

自我评估的目的，是认识自己、了解自己。自我分析包括自己的兴趣、特长、性格、学识、技能、智商、情商、思维方式、思维方法、道德水准以及社会中的自我等的分析。

环境分析也是对职业生涯机会的评估，主要是评估各种环境因素对自己职业生涯发展的影响。环境因素评估主要包括：组织环境、政治环境、社会环境和经济环境的评估。

商务人员通过自我评价与环境分析，可以找出自己职业生涯中存在的问题是什么，对工作是否满意，工作环境如何，别人评价如何，发展潜力有多大，离自己的人生阶段目标有多远。

2. 选择职业生涯目标和职业生涯路线

职业生涯目标的设定，是职业生涯规划的核心。一个人事业的成败，很大程度上取决于有无正确适当的目标。其抉择是以自己的最佳才能、最优性格、最大兴趣、最有利的环境等信息为依据。

在确定职业目标后，向哪一路线发展，此时要做出选择。通常职业生涯路线的选择须考虑以下三个问题：一是想往哪一路线发展，二是能往哪一路线发展，三是可以往哪一路线发展。

如果组织内部仍有发展空间，也可实现自己的近期目标，应考虑内部发展。基本上有三个方向：第一，纵向发展，即职务等级由低级到高级的提升，如从人力资源部文秘晋升为主管；第二，横向发展，指在同一层次不同职务之间的调动，如从人力资源部文秘调至企划部文秘；第三，向核心方向发展，虽然职务没有晋升，但是却担负了更多的责任，有了更多的机会参加组织的各种决策活动，如从人力资源部文秘调至总裁办文秘。以上这几种发展都意味着个人发展的机会。

在正确、客观评价自己和组织的前提下，如组织内部没有发展空间，目前的环境束缚了自己的发展，不利于自身目标的实现，可考虑离开组织，另谋职位。这里可以利用一些工具进行测试，如职业满意问卷等。

3. 制订行动计划与措施

这里所指的行动，是指落实目标的具体措施，主要包括工作、训练、教育、轮岗等方面的措施。

不论选择了什么目标和职业生涯路线，都必须制订计划和措施，以实现自己的职业目标。例如，在工作方面采取哪些措施提高工作效率？在业务素质方面，计划学习哪些知识、掌握哪些技能、提高哪些业务能力？在潜能开发方面采取什么措施开发？这些都要有具体的计划与明确的措施，并且这些计划要特别具体，以便于定时检查。

4. 评估与回馈

俗话说："计划赶不上变化。"要使职业生涯规划行之有效，就须不断地对职业生涯规划进行评估与修订。其修订的内容包括：职业的重新选择，职业生涯路线的选择，人生目标的修正，实施措施与计划的变更等。所以，职业生涯规划也不是一劳永逸的，必须在一定时期内回过头来进行评估与修订。

总的来说，职业生涯规划因人而异，关键是有职业目标，制订周密的实施计划，再不断地评估和修订。

二、研究应聘单位

面试的时候，不论是哪种类型的主考官，都会通过一定的方式具体验证求职者的才能和应对能力，以此来看求职者是不是符合招聘的岗位要求，进而决定是否录用。所以应聘者有三个方面的信息要传达出来：有能力胜任这项工作、很愿意做这个工作、必定适合贵公司和这份工作。这就要求求职者必须对面试企业的情况有所了解。

(一)研究企业的基本情况

必须研究和这家公司相关的各种资料，比如公司成立背景、创立的年代、总公司的所在地、经营业绩、行业地位、经营理念、企业规模、发展趋势、公司产品、产品的市场定位和占有率、主要客户、近几年的成长概况，或是公司负责人和组织成员的名单，甚至包括最近有关新闻媒体对该机构的关注等。

只有研究了这些情况，求职者才会对该企业有更全面的认识，才可以使面试的话题更深入，对方也会了解你的良苦用心，当然也就对你刮目相看了。

接到面试通知后，要查清楚乘车路线，并要留出充裕的时间去乘车。

（二）收集企业资料的途径

可以通过大众传播媒介，如电视、电台、报纸、杂志或互联网等了解应聘单位信息，也可通过亲朋好友等其他途径来了解应聘单位的信息。通过以上途径了解公司的性质、特征、发展前景、所聘职务、待遇、薪金甚至公司领导的喜好等消息，越详尽越好，以使自己有备而去，"投其所好"。

微型案例

最主动的面试

在我国古代，古人的面试也印证了面试的重要作用。

"姜太公钓鱼——愿者上钩"是一个人尽皆知的歇后语。关于这一典故，现存最早的记载见于《武王伐纣平话》卷"姜尚因命守时，立钩钓渭水之鱼，不用香饵之食，离水面三尺，尚自言曰：'负命者上钩来！'"。传说姜子牙大半生穷困潦倒，80多岁时妻子离他而去。得知文王姬昌正在广纳人才的消息后，他便不辞劳苦地来到周的领地——渭水之滨，主动向招聘方靠拢。到渭水后，他先是在提高自己的知名度上狠下功夫，把"渭水河边有个钓鱼的穷老头能断人生死"宣传得神乎其神，家喻户晓，之后又玩起行为艺术——用直钩钓鱼，上面不挂鱼饵，且离水面三尺高。这种奇特的钓鱼方法终于惊动了姬昌。在多次派出官员邀请被拒绝后，姬昌这才意识到，这位钓者必是位满腹韬略的高人。于是，他吃了三天素，然后带着厚礼亲自前往诚心聘请，并立即对姜子牙委以重任。让面试本末倒置，姜子牙当属第一人。

资料来源：王玉苓编著：《商务礼仪案例与实践》，人民邮电出版社2018年版。略有改动。

问题：你如何看待上述案例中所提到的内容？

三、面试前的心理准备

面试是事关前途命运的大事，很多求职者都不由自主地感到紧张、不安，这是很正常的现象。解决的最好办法是面试前做好心理准备，用积极的心态来消除负面心理的影响，满怀信心地在面试中展示自己的风采。

从心理上，求职者要暗示自己：

第一，不必苛求完美。面试时不必妄自菲薄，多想想自己的优点和长处，也不必暴露自己的缺点，因为世上根本就没有完人。

第二，坚信自信是成功的一半。面试还没有开始，很多人的信心大厦就已经垮了，他们不战而败。所以，面试前给自己足够的信心非常关键。

第三，尽量做到不卑不亢。自高自大令人生厌，自轻自贱让人可怜。面试中，最好不要让主考官意识到你在有意讨好他，没有人愿意录用一个可怜的人。

第四，要有耐心和韧性。找工作不能急于求成，要有耐心和韧性，认准了自己选择的路就坚持走下去，要有碰到问题解决问题的勇气。

第五，充分认识适度的焦虑是很正常的。人在大部分情况下都有焦虑，只是表现得轻重不同而已。面试的时候要学会接纳自己正常的焦虑，以平常心去面对自己正常的焦虑，能带着自己正常的焦虑去坦然面试，这才是对付焦虑的最有效的方法。

求职者要树立诚实、自信、谦虚、尊敬他人的心理准备。这需要平时的道德修养的积累。顺利时不要放松、掉以轻心，遇到困难时也不必急躁，不要轻言放弃，积极寻求可行的办法予以解决。但要认识到求职的经历中可能会遇到无数次的失败，只要从头再来，就有可能成功。

微型案例

松下的求职

松下电器创始人，原本家境贫寒，为了养家糊口，年轻的他到一家大电器公司去求职。身材瘦小的他来到公司人事部，说明来意，请求安排一个工作最差、工资最低的活给他。人事部主管见他矮小瘦弱、衣着寒酸，不便直说，就随便找个理由："我们现在暂时不确认，你一个月以后再来看看吧。"

本是推托之辞，可一个月后松下真的来了，那位负责人又推托说有事没空，过几天再说。隔了几天他又来了，如此反复了多次，主管只好直接说出了真话："你衣冠不整是进不了我们公司的。"于是他立即回去借钱买了一身整齐的衣服穿上再来。负责人看他如此实在，只好告诉他："关于电器方面的知识，你知道得太少了，我们不能要你。"

不料两个月后，松下再次出现在人事主管面前："我已经学会了不少关于电器方面的知识，您看我哪方面还有差距，我一项项弥补。"这位人事主管盯着态度诚恳的他看了半天，才说："我干这一行几十年了，还从未遇到像你这样来找工作的。我真佩服你的耐心和韧性。"

松下的毅力终于打动了人事主管的心，他如愿以偿地进入那家公司工作，并经过不懈努力，成为经营之神。可见，保持健康心态，不轻言放弃，坚持下去定能有所收获。

资料来源：秦丹、胡东莉主编：《商务礼仪》，经济科学出版社 2012 年版。

问题：你从上述案例中学到了什么？

第二节　求职相关信函的写作

微型案例

"才子"洪强的遭遇

四年的大学生活就要结束了，作为化学系"仅有的才子"，洪强对那些已经开始着手准备找工作的同学不屑一顾，最后的才是最好的！

在班上大部分同学签了就业协议之后，洪强才开始行动："那些土包子就为求个职，连简历怎么写、写多少内容都去咨询！"洪强花了三个晚上，写了一份三页的求职信、一份四页的个人简历，而且经过润色，使词句流畅，读起来朗朗上口，颇有《少年中国说》的气势。然后，又用整整一天的时间，把求职信进行了精美的设计，最后"不惜血本"，用彩色打印机打印了 20 份，用洪强的话说："这资料，洋洋洒洒万言，管教人家看了就不想放下。"

可事与愿违,20份“精美”的求职材料都寄给了那些他认为比较喜欢的企业,竟然没有一家企业和他联系。

洪强不知道,他的“洋洋洒洒万言”的求职材料和求职简历,使企业一下子失去了往下看的兴趣。每个职位,企业都能收到几十份求职材料,不会有那么多的空闲时间看你的万言书!而且,彩色求职材料,恰恰是最不受企业欢迎的。

可见,即使是准备求职材料这样简单的事情,求职者也要同样予以重视。

问题:洪强的问题出在哪里?

求职书面材料应包括求职信、个人简历、相关技术等级证书、职业资格证书、各级荣誉证书、其他相关资料六个方面的内容。而用人单位往往是通过这些书面材料来判断和评价求职者的现在状况和工作潜力的。

所以说,求职书面材料是毕业生在求职过程中的第一步,是求职者叩开用人单位大门的第一块敲门砖,它往往决定求职者能不能争取到面试机会。求职前制作一份合格的求职书面材料就显得非常重要了。

除求职信、个人简历外,其他材料如相关证书等都是既成事实的,不需要再去制作与加工,所以我们这里讨论的“书面材料”,就是专指求职信、个人简历两项内容。

一、求职信

求职信是求职者写给招聘单位的信函,集介绍、自我推荐和下一步行动建议于一身,并重点突出求职者的背景材料中和企业最有关系的内容,其内容紧紧围绕“我符合要求、我可以胜任、我有诚意应聘等”来展开。

一份好的求职信能体现求职者清晰的思路和良好的表达能力。换句话说,它体现了求职者的沟通交际能力和性格特征。它可以拉近求职者和人事主管(负责人)之间的距离,从而更容易获得面试机会。

由此可以看出,一份好的求职信对于求职者来说是非常重要的。

(一)求职信的内容与格式

1. 求职信的内容

求职信应包含以下内容:写信的动机,即为什么写这封信,在求职信中对个人情况进行介绍,在求职信中要争取获得面谈的机会。

2. 求职信的格式

求职信一般分为三个部分:开头部分说明写信的目的,主体部分阐述谋职资格和工作能力,结尾部分请求对方给予面试的机会。

(1)开头部分首先写上用人单位的称呼,填入合适的问候语,并说明在什么地方了解了用人单位的招聘信息,直接写出这封求职信的具体目的,表明你想寻找什么类型的工作和自己所具备的从事这项工作的知识和能力。撰写时要注意技巧,必须一开始就抓住目标单位的注意力。常见的求职信的开头有三种写法。

第一,赞扬目标单位近期取得的成就或发生的重大变化,表明自己渴望加盟的愿望。

第二,表述自己的特长和能力。

第三,说明具备目标要求的一些技能,然后陈述自己的工作能力,表明你有足够的能力做好此项工作。

(2)求职信的主体部分要概述自己所具有的对目标工作有用的知识和技能。主要包括求职资格、工作经验、相关社会活动经历和个人素质等。应该提及你的个人简历，提示对方查阅相关资料，以便进一步加强对你的了解。

(3)结尾部分主要是请示目标单位做出进一步的反应，给予面谈的机会。写作口气要自然，不可强人所难。

(二)求职信的写作技巧

1. 要说清楚为什么应聘。要列举用人单位的优点及吸引人之处，要表达自己对加盟到该单位的渴望和对该单位真诚的关心。写作时要得体、中肯，不要过分吹捧和有意讨好，以免对方反感。

2. 要说清你希望承担什么工作。应说明你应聘的专业和岗位，但不必太具体，太具体了容易缩小求职范围或与用人单位对不上口径。所以求职信的行文里要有一定的回旋余地，以便使相关的工作也有入选的可能。

3. 有的放矢，说明自己的条件、能力，表达对胜任工作的信心。可以列举自己的专长和曾经获得过的成绩、荣誉等，表明应聘的必备条件，突出自己的工作经历中与所谋职位相关的部分，增强对方的信任感。

4. 注意措辞得体及突出个性的包装。写自荐信既要正确评价自己，对自己的特长、优势、能力有具体、充分的说明，同时也要态度谦虚、语气委婉，做到自信而不妄自尊大，自谦而不妄自菲薄。言辞一定要诚恳、充满热情、有人情味，切不可枯燥、呆板、教条化。成功的自荐信往往还在真实的基础上，通过独具匠心、巧妙构思的包装，达到不同凡响的效果。

5. 内容得体、文法正确。求职信的语气应不卑不亢，不要给人一种你失业后无事可做的印象。尽管你现在有求于人，但不是在讲求施舍，而是以自己的工作能力证明你对别人有用，这是一种等价交换。要检查、确保求职信内容没有错字、文法正确、句子通顺等，以免影响企业对你的印象，因而错失面试机会。

6. 简明扼要。求职信是自我表白，是让人事主管看的。因为人事主管有太多的求职信要看，所以求职信一定要简明扼要，内容控制在两页之内就足够了。

7. 不要提薪水的事情。求职信的目标是建立联系，争取面谈的机会。如果提薪水，单位会认为求职者在钱的问题上是非常计较的。

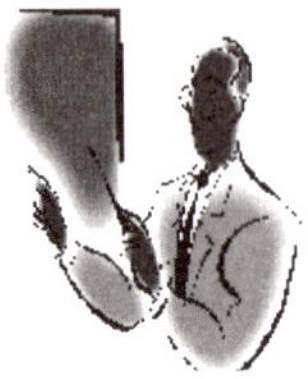

微型案例

求职信

××经理：

您好!

我写此信应聘贵公司招聘的经理助理职位。我很高兴地在招聘网站得知你们的招聘广告，并一直期望能有机会加盟贵公司。

两年前我毕业于首都经济贸易大学国际贸易专业，在校期间学到了许多专业知识，如国际贸易、国际贸易实务、国际商务谈判、国际贸易法、外经贸英语等课程。毕业后，就职于一家外贸公司，从事市场助理工作，主要是协助经理制订工作计划、一些外联工作，以及文件、档案的管理工作。本人具备一定的管理和策划能力，熟悉各种办公软件的操作，英语熟练，略懂日语。我深信可以胜任贵公司经理助理之职。

个人简历及相关材料一并附上，希望您能感到我是该职位的有力竞争者，并希望能尽快收到面试通知，我的联系电话：139××××××××。

感谢您阅读此信并考虑我的应聘要求！

此致

敬礼！

×××谨上

××××年×月×月

二、个人简历

个人简历主要是针对应聘的工作，将相关经验、业绩、能力、性格等简要地列举出来，告诉应聘单位你是一个怎样的人才，以达到推荐自己的目的。

（一）个人简历的内容

个人简历应包含以下内容：

1. 基本情况介绍：包括姓名、性别、年龄、身高、籍贯、政治面貌、毕业学校等。

2. 学习情况介绍：几年间总的学习课程、学习成绩、主攻方向。要有选择性地列出自己所学的课程。

3. 工作或实习、实践情况：现代社会强调实践经验及动手能力，单纯学习好的学生，不一定能够得到用人单位的认可，因此在履历中要介绍自己的实习、实践情况，如自己发表文章的情况、在企业实习的情况以及社会实践情况等，工作过的单位及岗位，在工作中取得的成绩等。这部分内容主要是向用人单位证明自己的应聘资格，用人单位比较重视这一部分的内容，所以应该认真对待。

4. 专长爱好：选择有说服力的，尤其是用人单位所需求的特长，但一定要实事求是，不要弄虚作假。

5. 获得奖惩情况。

6. 通信地址及联系方式。

简历是一种书面的自我介绍，应力求用词准确、内容完整、条理清晰、简明扼要。不能出现文字或语法错误，应避免使用第一人称，而且要实事求是，应尽可能展现自己最优秀的一面。

（二）个人简历的写作技巧

1. 突出“职”。即突出所应聘的“职位”信息。应聘主管关心主要经历的目的是为了考察求职者能否胜任工作。所以，不管是写自己的经历，还是做自我评价的时候，一定要紧紧抓住所应聘职位的要求来写。

2. 突出“简”。招聘主管不可能对所有的简历都一一仔细阅读，但是内容简洁、易懂、清楚的简历最不易被漏掉。

3. 突出“历”。此处的“历”为“经历”，用人单位最关心的是求职者的经历，从经历来看求职者的经验、能力和发展潜力。所以，在写简历的时候，要重点写你学过的东西和做过的事情，即你的学习经历。学习经历包括主要的学校经历和培训经历，工作经历要标明你经历过的单位、从事的主要工作。如果你的经历太多，不便一一列出，也可以把近期经历写得详细些，把初期参加工作的经历写得简略些。

提醒您

写简历时应该注意的事项有：
(1)个人简历上应该消灭错别字；
(2)篇幅在一页内为好；
(3)写简历时注意扬长避短；
(4)切忌过于谦卑；
(5)注意格式美观大方；
(6)语言朴实简练。

(三)个人简历的写作忌讳

个人简历可以说是求职材料的核心内容，所以在写作简历时一定要多多揣摩，以免出现差错。除前面介绍的内容外，下面四点要尽量避免。

1. 缺乏重点。一封有效的求职信应该重点突出。求职者能干什么，优势在哪里，谋求什么职位，应当一目了然。很多求职者竞争力很强，写起简历来却没有突出重点。如果一份简历看上去适合任何单位、任何职位，它给人的印象就是求职者不能确定自己的工作目标，相比别人而言，也就失去了优势。

2. 缺乏营销战略。具有市场营销观念的人，会动用各种销售工具，获得决策者的信任。你的求职信实际上是一份市场销售书，目的是把你带到下一轮的面试中去。求职信上的每个词都要表明你能满足他们的需求，帮他们解决问题，节省时间和金钱，增加利润或改善客户关系。

3. 要有工作业绩的陈述。可以说大部分简历都缺乏工作业绩陈述。过去的工作成绩是雇主评判你未来表现的依据。工作业绩能刺激雇主迫不及待地抢在竞争对手之前给你打电话。为了达到业绩陈述的最好效果，业绩必须量化成数字或百分比，量化的业绩比空洞的叙述更可靠、具体和客观。

4. 不要把幼稚的语气带到简历里。像“给我一个机会，还您一个惊喜”等幼稚的求职语经常在个人简历里出现，如果主考官真的给你一个机会，你会带给应聘单位什么“惊喜”？这样的语言显得既虚伪又空洞。

微型案例

应聘客户代表简历

本人概况

姓名：钱诚　性别：男　出生年月：1994.5

民族：汉　政治面貌：中共党员

学历(学位)：大学本科　专业：电气自动化

联系电话：××××××　手机：××××××××

联系地址：北京市朝阳区小庄路××号××

邮编：100013

E-mail：××××@hotmail. com

教育背景

毕业院校：山东大学工业电气自动化

另：其他培训情况

有英文口译证书

熟练应用计算机及其他各种办公软件

接受 Hayes 技术培训，获得 Hayes 工程师认证

工作经历

××××年××月至今龙华网络技术公司

任职：市场主管

- 建立战略合作伙伴关系
- 寻找国外合作伙伴关系
- 建立和维护基础渠道
- 市场调查并向公司提出需求
- 拟订市场计划并付诸实施

成绩：××××年度××打印机华北地区销售第一名

××××年×月至××××年×月择日电脑公司

任职：客户部项目经理

- 负责激光打印机、3com、Hayes、Legend Modem 在华北市场的渠道管理和维护。
- 开发了 200 多家外资企业客户
- 发展了 15 家代理商，建立了良好的客户关系及信誉，取得了优秀的销售成绩。

自我评价

优秀的销售成绩，具有丰富的客户拓展经验、良好的产品渠道开发和管理能力、举办过产品展示会的经验和管理经验，并具备丰富的互联网经验。性格开朗，具有强烈的团队意识，喜爱运动、交友。

最重要的是能力，相信贵公司会觉得我是此职位的合适人选！

期盼与你面谈！

提醒您

在求职的时候，需要同时使用求职信、简历以及相关技术等级证书、职业资格证书、各级荣誉证书、其他相关资料等材料。就整体来说，需要注意的事项有：

1. 白纸黑字是求职材料的最佳载体。
2. 简历贴上照片。
3. 附上相关材料复印件。
4. 将所有材料装订在一起。
5. 如需邮寄简历，用大号标准牛皮纸信封。
6. 邮寄材料时注意收件人。

第三节 面试礼仪

求职的重要一关是面试，面谈时要注意一定的应聘礼仪，谈吐要适当，不要急于求成，要有组织认同感，面试结束时也不要忘了周全的礼仪，要善始善终，因为这些代表着你的修养，会给考官留下深刻的印象。另外，往往在面试考官中就有你的未来上司，面试中的交流就决定了你的上司对你的印象和态度。个人的天赋、学历、工作经验是重要的，但更重要的是经理对你的感觉。有时录取或拒绝一个面试者往往说不出理由，这就更说明外表形象与个人的谈吐是至关重要的。在应聘时注意并恰当地遵守这些礼仪，有助于你择业成功。

微型案例

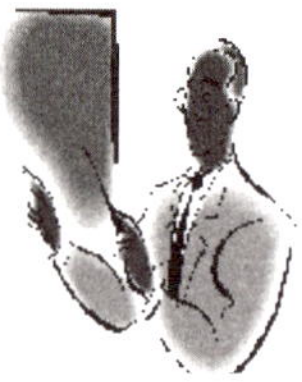

轻轻一关门，跨进银行门

我研究生毕业那年，就业形势相当严峻，连续几次应聘失败，仿佛经历了一场噩梦。但工作不落实，还得鼓起勇气继续找。忽然有一天看到一家银行门口贴着招聘广告。银行工作稳定，福利好，很多同学都想去，我想就试试吧。同学们知道我要去参加银行的应聘，都嘲笑我，可一周以后，我接到了银行的面试通知。那天参加面试的人很多，砰砰的关门声加剧了紧张的气氛。前面面试出来的人，有的喜形于色，有的沮丧万分。排在我前面的女孩儿长得很漂亮，比我强多了。我想我排在她后头，反差也太大了。漂亮女孩笑着从主考官办公室走出来，随着"砰"的一声关门，下一个该轮到我了。我整整衣服，大着胆子往里闯……很幸运，问题挺简单。在要求自我介绍后，只问了几个简单的小问题。我回答完后，主考官点点头，面无表情地说："你可以走了"。没有看到微笑，我心想也许没戏了，就朝门口走去。我正准备开门时，出于礼貌又返身朝他们鞠了一躬，说了声："谢谢"。然后轻轻开门，又随手轻轻关上门。从银行大厦里走出来，我安慰自己，银行的工作太刻板了，不来也罢。可没想到 20 天后，银行方面打来电话通知我被录取了。我高兴地差点跳起来。第一天上班，在我去领制服的时候，碰到了那天面试我的一个主考官，他向我表示祝贺。我奇怪地问他，在几百人中他怎么会记得我，他说："那天我们接待了约 300 个应聘者，你是唯一一个向我们鞠躬，并且关门关得那么轻巧礼貌的人"，"我们是服务行业，礼貌敬人是我们对员工的基本要求"。

这就是我成功的一次求职经历，虽说是误打误撞的成功，但却让我明白了一件事：也许我们不是最优秀的，但即使是在我们失意时，也要讲礼貌，也要给人们展露我们的微笑和修养。

资料来源：赵春珍编著：《中外礼仪故事与案例赏析》，首都经济贸易大学出版社 2011 年版。

从这个案例我们可以看出，应聘礼仪在一个人的求职过程中起着很重要的作用。

问题：案例中的面试者为何成功？

一、面试前的准备

求职者的外表形象往往关系到应聘效果，因为人的第一印象中，70%是由外表引起的。所以，应聘的偶然性决定了应聘者必须注意自己在应聘、面试那一刻的形象。

（一）外表修饰

外貌是应聘的敲门砖。虽然应聘者的五官相貌很难改变，但是他的穿着打扮、风度气质、言谈举止是可以通过训练改变的，从而给人留下深刻的印象。

1. 应聘者的形象设计

应聘者的基本外表形象要求是服装合体，搭配合理，色调和谐，服装整洁，尤其注意领口、袖口不要脏。女性的最佳效果是端庄、干练，尽量要用淡妆，不要浓妆艳抹，否则给人以轻浮的印象，男性不要留长发，将鼻子和胡须修好，使人显得面部光洁、神采奕奕。最好穿西装，系领带。

2. 应聘者形象方面的注意事项

第一，女士应聘者的注意事项。女士的着装要大方得体，应注意服饰整体的搭配，以简单朴素为主。一般不穿超短裙，也不穿极薄透明的或紧绷的衣服；可穿西装套裙，西装应稍短些，以充分体现腰部等的曲线美，裙子不宜太长，以免因紧张而不慎绊倒，但也不要太短；如果要配裤子，上装要稍长为宜，注意将衬衫的下摆扎进裤子里。皮鞋要擦亮，鞋带要系紧。昂贵的珠宝及饰品不适合佩戴，饰品数量也不宜过多。若擦香水，则宜用香味清新的，而不要用香气浓烈或奇特的。

第二，男士的穿着以正式的西装为宜，领带要打端正，若有领带夹，应夹在衬衫第三与第四个扣子中间的位置。袜子的颜色最好配合西装的颜色。

第三，不管是男士还是女士，在应聘时要注意自己的修饰，注意一些细节，例如将新衣服的价签取下来，不然，考官会认为你做事粗心大意，不注意细节。女士一定要穿丝袜，并随时检查是否有脱线或破损的情形。应试出门前应再检查一遍整体仪容是否整洁，扣子、拉链是否扣好、拉好，衣缝及袖口是否有破损或弄得皱皱的，鞋子是否干净光亮，鞋底是否有磨损。面试当天除脸部清洗干净外，还应注意耳朵、脖子的清理和指甲的修剪。注意吃好早餐，否则因空腹会产生胃气，妨碍口气清新。清新自然的形象有助于取得面试的成功。

第四，面试前应选择适当的服饰。如果可能，宜在一个月前就将面试穿着的服装准备好并试穿过，以免当天因穿新衣而有不舒适的感觉。参加面试者的衣着应视工作性质而定，表现出来的形象越专业越好。

（二）面试前的心理准备

心理准备是谋职者应该在面试前必须要做好的，我们无不希望在面试时留给主考官一个优良而深刻的印象，以增加录取的可能性。因此了解主考官一般在主持面试时会关心些什么，对应试者而言是非常重要的第一步。主考官考核应聘者的内容往往包括以下几方面：

1. 主考官会先评价一个应试者的衣着、外表、仪表及行为举止。例如一名经理登报招聘一名商务人员，约有 50 人前来应聘，但是这位经理最后选中的是一名没有任何突出特点的应聘者，其原因是这位应聘者衣着整齐、指甲修得干干净净。

2. 主考官也会通过提问或交谈对应试者的专业知识、口才、谈话技巧、反应灵敏与否等做整体性的考核。有的时候招聘者往往通过与你闲聊感受你的反应灵敏与否、专业知识扎实与否等，虽然他问的问题很随意，但却是在试探你、感受你，所以，你要顺其自然，不要志在必得，造成不必要的紧张，从而影响你的正常发挥。因为有些问题本身没有标准答案，仁者见仁，智者见智。

3. 主考官可能会从与你短暂的谈话中了解你的性格及人际关系、情绪状况、人格成熟度。

主考官可能会问“面对压力你怎样工作?”“你能形容一下自己吗?”“遇到恃强凌弱者,你如何处理?”“当你的老板经常批评你时你应该怎样处理?”等。这些问题是很随意的,但是却能考察你的处理人际关系的能力和人格的成熟程度。所以,如果说某一个人很幸运,得到一份别人追求了很长时间的工作,其原因在于,应聘者看中了他的某一方面长处,这是一个人长期素质培养的结果,而不是短期能够培养的。

4. 主考官也会从面谈中观察应试者对工作的热诚度及责任心,了解应试者对人生的理想、抱负及上进心。一个人的专业知识和技术水平往往是在工作中磨炼出来的,而有没有责任心和对工作是否热爱则是决定他能否经受住工作中的各种困难考验的决定性因素。我们把这种素质叫作“敬业精神”或“职业道德”,这是公司最需要的。对一项工作的热爱是一个人出成绩的根源,它是一个人百折不挠的精神动力源泉。同样,主考官也会问“你将来准备做什么?”“你的人生的最终目标是什么?”等问题,来考察你的上进心和抱负,一个没有上进心的人很难不断学习和求上进,将工作做得完美。

对于主考官将会问你什么问题,一般没有固定程序化的东西,主考官可以现场发挥,这是很难预测的,你唯一能准备的是你的沉着、镇定与自信。

二、面试礼节

微型案例

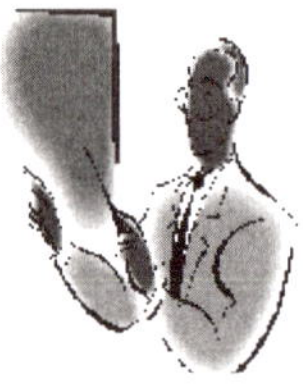

张强向来以“见面熟”著称,这次他去面试一家向往已久的公司。到公司后,前台人员礼貌地接待了他,并把他安排到休息室,让他稍等一会儿。这时,他又用起了“见面熟”的特长,坐了不到两分钟,就又来到前台,和刚才接待他的工作人员聊上了。那位工作人员很忙,对他说了好几次“您先去休息室坐着稍等一会儿吧”。张强说:“没事,不用休息,咱们以后是同事了,哪用这么客气。”一会儿又说:“我帮你接电话吧。”15 分钟后,张强接到了主考官的通知:下次有机会再来面试吧。

问题:张强失败的原因在哪里?

1. 提前 10 分钟赶到。由于交通状况不好,所以最好提早出门,比原定时间早 5～10 分钟到达面谈地点。早到可先熟悉这家公司附近环境并整理仪容。但如果早到 10 分钟以上,千万别在接待区走来走去,此时可向别人询问盥洗室在哪里,再一次检查自己的服装仪容。

2. 进入室内时,应先敲两下门,等对方答应“请进”时方可进入,然后向对方行点头礼或鞠躬礼后,再关上门。

3. 走到椅子旁边时,应恭敬地自我介绍:“我是某某。”

4. 如果有指定座位,则坐上指定的位子,若无指定位子时,可以选择主考官对面的位子采取桌角座次,和主考官成桌角位落座。如此方便与主考官面对面交谈。

5. 当对方请你坐下时,说声“谢谢”再坐下。如对方未请你坐下,则站着等主考官示意后才坐下,也可以礼貌地询问:“我可以坐下吗?”等主考官示意后才可就座。

6. 坐姿端正,两手自然轻放在膝上,千万不要两手下垂,或放在胸前,或背后交叉。注视对方讲话的神情,静心聆听问题的内容,然后从容回答,不可半途插嘴、反问。

7. 简明扼要地回答一切问题,如果谈论自己的设想、建议、计划等,则可详细谈论,但言谈必须有礼貌，提到公司要称“贵公司”。

8. 面带微笑，举止得体，不要紧张。

9. 称呼准确。

10. 面谈结束后，行礼、握手后再离开，离开时要先采用“后退步”的走法，然后离开。走出考场之前，再次站在门前行礼后才出去。

微型案例

小李是文秘专业的毕业生，学业很好，在校期间也考取了中高级秘书证书，另外英语也很好。在学校时常和学校的老师一起接待外宾，得心应手。她对外贸也比较感兴趣，于是去某外贸公司应聘。人事经理问：“你了解我们公司吧？”小李答：“了解。”“你来我们公司应聘的目的是什么？”小李很自然地回答：“我来应聘主要是想在贵公司锻炼锻炼，施展自己的才华。”然而，结果是小李并没有被录用。该公司的人事经理的理由是：我们公司不是培养生手的摇篮，每人都有自己相应的工作。

问题：针对案例中的情况，如果你是小李，你会怎么回答？

三、面试时需注意的细节

1. 应聘前不喝酒、不吃辛辣味的食物。喝酒会使人的大脑反应迟钝，并且说话时带酒味，会给主考官留下“酒鬼”的印象；吃辛辣味的食物如葱蒜等，会使你出气带有葱蒜味，给主考官的印象也不好。如果有口臭，最好应聘前多喝几杯茶，应聘前少吃食物。

2. 应聘时应提前 10 分钟赶到，不要迟到。如迟到，一般认为有 70%的概率不利于获得工作机会，有 50%的概率使你失掉工作机会。例如有位小姐去一家电器公司应聘，通知她去面试文秘，说好了时间是上午 9 点，可是那天因为她出门前打扮得太久，耽误了时间，加上路上堵车，结果整整迟到了 45 分钟。她到后，工作人员向她扬起手上一堆报名表对她说：“小姐，你不适合做文秘，只适合做老总。”

3. 应聘时不要带陪伴，带陪伴说明你缺乏自信。

4. 随身除了带公文包或手提包外，不要带其他物品，不可放置于考官办公桌上。可将公文包、大型皮包放置于座位下右脚的旁边，小型皮包则放置在椅侧或背后，不可挂在椅背上。

5. 应聘时不要抽烟，不要嚼口香糖。与人谈话时，口中吃东西、叼着烟都会给人不庄重的感觉，也显得不尊重对方。

6. 别弯腰垂头。这不但显得没朝气、精神不振，也会令人觉得你对此面谈缺乏兴趣。正确的姿势应是腰杆挺直，双手放置于适当位置，双眼直视对方双目并面带微笑。

7. 当对方谈兴正浓时，不要轻易转移话题。谈话时不要抢话头，不要连珠炮式地发问，不要轻率地下断语，不要乱开玩笑。

8. 谈话时不可使用夸张的动作言语，不可用主考官听不懂的方言或行话。不要攀龙附凤，如说你单位某某是我的什么人，这一来对证明自己的才干不利，二来即使被对方单位录用，也不易和其他人搞好关系。

9. 与主考官谈话，不要引起争辩，因为争辩成功了，伤了主考官的自尊，他不会录取你；失败了，更不会录取你。

10. 即使考官所提问题非常不礼貌，身为求职者，也不能意气用事或表现出不礼貌的言辞。你可以拒绝，但口气及态度一定要婉转温和。

11. 不可要求茶点，除非咳嗽或需要一杯水来镇定自己。

微型案例

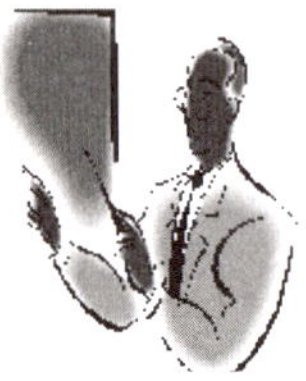

××公司的集体面试过程

××公司的集体面试是十几个应聘者同时面试，在一个小会议室里进行，有三个面试官。面试的人什么职位的都有。进去之后，要求每个人用一张白纸做一个小牌子，写上自己的名字和应聘职位，这是应聘者要完成的第一项任务。

第二项任务：轮流自我介绍，内容包括自己的概况、优点、缺点、爱好。介绍完之后，面试官抽挑几个人问问题，问的问题有"你说你的缺点是内向，你觉得内向是缺点，对吗？""你说一下刚才谁没介绍自己的优缺点？"等诸如此类的问题。

第三步：分组讨论。将所有面试的人分成两组，每组分别讨论唐僧、孙悟空、猪八戒、沙僧，谁最适合做销售员，并按照合适程度排序，说出理由，时间20分钟，讨论结束时每组必须形成一个该组的统一意见，选代表发言。在讨论的20分钟里，3个面试官监视所有人。20分钟后，两组先后分别陈述该组的讨论结果。每个人都有发言机会，面试官会提出各种各样的反驳意见，并且会问比较尖酸刻薄的问题。其中很重要的一个问题是"有没有人持有与本组统一意见不同的？"，在于考察成员对团队意见的一致性和合作能力。

第四步：彼此打分。讨论结束后，每个人被要求按照贡献水平给同组的成员（包括自己）打分并排序。并且把结果说给在场所有人听，并解释原因。其间，面试官会问问题，如：(1)你为什么把×××排在最后？(2)你觉得你比他强，是吗？(3)你觉得他最差，是吗？(4)×××把你排在最后，你同意吗？(5)被排在最后的是要被淘汰的，你仍然会把自己排在最后吗？"

集体面试结束之后，所有人必须把用过的草稿纸、试题纸留在会议室，然后出去等安排。

在集体面试中，考察了应聘者的分析能力、领导能力、表达能力、沟通能力、应变能力、承受压力的能力，由于内容新颖、形式灵活，成为IT业界广受关注的面试方法。

问题：从上述案例，你了解到关于面试的哪些信息？

四、面试常规问题的应对

对于用人单位来说，无非希望了解求职者以下的素质：表达能力，谈话是否前后连贯、主题突出、思路清晰，说话是否具有说服力；思考判断能力，能否准确理解对方的提问，迅速找到答案，回答和提问紧紧相扣；和他人沟通的能力，是否能够听取并尊重别人的意见，有不同意见的时候能不能恰当地表达自己的意见；与他人相处的能力，与他人合作的精神、理解他人并互相尊重的素质，健康的竞争精神；自信心和责任感，与人交往时是否有信心、是否勇于承担责任；仪容仪表，穿着是否得体，回答问题是否认真、诚实，举止是否文雅、大方等。

所以，主考官无论是提问还是观察，也都是围绕上述目的进行的。以下我们就列举一些面试时常见的问题，以供读者参考。

1. 谈谈你自己

面试的时候，主考官往往提的第一个问题就是："谈谈你自己吧！"也就是让你做个自我介绍。很多求职者会认为："我不是都已经写在简历中了吗？为什么还要问?"因而显得有些不耐烦，有的求职者甚至用"这些我在简历中都已经写得很清楚了"这样的话答复主考官。

在面试中，"自我介绍"应该算是重要的内容，是为了揭开更深入的话题而设计的。同时，通过自我介绍，企业不仅可以基本了解你的口头表达、沟通等能力，还可以基本判断你是否了解该职位的要求。

很多人回答这个问题过于平常，只说姓名、年龄、爱好、工作经验，而这些在简历上都有。其实，企业最希望知道的是求职者能否胜任工作，包括最强的技能、最深入研究的知识领域、个性中最积极的部分、做过的成功事例、主要的成就等，要突出积极的个性和做事的能力，只有说得合情合理，才让人信服。

自我介绍的要点主要有以下三个：

第一，有针对性。自我介绍时要选择与该公司有关的内容为好。将自己过去的经历中与现在要谋的职位相联系的地方重点讲，其他的略讲或不讲。如果是一家电脑软件公司，应说些电脑软件的话题；如果是一家金融财务公司，便可说一些金融财务方面的事。

第二，强调自己的优势。话题要突出自己将来如在该公司工作的话，将如何开展工作，将对公司做出哪些贡献，如增加营业额、节约成本、发掘新市场等。

第三，重点放在前面。将自己最出彩、最突出的优势放在前面介绍，这样能更好地抓住主考官的注意力，也使他对你印象深刻。可以将自己的有关作品或记录呈上，以增加印象分。

提醒您

自我介绍的禁忌

1. 只顾自己说，不给别人插话的机会。

2. 语言重复啰唆。

3. 语言确定性的两个极端。求职者讲话时，既要注意不要过多地说"肯定是……""绝对是……""当然了……"，也不能一味地没有主意地说"也许""大概""差不多"等。

4. 去掉口头禅和多余的小动作。

5. 言行虚假。

2. 你有什么业余爱好

有些求职者认为，主考官对业余爱好的询问是因为他们想招聘有多项专长的人，其实这是错觉。他们的目的是想借此判断你的性格、涵养、为人以及品德。

最好不要说自己没有业余爱好，不要说自己有那些庸俗的、令人感觉不好的爱好，不要把自己仅限于读书、听音乐、上网，否则可能令主考官怀疑你性格孤僻，最好能有一些户外的业余爱好来"点缀"你的形象。

比如，你从小学就开始练习书法，直到现在还经常参加各种书法竞赛，主考官就会对你的毅力及书法艺术的修养肃然起敬。有的人喜欢中长跑，而且成绩也比较好，就会让人认为你有毅力、耐力，竞争意识强，而且能够忍受长时间的工作。有的人喜欢下棋，经常看棋谱，说明爱动脑子、善于分析、逻辑性强。

3. 你为什么想来我们公司

通过这个问题，用人单位既可以了解求职者是否对公司了解，也可以了解求职者的动机，是否想为公司长期工作。

当求职者听到这类提问的时候，可以推断出自己的条件对该企业的该职位来说还不错，所以要用坚决的语气、态度诚恳地说出有兴趣来该企业的原因，如专业对口、公司有发展、工作环境好、公司的经营理念好、福利待遇好、离家近等。

4. 你善于和哪些人相处

主考官是出于某些职位、行业的特殊需要才提出这个问题的。通过提问，他可以了解求职者能不能和同事进行良好的沟通，以营造良好的工作氛围，提高工作效率，能否对外打开工作局面，广为结识顾客群，以便更好地完成工作任务。

所以求职者就要以亲切、轻松的语气回答，以给人自信、通达、开朗、热情的印象。这种印象本身就说明你很好相处。如果你的态度拘谨、严肃，从侧面说明你这个人不善于与人相处。

回答这个问题要站在工作的角度考虑问题，与领导、同事等友好相处，通过换位思考，为他人着想，以处理好工作中的各种关系为重点。

5. 你为什么经常换工作或你为什么离开原来的公司

主考官提出这个问题的目的有两个：一是想深入了解你申请新工作的内在动因，是嫌过去的工资低？还是本人能力差、表现不好而让人辞退？或是生性好动，总是这山望着那山高，哪儿都待不住？而这些情况是任何单位都忌讳的。二是考察求职者的工作态度和应变能力，所以求职者听到这样的问题之后，即使觉得不好回答，也一定要保持轻松、自如的心态。

可以说的理由是：原单位倒闭、不能实现人上人的抱负；有更多的发展机会；专业不对口、结婚、生病、休假；欣闻贵公司要扩展业务，想施展个人的才能等。

不宜说的理由是：收入太低、人际关系复杂、领导有问题或与领导不和、工作压力太大、被辞退了等。

6. 你认为自己适合干什么

主考官的这个问题实际上是在考察求职者的自我认知能力。对求职者来说，就要根据自己的理想、价值观、兴趣爱好、能力、性格等特点，正确认识自己的优势和劣势、自己的与众不同之处和发展潜力，明确自己的想法、期望、品德、行为等方面的特征。对这个问题可以和自己的职业规划结合起来回答，或者与现在谋求的职位相结合回答。

像下面这些说法："我不知道自己适合干什么，只知道自己希望从事这份工作""我选择这个工作，是因为我原来做过""我干什么都行，对什么都感兴趣"等都不适合作为该问题的答案。因为这些回答很明显地给人以不着边际或没有独立主张甚至是混日子的不好印象。

7. 过去工作中最大的压力是什么

主考官是希望通过这个问题，了解求职者对工作压力的应对情况：是消极逃避还是积极应对？求职者在回答以往的工作压力时，同样也没必要就压力谈压力，而要注意给主考官留下这样的印象：你喜欢迎接工作中的挑战，你有把压力转化为动力的信心、习惯和能力。

所以，在回答的时候，不应该直接说"从没有工作压力"这样让人听起来不可信的话。可以从工作中产生压力的原因开始说起，要说清楚是怎样因为压力而使你通过什么方式去求知，因而获得了解决的方法。最后一定要说明,压力反而是你的动力,使你从中获得了乐趣。不要透露出应付压力的消极思想。

以下的回答可以参考:

“我喜欢接受新的工作挑战。当然从事新的工作,比较缺少经验,所以就需要缜密的思考和妥善的规划。我的工作压力大多产生在新工作的计划和初级阶段,因为这时候总是会产生很多新的问题。这样就需要我不断学习新的知识,来应对工作压力,尽力完成全部工作。刚开始有压力,但那份成就感却也是让人满足而且值得回味的。”

8. 你最大的缺点是什么

这个问题被主考官问到的概率非常高。主考官通过这个问题,一是想了解一下求职者在碰到紧张不自在的难题时,能不能从容不迫地解决;二是想听听求职者能不能对自己做出正确的评价。因为不能正确评价自己的人,往往也不会正确地评价自己的工作。

不要说自己没缺点,不要把明显的优点说成缺点,不要说出严重影响应聘工作的缺点,不要说出让人不放心、不舒服的缺点。可以说一些对于所应聘的工作无关紧要的缺点,甚至是一些表面上看是缺点,从工作的角度看却是优点的缺点。事实上,表明自己的缺点并不完全是件坏事情,只要你能够提出改掉缺点的方法并付诸行动,反倒证明了你是一个有能力战胜弱点的人。

通常不希望听到直接回答的缺点,如小心眼、爱忌妒人、非常懒、脾气大、工作效率低等,这些缺点会影响到工作,主考官可能就要考虑不能录用你了。

9. 你和其他求职者有什么不同

回答这个问题时,可以先说自己对于所求职位的优势,然后再对所有来参加面试者进行比较,然后再表示、列举出自己对于所求职位所特有的优势就行了。

以下的回答可以参考:

“对于这一点,可能要因具体情况而论,比如贵公司现在所需要的是行政管理方面的人才,虽然前来应聘的都是这方面的人才,但我深信我在大学期间当学生干部和主持社团工作的经历已经为我打下了扎实的基础,这也是我自认为比较突出的一点。”

10. 你是应届毕业生,缺乏经验,怎样胜任这项工作

对于刚毕业的学生,主考官往往会提出这样的问题。明明知道应届毕业生没有工作经验,却还要问这样的问题,说明主考官并不真正在乎“经验”,而是想考察求职者的应变能力。如果真的在乎经验,那就不需要给他面试机会了。

求职者在回答这个问题的时候,要告诉主考官这样的信息:你是个诚恳、果敢和敬业的人。工作经验的不足,可以通过发挥你的积极、勤奋的工作态度和谦虚好学的品德向有经验的同事和领导学习来弥补。

以下的回答可以参考:

“作为应届毕业生,我在工作经验方面的确有所欠缺,所以在上学期间一直利用各种机会在这个行业里做兼职。我也发现,实际工作远比书本知识丰富、复杂。但我有较强的责任心、适应能力和学习能力,而且比较勤奋。所以,在兼职的时候都能圆满完成各项工作,从中获得的经验也让我受益匪浅。请贵公司放心,学校所学以及兼职的工作经验使我一定能够胜任这份工作。”

11. 说说你的家庭

问这样的问题,不要以为主考官有什么闲情逸致,来调查求职者的家底、探究隐私,而是要

了解家庭背景对求职者的塑造和影响。所以，你要传递给主考官的一定是积极的一面。要强调温馨、关爱、和睦的家庭氛围，强调家庭成员的良好品质对你的积极影响，强调家庭成员对自己工作的支持，强调自己对家庭的责任感。

以下回答可以参考：

“我很爱我的家庭！我的家庭一向和睦，虽然我的父亲和母亲都是普通人，但是从小我就看到我父亲起早贪黑，每天工作特别勤劳，他的行动无形中培养了我认真负责的态度和勤劳的品质。我母亲为人善良，对人热情，特别乐于助人，所以在单位人缘很好，她的一言一行也一直在教导我做人的道理。”

12. 你希望得到多少薪酬

这是所有求职者最希望听到的问题，也是最怕的问题。回答这个问题的时候要谨慎，不要让主考官觉得你脑子中只想着钱，但也不要装出一副完全不计较金钱的样子，因为薪酬也是衡量一个人社会价值的重要标准。

如果仓促回答，随便说一个数目，可能会不妥。数目太高，会让主考官觉得你不认真，或者不了解行情，太脱离现实；数目太低，有可能让求职者失去争取较高薪酬的机会。

应该预先了解自己申请的这个职位大约应该得到多少薪酬，也就是说要熟悉这类工作、这个层次工作的“行情”，这也是求职前的准备工作。

一般而言，正规的公司都有自己的薪酬体系，不会因为求职者要求低就给低工资，或者求职者要求高就给高工资。所以求职者可以这样回答：“我想请教一个问题，以我现在的经历、学历和您对我面试的了解，在贵公司的薪酬体系中大约能达到怎么样的水平？”或“我愿意接受贵公司的薪酬标准，不知按规定这个岗位的薪酬标准是多少？”或者说：“自己最看重的是职业发展空间，薪酬希望能符合贵公司的标准及和自己的付出相平衡即可。”

如果必须先开价，而自己又没有把握，可以给出一个稍微大一些的幅度。

13. 你什么时候可以来上班

对于新单位来说，当然希望新招的员工能够马上走马上任。但在现实中，并不是每个人都能马上上班的，比如有的人参加应聘的时候还没有在原单位办理辞职手续。如果说自己要办妥原单位的辞职手续以后才能来上班，新单位一般不会表示反对，因为这也是责任心的一种表现。

对于这个问题，要分情况回答：一是如果你能够立即上班，就可以马上直接回复，表现出你对这份工作的珍爱。二是如果你不能立即上班，你应该把原因简要地说清楚，比如原单位要移交工作等这些可以接受的理由，这会充分体现出你的责任心。三是如果你不能在规定日期报到，你应该和新单位协商好，看能不能采取一种有弹性的过渡方式来解决。

小资料

如何战胜面试官常用的“杀手锏”

在面试中，面试官为了考验求职者的应变能力，选出单位所需要的人才，常会使用一些“杀手锏”，借以淘汰一批人。而当不少求职者面对这些杀手锏时，便会不知所措，难以从容应对。那么，面试官通常会有哪些“杀手锏”？又怎样才能战胜它们，最终应聘成功呢？

杀手锏之一：忽然沉默

在面试过程中，忽然沉默是不少面试官喜欢用的一个“杀手锏”。其目的是检验应聘者的应变能力。不少面试者因此而尴尬、紧张、慌乱，该说的都已经说了，一时又想不起再说点什么，怎么办呢？

1. 可以对自己先前的发言做个总结

李磊当初面试时就遇到过这类情况，但他并没有慌张，而是镇定自若地说：“刚才，我对自己的情况做了一个简单介绍，也把自己内心真实的想法做了说明，总之，我觉得我是一个开朗、自信和乐观的人，做事执着。我也相信自己能胜任这个职位。”经理笑着点了点头说：“你表现得不错，请耐心等候我们的通知，相信我们有机会成为同事。”

2. 另起一个新话题

潘越是一家合资企业的员工，她当初面对公司面试官忽然沉默时，话题一转说：“咱们这里办公环境不错，交通也方便，在这里工作一定会舒心，我渴望成为公司中的一员。”潘越不仅打破了沉默，又对公司进行了夸奖，同时也表达了自己想加入的渴望。

3. 把球踢给对方

如果面试官忽然沉默，你一时又不知道该说什么，不妨把球踢给对方。你可以这样说：“我已经把我的情况做了简单介绍，您还有什么需要了解的吗？”一句话既打破了沉默，又迫使对方不得不开口。一下子化被动为主动了。

杀手锏之二：尖锐提问法

有些面试官喜欢用严肃的口气，向求职者提一些尖锐的问题，以观察求职者的心理素质，考验其应变能力。其间，不少求职者不知道如何作答，甚至被激怒，结果自然被淘汰。而只有沉着应对、机智作答的人才能过关。

我们来看看应届博士毕业生魏心明是如何回答面试官的尖锐提问的……

面试官：你并非毕业于名牌大学。

魏：马云、李书福、牛根生，太多有成就的人都不是出身于名牌大学，有的甚至连大学都没读过。是否毕业于名牌大学，不应该成为衡量人才的标志，更不应该成为公司用人的标准。

面试官：你的学历对我们来说太高了。

魏：我可以把博士和硕士学位证书收起来，只把学士学位证书带进公司。

面试官：你刚毕业没有经验。

魏：诸葛亮出山前从没带过兵打过仗。一张白纸能画出更好的画儿，没有经验也意味着没有思维定式，不受条条框框的束缚，更易创新。

面试官：你看起来很瘦弱，恐怕难以承受强大的工作压力。

魏：我来单位不是当保安的。孙悟空瘦小，却能在山下压五百年，换成猪八戒就不成了。

听到他的回答，面试官忍不住笑了，同时向他伸出手来说：“欢迎你加入我们公司。”

面对尖锐的问题，不要生气。要知道，面试官咄咄逼人的发问，不是对你有成见、有歧视，而是要考验你的应变能力。如果你被激怒，那么你就失败了。了解这一点，你就可以心平气和地回答提问了。最好还能将自己被对方视为劣势的方面，巧妙地转化为优势。

小结

关键术语

求职　求职者　求职准备　求职信　个人简历　面试礼仪

本章小结

1. 职业生涯规划。所谓“职业规划”，就是根据自己的现有条件和专长，在对自身了解的基础上确定求职目标、求职方向以及一定时期内的工作方向，是求职者把自己的兴趣、价值观、能力和社会需要、社会就业机会不断协调以进行自身行为的包装，力求实现个人的目标。

2. 职业规划的步骤与方法：(1)自我分析与环境分析；(2)选择职业生涯目标和职业生涯路线；(3)制订行动计划与措施；(4)评估与回馈。

3. 求职信。求职信是求职者写给招聘单位的信函，集介绍、自我推荐和下一步行动建议于一身，并重点突出求职者的背景材料中和企业最有关系的内容，其内容紧紧围绕“我符合要求、我可以胜任、我有诚意应聘等”来展开。

4. 求职信的格式。求职信一般分为三个部分：开头部分说明写信的目的，主体部分阐述谋职资格和工作能力，结尾部分请求对方给予面试的机会。

5. 个人简历。个人简历主要是针对应聘的工作，将相关经验、业绩、能力、性格等简要地列举出来，告诉应聘单位你是一个怎样的人才，以达到推荐自己的目的。

知识结构图

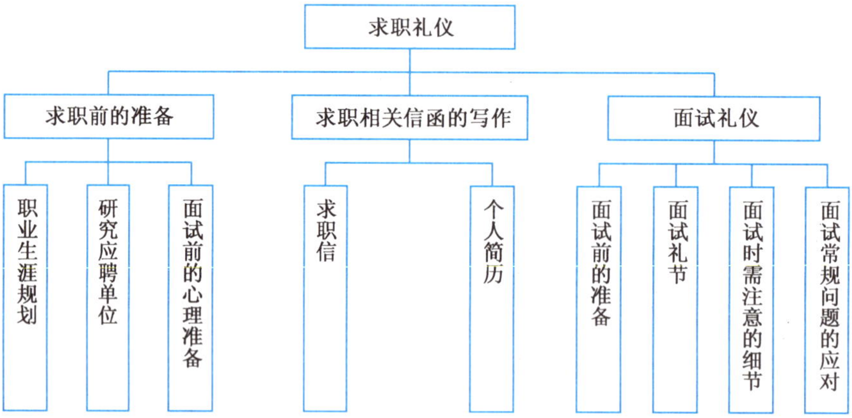

应　用

案例研究

案例一

错失良机

品学兼优的毕业生小胡，从年前开始就为毕业后的出路四处奔波。一家外资企业的总经理约定时间对他进行面试。那天，因为前一天晚上玩得太晚，早上睡过了头，以致迟到了 20 分钟，他就随便编了个理由说公交车堵车了。面谈过程十分顺利，无论专业知识，还是质量管理方面的大胆调查，都赢得了总经理的频频点头。小胡离开的时候颇有点踌躇满志。

第二天，小胡就接到了外资企业的电话通知，"实在对不起，我们这次对你的求职申请，暂不予以考虑，实在抱歉"。他事后经多方打听，才知道总经理对他做出了这样的评价："不守时，不诚实。"什么是不诚实？小胡自己心里当然很清楚。原来那天面试他是骑自行车去的，他原以为自行车停在公司门外没人会注意到，没想到却碰巧被老总在办公楼上看到了。

问题：

1. 小胡为何会错失良机？
2. 如果你是小胡，你会如何面对这次面试？

案例二

祝贺你被录用了

孙兰刚跨出大学的校门，就有一家心仪已久的外资公司通知她去面试。那家公司的总经理是个叫约翰的美国人，和蔼可亲。在一番亲切交谈后，他很愉快地给了孙兰一张他的名片，孙兰恭敬地收下了。近半个小时的面谈，给孙兰留下了深刻的印象。

接下去的日子便是漫长的等待，孙兰天天在电话边上守着。一天、两天、一个星期、两个星期过去了，一点儿消息都没有，而且孙兰在等待中也放弃了其他机会。

无奈中，孙兰翻阅招聘广告，不是她觉得不适合就是她不喜欢。这时候才发觉，自己是很在乎那份工作的。于是她找到总经理约翰的名片，按照上面的地址写了一封信，感谢总经理给了她面试的机会，并期望得到进一步的通知。当白色的信封投入绿色邮筒的时候，孙兰的心里一阵轻松。第三天，孙兰就接到了约翰先生的电话。他说："You are employed，congratulation！"（祝贺你被录用了！）孙兰高兴得禁不住跳了起来！

上班后再次见到约翰先生，孙兰问他："为什么会录用我？"他笑着说："因为你的那封信让我觉得你是一个有礼貌的人，你写了一封信感谢我给予的面试机会。而在近百名求职者当中，你是唯一一位写了感谢信的人，虽然来得有点儿迟。"

每个就业机会，都会遇到很多竞争对手，各人的能力素质是很难比较的。这时候，如果能用礼貌而得体的方法，引起公司对你的注意，并在厚厚一摞求职信中找出你的简历，那你就成功了。

问题：

请从孙兰被录用的这个案例中，谈一谈礼仪在面试中的作用。

实验实训

1. 请根据你的特点规划自己的职业生涯，写一份不少于500字的职业生涯规划书。

2. 假设你现在马上就要毕业，请写一份求职信和个人简历。

3. 以小组为单位，模拟一次企业面试。小组一部分成员扮演企业人员，发出招聘广告，并组织面试；另一部分人根据招聘广告写求职信与个人简历，参加面试。

复习思考题

1. 什么是职业生涯规划？

2. 求职信主要包括哪些内容？

3. 个人简历一般要包括哪些信息？

4. 求职面试时要注意的问题有哪些？

第八章　商务文书礼仪

学习目标

知识目标：掌握商务文书的写作知识。

技能目标：掌握贺电、贺信、祝酒词、慰问信、启事、声明、请柬、迎送致词、答谢词、开幕词、闭幕词的写作方法。

引入案例

欢迎词

尊敬的李××董事长先生、尊敬的贵宾们：

李××董事长先生与我们合资建厂已经两年，今天亲临我厂对生产技术、经营管理进行指导，我们表示热烈的欢迎。

两年来令我们感到高兴的是，我们双方合资建厂、生产、经营管理中的友好关系一直稳步向前发展。

我应当满意地指出，我们的友好关系能顺利发展，是与我们双方严格遵守合同和协议、相互尊重和平等协商分不开的，是我们双方共同努力的结果。

我相信，通过这次李××董事长亲临我厂进行指导，能进一步加深我们双方的相互了解和信任，更能进一步增进我们双方友好合作关系的发展，使我厂更加兴旺发达。

最后，让我们以热烈的掌声，向董事长表示欢迎！

第一节　社交类礼仪文书

一、贺信、贺电

贺信、贺电是向对方表示祝贺和赞誉的礼仪文书，常用于节日、庆典、竣工、升迁、寿辰等场合，是一种最常见的祝贺方式。贺信还兼有表示慰问和赞扬的成分，如今贺信已经成为表彰、赞扬、庆贺对方在某个方面所做贡献的一种常用形式。贺电，是通过电报向他人表示祝贺的，一般适用于以下情形：向取得巨大成绩、做出卓越贡献的集体或个人表示祝贺；有结婚、大型庆典、晚会或其他庆祝活动等喜事;国家选出新的领导人时友好国家发电祝贺;对重要人物的寿辰的祝贺等。

(一)贺信的格式

1. 标题:(1)祝贺单位+文种,如:××省人民政府贺信;(2)文种,在第一行正中写上"贺信"。

2. 称呼:在标题下面一行顶格写上受贺单位或者个人的称谓,并加冒号。

3. 正文:贺信的正文应写祝贺的内容、对方取得的成绩及意义,或者会议召开的意义、必要性。一般来讲,贺信的正文要交代的内容如下:第一,结合当前的形势与状况,说明对方取得成绩的大背景,或者某个重要会议召开的历史条件;第二,概括说明对方都在哪些方面取得了成绩,分析其成功的主、客观原因;第三,表示热烈的祝贺,要写出自己祝贺的心情,由衷地表达自己真诚的慰问和祝福。

4. 结束语:全文应该以祝贺的话作为结束语。如:"祝××圆满成功""祝争取更大的胜利""祝您长寿"等。

5. 落款:在正文下面靠右,写上祝贺单位或个人姓名,及日期。

微型案例

贺　信

××厂全体职工:

喜闻10月2日是贵厂建厂30周年纪念日,谨此表示热烈祝贺!

30年来,贵厂全体职工发扬了艰苦创业的可贵精神,不仅为祖国工业建设提供了新产品,而且培养了大批技术人才,支援了兄弟单位。多年来,贵厂在技术力量方面给我厂以无私的帮助和支援。为此,我们表示衷心的感谢,并决心以实际行动向贵厂全体职工学习。

最后,祝贵厂全体职工在四个现代化的新长征中取得更大的成绩。

此致

敬礼!

××厂

×年×月×日

(二)贺电的格式

1. 标题:(1)发电双方名称+文种,如:国务院致中国体操队的贺电;(2)文种,在第一行正中写上"贺电"。

2. 称呼:在标题下面一行顶格写上收电单位或者个人的名称、姓名,收电人如果是个人,还应在姓名后加上"同志""先生"或职务名称等称呼,并加冒号。

3. 正文:贺电的正文要根据内容而定,若发给单位或某一地区庆祝活动的,宜在表示祝贺的同时,对其做出的各种成绩、取得的巨大成就给予充分肯定,并给予鼓舞,提出希望。如果是私人之间的交往,则一般把内容放在祝贺上就可以了。

4. 结尾:贺电的结尾要表达热烈的祝贺和祝福之意,有的也提出希望。

5. 落款:即在正文右下方署上发电单位或个人的姓名,并写上发电日期。

微型案例

农业部致中技国际招标公司成立10周年贺电

中技国际招标公司：

值此中技国际招标公司成立10周年之际，谨致热烈祝贺。祝贵公司繁荣昌盛。愿贵我双方通过真诚合作，为中国农业发展起到更积极的作用。

农业部对外经济工作办公室

××年×月×日

(三)贺信、贺电的写作要求

1. 写贺信、贺电，语言要明快、通畅、简明，并根据祝贺者与被祝贺者的关系，选择恰当的语气。

2. 写贺信、贺电，要体现自己真诚的祝福，加强彼此联系，增进双方交流。

3. 贺信、贺电的内容要真实，评价成绩要恰如其分。

4. 贺电篇幅不能太长，一般用百余字表达祝贺就足够了。

5. 贺电在用语上要细细斟酌，用阿拉伯数字填写，一个数字可以填写在一个格子内，并用括号表示。

6. 贺电要及时拍发。

二、祝酒词

祝酒词一般是在较为正规的宴会开宴前，宾客双方互相敬酒时发表的表示诚挚敬祝的讲话。

(一)祝酒词的格式

祝酒词的格式包括标题、称呼、正文、结尾。

1. 标题：一般可以有两种写法：(1)“文种”，只写“祝酒词”；(2)讲话者＋地点＋文种，例如，“××在××宴会上的祝酒词”。

2. 称呼：一般都使用泛称，例如，“各位女士”“各位先生”等。

3. 正文：正文可以分为四个部分：一是表明自己的身份，对来宾表示问候；二是表示欢迎、欢送或者祝贺、感谢等；三是集会或聚会的原因，如双方合作、会谈的历程、成果、发展的概括与评价；四是对未来的希望和祝愿。

4. 结尾：一般在最后提议，“为××××干杯！”

(二)祝酒词的写作要求

1. 用语应能体现出热情诚恳、随和轻松，若能恰当使用幽默的语言，将会使宴会的气氛更加活跃。

2. 要根据对象、场合、双方关系的融洽程度等来考虑措辞。

3. 应注意来宾的习俗和禁忌。

微型案例

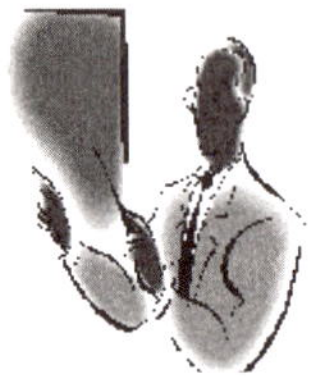

祝酒词

女士们、先生们：

晚上好！“中国国际汽车展览会”今天开幕了。今晚，我们有机会同各界朋友欢聚，感到很高兴。我谨代表中国国际贸易促进委员会××市分会，对各位朋友光临我们的招待会，表示热烈欢迎！

“中国国际汽车展览会”自上午开幕以来，已引起了我市及外地科技人员的浓厚兴趣。这次展览会在上海举行，为来自全国各地的科技人员提供了经济技术交流的好机会。我相信，展览会在推动这一领域的技术进步以及经济贸易的发展方面将起到积极作用。

今晚，各国朋友欢聚一堂，我希望中外同行广交朋友，寻求合作，共同度过一个愉快的夜晚。

最后，请大家举杯，

为“中国国际汽车展览会”的圆满成功，

为朋友们的健康，

干杯！

三、慰问信

慰问信是以组织或个人的名义，向有关单位或个人表示慰藉、问候、致意的专用书信。慰问信一般用于重大节日、纪念日对有关人员进行慰问，对受到意外灾害、蒙受严重损失的人员进行慰问，对做出重大贡献的人员进行慰问等。

（一）慰问信的格式

1. 标题：(1)直接写“文种”，写“慰问信”；(2)收信人＋慰问信，例如，“致××××的慰问信”。

2. 称谓：在标题下一行，顶格写收信单位的名称或个人的姓名。个人姓名之前可加“敬爱的”“尊敬的”等字样，之后可加“同志”“先生”等，以表示尊重。

3. 正文：一般包括两方面的内容：一是写慰问信的原因。具体陈述被慰问者所取得的成绩，所遭遇的困难以及所欢度的节日等。二是希望与感受。具体表明对慰问对象的希望、问候、鼓励以及关切等。

4. 结尾：可以写鼓励或祝愿的话作为结尾。例如，“祝您节日愉快”。

5. 落款：在右下方署上慰问单位的名称或者个人的姓名，并写明具体发信日期。

（二）慰问信的写作要求

1. 慰问信的语气，应比一般书信更亲切、更诚挚，使人能感受到深厚的情谊。

2. 要根据所慰问的不同对象，确定信的内容。对有贡献的集体和个人，应侧重于表彰，赞扬他们的巨大成绩；对暂时遭遇困境的集体和个人，则应侧重于向他们表示安慰和鼓励。

3. 文字要简洁、朴实。

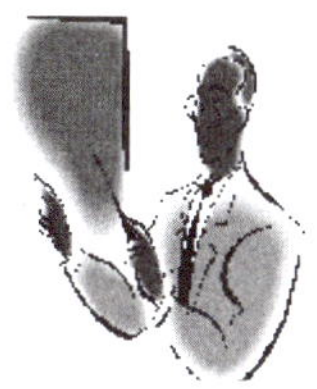

微型案例

慰问信

省外工地的职工及家属同志们：

在新春佳节来临之际，工程处、工程处党委代表全处干部职工向你们及其家属致以诚挚的问候和最美好的祝愿，祝愿大家：辞旧改旧除旧貌，家家幸福生活好；迎新创新换新颜，户户春风笑语甜。

刚刚过去的2017年是不平凡的一年，是新一届领导班子带领我们谋划新三年发展战略的起步之年，是工程处各项工作喜获丰收、四面八方捷报频传的一年。一年来，全处干部职工以“固本强基，创新务实，加速发展”为主题，把加快发展当作企业的第一要务，内强素质，外树形象，顶酷暑，冒严寒，战洪水，省内、省外、国外齐头并进，各项管理工作水平有了明显的提升，施工生产和经营形势呈现出了良好的发展态势，物质文明、精神文明、政治文明同步发展，完成产值2.73亿元，实现净利润1 060万元，超额完成了年初的既定工作目标，圆满完成了全年的各项工作任务，取得了较好的经济效益和社会效益。这些成绩的取得是全处广大干部职工抢抓机遇、团结拼搏、无私奉献的结果，其中凝结着你们这些长期奋战在省外一线同志们的辛苦汗水。我们不会忘记，你们转战大江南北、神州大地。巍巍井冈山，悠悠延河水，辉映着我们龙建人的炽热情怀，江西红土地，内蒙古大草原，留下了我们龙建人的奋斗足迹，卢沟晓月大漠风，龙建精神化彩虹。在此，向辛勤奋战在全国各项目工地的同志们及家属致以衷心的感谢和亲切的慰问！

春回大地千峰秀，日暖神州万象新。愿你们坚定信心、振奋精神，在神州大地创出更加辉煌的新业绩，携手筑通途。预祝大家春节愉快，身体健康，阖家欢乐，万事如意！

龙建工程处

中共龙建党委

2018年1月1日

四、启事、声明

（一）启事

1. 启事的概念

启事是机关、团体、企事业单位或个人向社会或一定范围内的人群公布、说明或请求予以协助办理某事项而撰写的应用文章。启事一般刊登在报刊上或张贴在公众场所，有的通过报刊、电视、广播等媒体公布，有的以大字书写、印制，公开张贴，有的印刷后散发，具有告知性。

2. 启事的分类

（1）寻找类，如寻人、寻物、招领启事等；

（2）征召类，如征稿、征婚、征友、征订、招聘、招商等；

（3）告知类，如开业、更名等。

3. 启事的格式

（1）标题

启事的标题写法有三种形式：一是以文体名称为标题，如“启事”；二是写明事由和文体名称，如“寻人启事”；三是写明发布启事的单位、事由以及所选择的文体，如“大华公司的招聘启事”等。

（2）正文

启事的正文需要简明扼要地交代有关事项、提出要求。寻找类启事要写明所找的人或物的特征，寻人要写明姓名、年龄、相貌、口音、衣着、联系人及联系电话等；寻物要写清物的名称、规格、数量、式样、丢失时间、地点以及联系人和联系电话；征召类启事则要写征召的目的、对象、条件、应召办法、优惠条件等，要写得诚恳、热情。

（3）落款

启事的落款，是在正文右下角写明发布启事的单位、部门或个人姓名和撰写启事的时间。

微型案例

中国保险监督管理委员会济南办公室招考工作人员启事

中国保险监督管理委员会为国务院直属事业单位，是全国商业保险的主管部门，根据国务院授权，依照法律、法规统一监督保险市场。中国保险监督管理委员会济南办公室是中国保监会在山东省的派出机构，依据中国保监会的授权，负责山东省范围内的保险监管工作。为适应监管工作的需要，经山东省人才服务中心批准，特公开招考7名急需的监管专业人员（包括保险、会计、出纳、审计、法律、计算机等专业）。

招考职位及待遇：本次招考的专业人员，视工作需要和本人条件，担任副处长及以下职务，享受保监会派出机构工作人员待遇。

招考条件：（1）拥护党的路线、方针、政策，坚持四项基本原则，有较强的事业心和责任感，作风正派，遵纪守法，廉洁自律；（2）有较强的工作能力、组织协调能力和一定的实践经验，具备本职工作所需的业务能力和专业知识；（3）具有全日制普通高等院校本科及本科以上学历（出纳人员应具有全日制普通高等院校专科及以上学历），具备从事相关专业三年以上的工作经历；（4）副处级干部年龄在40岁以下，一般干部年龄在35岁以下；（5）身体健康；（6）原则上需具有济南市正式户口。

报名办法：有意应考者请于3月17日到山东省人才市场（解放路24号）报名。逾期，请于3月26日前，持下列材料到中国保监会济南办公室报名：（1）个人简历（须详细写明工作、学习经历，并注明考聘专业）；（2）有关证件（学历证明、身份证、户口簿、专业资格证书原件及复印件）；（3）本人两张免冠2寸照片；（4）详细通信地址、联系电话、邮政编码。

中国保监会济南办公室地址：（略）

邮政编码：250011

联系人：×××、×××

电 话：（略）

资料来源：张耀辉主编：《应用文写作》，高等教育出版社2006年版。

（二）声明

1. 声明的概念

声明是国家、机关、单位、团体或个人，对某些重要问题或重大事件表明立场、观点、态度和主张的文体。

2. 声明的种类

常见的声明有两类：一类是政治性的声明，例如，两个及两个以上的国家、政党、团体就会谈的问题发表的声明；一类是日常社会生活事务的声明，如遗失声明等。

3. 声明的格式

(1)标题

声明的标题也有三种形式：一是文体名称作标题，如“声明”；二是事由加上文种，如“遗失声明”；三是发文单位加上事由加上文种，这种一般用于比较严肃事项的政治性声明，如“中华人民共和国和希腊共和国关于建立全面战略伙伴关系的联合声明”。

(2)正文

声明的正文应直接陈述有关事项，或表明对某个问题或事件的态度、立场。

(3)落款

落款，写在正文的右下方，包括单位及日期。

微型案例

严正声明

宏大公司郑重声明，凡未经宏大公司许可，以任何形式制造、销售或使用与宏大注册商标相同或相似的商标时，均属侵犯注册商标专用权，对上述侵权行为，宏大公司将追究侵权的法律责任。

宏大公司

2019 年 7 月 8 日

第二节　仪式类礼仪文书

一、请柬

请柬也称为“柬帖”“请帖”，是邀请个人或组织参加某个活动的书面通知。请柬的目的是为了邀请宾客参加某一活动，因此，它具有自己专门的写作对象。非邀请人员不属于请柬发送对象。请柬所使用的是一种书面形式的通知，一般用于联谊会与友好交往的各种纪念活动、婚宴、诞辰或重要会议等，发送请柬是为了表示隆重。在古代，请柬的“柬”字，本为“简”。“简”一般指竹简，人们把文字刻在简上用来记事，由于书写面积有限，篆刻也有些难度，所以用“简”书写文字的容量是较小的。人们把“简”连缀在一起而成“册”。到了魏晋时代，“简”就专门用来指一种短小的信札。

1. 请柬的种类

请柬按内容可分为喜庆请柬和会议请柬。

2. 请柬的形式

请柬按照形式可分为横式写法和竖式写法。

3. 请柬的格式

(1)封面

封面上居中写(印)上"请柬"二字,也可以做些艺术处理。

(2)称呼

顶格写上被邀请者的姓名或者受邀单位的名称,一般来说应该写全称。称呼后面可以加上适当的称谓,如"××先生"。

(3)正文

请柬的正文要写清活动的内容,写明时间、地点以及举行的方式。如有其他事项,可以写上附言,如"请准备发言""附入场券××张"等。

(4)结尾

在正文下面空两格,写上"敬请光临""恭候指导"等表示欢迎、恭敬的词语。

(5)落款

署上邀请者(单位或个人)的名称和发请柬的日期。

微型案例

请　柬

×××先生:

谨定于××年×月×日在××路×商场举行开业三周年庆典活动,届时恭候光临。

×××谨上

××年×月×日

二、迎、送致辞

欢迎词和欢送词是隆重集会上迎送宾客时,主人对宾客表示欢迎、欢送的讲话。

1. 迎、送致辞的格式

(1)标题

迎、送致词的标题一般有两种写法:一是直接写"欢迎词"或者"欢送词";另一种可以把致辞的时间、场合和迎、送的人物写在标题中。例如,"在欢迎×××领导宴会上的讲话"。

(2)称呼

写在标题下一行,顶格写,一般有两种写法:一种写法是使用尊称,写明名字和职位,如"××部长",职位后面还可以加上"阁下""先生"等称呼;另一种写法是使用泛称,如"先生们、女士们、来宾们"等。

(3)正文

正文部分一般分为三个内容:一是写上时间、背景、场合以及欢迎(送)的祝愿;二是根据具体的场合,写出宾客到来的意义以及对客人的评价、赞赏等;三是写出希望、决心和祝愿。

(4)结尾

迎、送词的结尾应用简短而热烈的话语,再次表示欢迎(送)、祝愿、感谢、惜别等。最后用"谢谢"结束全文。

(5)落款

写致辞者的姓名、职务以及致辞日期，位置可以在标题下方，也可以在文末右下方。

2. 迎、送词

(1)应真实地表达出对宾客的热烈欢迎(送)的感情，能体现出自己的诚意。

(2)称呼应用尊称，注意宾客的身份，致辞要恰到好处，感情真挚。

(3)文字要讲究文采，表述要生动，要连贯通顺。

(4)措辞应严谨，要尊重对方风俗习惯。

(5)用词言简意赅，篇幅不宜过长。

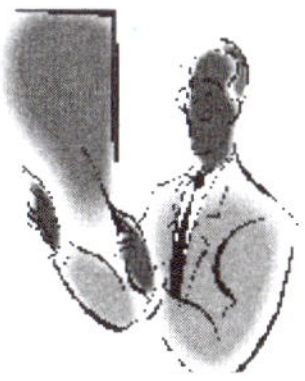

微型案例

欢送词

尊敬的女士们、先生们：

首先，我代表××，对你们访问的圆满成功表示热烈的祝贺！

明天，你们就要离开××了，在即将分别的时刻，我们的心情依依不舍。大家相处的时间是短暂的，但我们之间的友好情谊是长久的。我国有句古语："来日方长，后会有期。"我们欢迎各位女士、先生在方便的时候再次来××做客，相信我们的友好合作会日益加强。

祝大家一路顺风，万事如意！

三、答谢词

答谢词是宾客对主人的热情欢迎、款待、授赠表示感谢的讲话稿。作为对欢迎词的回应，答谢词一般出现在东道主的欢迎词之后，其中最为郑重的是外交场合的答谢词。

1. 特点

答谢词有两个重要的特点：

(1)欢愉性。作为客人，答谢词是要对东道主的盛情表示感谢，并为自己的到来对东道主带来的不便和增加的负担表示歉意，在礼尚往来之间体现出宾客对于参加此次活动的欢愉之情。

(2)交往性。答谢词通过对东道主的答谢展现交往的礼节和风范。

2. 种类

答谢词从表达方式上可分为现场讲演答谢词和报刊发表答谢词，从社交的角度又可分为私人交往答谢词和公事往来答谢词。

3. 格式

(1)标题

在各种仪式上宣读的答谢词一般不拟标题。在书报上刊印时，编者一般会加上"在××会议上××同志的答谢词"等。

(2)称谓

即致答谢词的对象，要突出被答谢的主要人物，然后用泛称一次列出被答谢对象。

(3)开头

答谢词的开头应以感激的话表示谢意，并向东道主表示诚挚的问候和良好的祝愿。

(4)主体

这部分主要是阐释活动的意义。如果是出访,可强调是为了增进双方的友谊、加强今后的合作等;如果是受赠,可以简要解释受赠的意义,从而传达对东道主的尊重和感谢之情。如果致答谢词者本身的地位比较高,备受尊重,那么在致答谢词时还可以谈一些与欢迎仪式有关的见闻、感觉和印象,既可活跃气氛,又可以表达感谢之意。

(5)结束语

一般来讲,答谢词都会以再次致谢作为结束语。如果是在宴会上,可以用祝酒的形式作结。

4. 注意事项

(1)要选用必要的能够体现真情的客套话。在利益场合,必要的客套话是不能省略的,比如“感谢”“致敬”之类热情洋溢的词语。

(2)应尊重对方的习惯。在异地做客,应要先了解当地的民情、风俗,尊重对方习惯。

(3)要注意照应欢迎词。东道主致欢迎词在前,那么,作为客人就不能“充耳不闻”。答谢词要注意与欢迎词的某些内容照应,这体现的是对主人的尊重。

(4)篇幅力求简短。

微型案例

答谢词

××饮料厂公关部的同志们:

我们今天初临贵境,刚下飞机就得到你们的热情接待。刚才陈部长还给我们详细介绍了情况和经验,给我们周到地安排了参观和吃饭、休息,使我们感到就像回到家里一样亲切、温暖,谨让我代表参观团的全体同志向你们——并通过你们向厂领导和全体职工致以衷心的感谢!

××饮料厂因其生产的高级××牌健康饮料质量上乘和慷慨捐助群众性体育活动而闻名全国。我们虽然远在千里之外的大西北,××饮料的名声也早已如雷贯耳。我们这次远道慕名而来,不仅想看看你们是怎样生产、学习和生活的,而且想要学习你们改革开放的新思想、新观念和宝贵经验。刚才陈部长介绍的3条经验已经使我们感到耳目一新。在今天的参观访问中,我们一定能够学到更多的东西。我们参观团的成员全部来自企业,虽然不都是做饮料的,还有做电器的、微机械的、做家具的等,但我们相信,你们的宝贵经验于我们都会有极大的帮助和启发。

再次感谢东道主的盛情!

谢谢!

四、开幕词、闭幕词

(一)开幕词

开幕词是在大型会议开始时,由组织召开会议的单位主要领导人向大会全体代表发表的公开讲话。开幕词的主要目的是阐述会议的指导思想、宗旨、重要意义,向与会者提出开好会议的要求,或祝愿会议成功。开幕词对开好会议具有重要的指导作用。

1. 种类

开幕词按内容可以分为专题性开幕词和一般性开幕词两种。

专题性开幕词是由会议主办方的领导(又是本专业领域的专家学者)致辞。专题性开幕词对会议召开的历史背景、重大意义或会议的中心议题等作重点阐述,有的还发表对会议主题的个人观点。

一般性开幕词则是由会议主办方领导出面,是否为本专业领域的专家并没有特殊要求。在致开幕词时,只需对会议的目的、议程、基本精神、来宾等做简要概述,并不要求对会议的主题提出自己独到的观点和看法。

2. 格式

(1)标题

开幕词的标题通常有三种写法:一是用会议名称作标题;二是前面再加上领导人姓名;三是用提示内容中心或主旨的标题,在后面通常加上副标题。

(2)题下签署

开幕词的题下,通常要标明致辞人姓名(即法定作者)、日期(致辞日期)。

(3)正文

开幕词的正文,一般是开头先顶格写称呼。称呼通常为"同志们""朋友们""各位代表"等。第一段宣布会议开幕。第二段进入开幕词的主体部分,这个部分先说明此次会议的基本情况,包括出席人数、会议组织情况、会议议程等,接着便表明此次会议的任务和宗旨,以及对前一阶段工作的简要回顾、对目前有关形势的分析等。正文结束部分要提出希望、发出号召,如"祝愿会议圆满成功"等。

微型案例

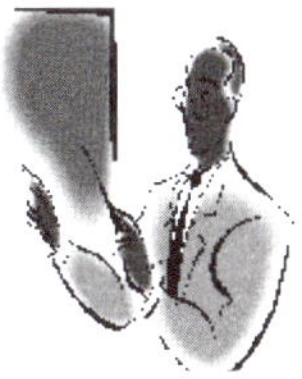

××在中国国际汽车展览会开幕式上的讲话

(××年×月×日)

女士们、先生们:

早上好!由新加坡××有限公司主办、中国××协会与我分会所属的上海市国际贸易信息和展览公司承办的"中国国际汽车展览会"今天在这里开幕了。我谨代表中国国际贸易促进委员会上海市分会、中国国际商会上海分会表示热烈祝贺!向前来上海参展的西班牙、比利时、中国台湾地区和香港地区以及我国各省的中外厂商表示热烈的欢迎!

本届展览会将集中展示具有国际水准的各类××产品及生产设备,为来自全国各地的科技人员提供一次不出国的技术考察机会,同时,也为海内外同行共同切磋技艺创造了条件。

朋友们,同志们:上海是中国最重要的工业基地之一,也是经济、金融、贸易、科技和信息中心。上海作为长江流域乃至全国对外开放的重要窗口,将实行全方位开放。我国政府已将浦东的开发开放列为中国今后十年发展的重点。上海将进一步改善投资环境,扩大与各国各地区的合作领域。我真诚地欢迎各位展商到上海的开发区和浦东新区参观,寻求贸易和投资机会,寻找合作伙伴,作为上海市的对外商会——中国国际贸易促进会上海市分会——将为各位朋友提供卓有成效的服务。

最后,预祝"中国国际汽车展览会"圆满成功!感谢大家!

（二）闭幕词

闭幕词是会议结束时由主要领导人向全体会议代表所做的总结性讲话。致闭幕词的人，通常与致开幕词的领导身份相当或略低。闭幕词的主要内容是对会议进行概括性的评价和总结，并向与会者提出贯彻、落实大会精神的要求，向与会单位提出奋斗目标和希望。

1. 种类

闭幕词按内容可以分为专题性闭幕词和一般性闭幕词。

专题性闭幕词是由会议主办方的领导（又是本专业领域的专家学者）致辞。专题性闭幕词对会议召开的历史背景、重大意义或会议的中心议题等，做重点阐述，有的还发表对会议主题的个人观点。

一般性闭幕词是由会议主办方领导出面，是否为本专业领域的专家并没有特别要求。一般性闭幕词只需要对会议的目的、基本精神等做简要概述，并不要求对会议的主题提出自己独到的观点和看法。

2. 格式

（1）标题

闭幕词的标题通常有三种写法：一是用会议名称作标题；二是前面再加上领导人姓名；三是用提示内容中心或主旨的标题，在后面通常加上副标题。

（2）题下签署

闭幕词的题下，通常要标明致辞人姓名（即法定作者）、日期（致辞日期）。

（3）正文

闭幕词的主体部分主要是评述大会的议程，总结会议的重要意义，结尾部分为号召与希望，也可以对会议有关的事项略加说明，最后以宣布会议结束作结，常见的结束语为“现在，我宣布，××××大会闭幕”。

微型案例

第七次职工代表大会闭幕词

×××

各位代表、同志们：

××市儿童医院第七次职工代表大会经过全体代表的共同努力，已经顺利完成各项议程，今天就要闭幕了。

在这次代表大会上，代表们以高度的使命感和主人翁精神，认真审议并通过了周院长所做的《医院工作报告》和《××年医院工作计划》。代表们认为，周院长所做的报告，客观全面地总结了去年医院所取得的成绩，也实事求是地指出了存在的问题。对××年的工作计划，提出了五大工作任务，明确了医院效益再上新台阶的目标，适应形势，简明扼要，突出重点，富有远见和开创性，催人奋进。

本次大会收到并立案受理了16份代表提案，这些提案内容涉及医疗护理业务、医院管理、医院建设、生活福利和工会建设等范围，反映了职工代表关心科室、关心医院、关心职工的热情和责任感。各职能科室在收到这些提案后，都尽快地提出受理意见，这些提案的受理和实施将对我院今后的工作和业务建设起到积极的推动作用。各种提案的提出与实施再一次实践了我们职工参与医院的民主决策、民主管理和民主监督的权利。

经过大会主席团和全体代表的努力工作，本次大会充分酝酿和民主选举产生了新一届工会委员会和经费审查委员会，为我院工会工作的顺利开展提供了新的组织保证。借此机会，我提议让我们以热烈的掌声，对当选的新一届工会委员会的各位委员表示热烈的祝贺！对各位代表和为本次大会的胜利召开与筹备而做了大量工作的同志表示衷心的谢意！尤其是对上届，以及历届工会委员会所付出的辛勤劳动表示崇高的敬意和诚挚的感谢！

各位代表，我们这次会议和前六次职代会一样，是一次民主团结、统一思想和继往开来的大会，希望各位代表会后要以这次大会为契机，认真学习贯彻中共十六大精神，弘扬“万众一心、众志成城、团结互助、和衷共济，迎难而上、敢于胜利”的精神，团结全院职工，凝聚集体的力量，勇于面对新的挑战和竞争，脚踏实地地做好本职工作，为实现医院提出的××年工作计划和目标而奋斗。

现在我宣布：××市儿童医院第七次职工代表大会胜利闭幕。

××年×月×日

小　结

关键术语

贺信　贺电　祝酒词　慰问信　启事　声明　请柬　欢迎词　欢送词　答谢词　开幕词　闭幕词

本章小结

1. 贺信、贺电是向对方表示祝贺和赞誉的礼仪文书，常用于节日、庆典、竣工、升迁、寿辰等场合，是一种最常见的祝贺方式。

2. 祝酒词一般是在较为正规的宴会开宴前，宾客双方互相敬酒时发表的表示诚挚敬意的讲话。

3. 慰问信是以组织或个人的名义，向有关单位或个人表示慰藉、问候、致意的专用书信。慰问信一般用于重大节日、纪念日对有关人员进行慰问，对受到意外灾害、蒙受严重损失的人员进行慰问，对做出重大贡献的人员进行慰问等。

4. 启事是机关、团体、企事业单位或个人向社会或一定范围内的人群公布、说明或请求予以协助办理某事项而撰写的应用文章。启事一般刊登在报刊上或张贴在公众场所，有的通过报纸、刊物、电视、广播等媒体公布，有的以大字书写、印制，公开张贴，有的印刷后散发，具有告知性。

5. 声明是国家、机关、单位、团体或个人，对某些重要问题或重大事件表明立场、观点、态度和主张的文体。

6. 请柬也称为“柬帖”“请帖”，是邀请个人或组织参加某个活动的书面通知。请柬的目的是为了邀请宾客参加某一活动，因此，它具有自己专门的写作对象。非邀请人员不属于请柬发送对象。

7. 欢迎词和欢送词是隆重集会上迎送宾客时，主人对宾客表示欢迎、欢送的讲话。

8. 答谢词是宾客对主人的热情欢迎、款待、授赠表示感谢的讲话稿。作为对欢迎词的回应，答谢词一般出现在东道主的欢迎词之后。其中最为郑重的是外交场合的答谢词。

9. 开幕词是在大型会议开始时，由组织召开会议的单位主要领导人向大会全体代表发表的公开讲话。开幕词的主要目的是阐述会议的指导思想、宗旨、重要意义，向与会者提出开好会议的要求，或祝愿会议成功。开幕词对开好会议具有重要的指导作用。

10. 闭幕词是会议结束时由主要领导人向全体会议代表所做的总结性讲话。致闭幕词的人，通常与致开幕词的领导身份相当或略低。闭幕词的主要内容是对会议进行概括性的评价和总结，并向与会者提出贯彻、落实大会精神的要求，向与会单位提出奋斗目标和希望。

知识结构图

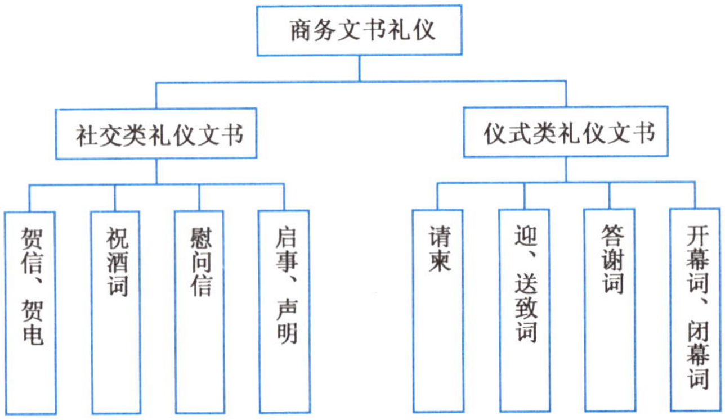

应　用

案例研究

案例一

超霸贸易公司郑重声明

凡未经东芝株式会社许可，以任何形式制造、销售或使用与 TOSHIBA 注册商标相同或相似的商标时，均属侵犯注册商标专用权，对上述侵权行为，日本东芝株式会社将联同中国国际贸易促进会专利商标事务所依法追究侵权的法律责任。

资料来源：张耀辉主编：《应用文写作简明教程》，高等教育出版社 2006 年版。

问题：

1. 声明的特点是什么？
2. 以上声明有哪些不妥当的地方？请写出正确的声明。

案例二

佛山市雕塑院院长简锡昭致开幕词

各位领导、各位嘉宾，女士们、先生们：

“2015 年中国佛山现代陶艺国际研讨会暨中国佛山第一届国际现代陶艺邀请展”今天隆重开幕了，我谨代表本次研讨会的主办单位佛山市雕塑院、佛山市现代陶艺研究中心，向今天到会的各位领导、各位嘉宾和艺术家们表示热烈的欢迎，同时，向为本次活动的举办辛勤工作的全体工作人员表示衷心的感谢！

佛山是一个经济发展迅速的城市，也是国家历史文化名城之一，佛山的陶文化历史可以追溯至 5 000 年前的新石器时代，河宕遗址的发现证明了佛山的古代先民有相当发达的陶业。此后，历经唐、宋时期，直到明、清两代，佛山（尤其是石湾）的陶业进入了繁盛时期，俗称“公仔”的陶塑作品深受社会各阶层的欢迎，行销国内，流传海外。直到今天，一条始烧于明朝正德年间的古代龙窑——南风古灶，其窑火历 500 年仍生生不息，象征着佛山陶艺在历史的基础上将薪火相传，再创辉煌。当代佛山陶艺人，将以更为开放的姿态，融入东西方陶艺交汇之中，进行新的探索。

举办本次国际研讨会的目的在于，弘扬优秀传统文化，传承佛山千年陶艺，加强中国本土陶文化与国际间的交流与学习，确立佛山陶艺创作与研究的地位和影响。本次研讨会的研讨主题是“二十一世纪东西方现代陶艺交汇”，并将从“东西方现代陶艺交汇的国际背景及发展趋势”“中国本土陶文化的当代性”“佛山陶文化与佛山城市文化形象的确立”以及“现代陶艺在公共环境艺术中的作用与展望”四大方面对主题展开研讨。研讨会期间，还将举行现场陶艺制作、陶艺作品邀请展、陶瓷艺术电影展等活动。

本次研讨会得到了广东省文化厅、中共佛山市委、市人民政府的关心与支持，得到了中国陶瓷工业学会和佛山市社会各界的鼎力支持。参加本次研讨会的有来自美国、英国、加拿大、挪威、韩国、印度、刚果等国家和中国香港特别行政区、台湾地区及内地 100 多位陶艺界著名专家、学者、艺术家，有来自韩国“国际陶艺双年展”基金会的同行，有来自江西省景德镇市委、市政府的领导——相信在社会各方面的共同努力和热情参与下，“2015 年中国佛山现代陶艺国际研讨会暨第一次佛山现代陶艺作品展”将会开成一次成功的、圆满的、具有深远影响的盛会，并将为弘扬中华文化、传播佛山陶艺、推动中国现代陶艺普及与发展，提高全民素质起到积极作用，同时对于促进古镇陶都佛山及全国各地未来城市景观的提升与发展也具有重要意义。

祝各位身体健康！

祝艺术家们创作愉快！

谢谢大家！

2015 年 5 月 26 日

资料来源：根据佛山市文化广电新闻出版局政务网相关资料整理、改编。

问题：

1. 开幕词的特点是什么？

2. 请根据这篇开幕词，写一篇相应的闭幕词。

实验实训

1. 校团委和校学生会共同举办的“新生歌手大赛”活动正式开幕了。你作为校团委书记，被邀请致开幕词。请你就此写一篇开幕词，要求格式正确。

2. ××公司主办、中国××协会上海分会承办的“上海××博览会”闭幕，为期 5 天。在闭幕当天晚宴上，参展商××代表××董事长致答谢词。你是会务秘书，请代××董事长拟答谢词。

复习思考题

1. 请柬的格式包括哪几部分？
2. 答谢词的注意事项有哪些？
3. 写寻人启事应注意什么？

第九章　涉外商务礼仪

学习目标

知识目标：掌握各个国家的商务礼仪知识。

技能目标：能够熟练应用亚太地区主要国家的商务礼仪、熟悉欧美地区主要国家的商务礼仪以及非洲及中东地区主要国家的商务礼仪。

引入案例

待命的出租车

一次，某酒店的机场代表小汤从交易会接客人回酒店。途中，一位外国客人主动跟小汤闲聊，从闲聊中小汤得知客人想回酒店拿点东西，然后再乘出租车到××酒店找一位朋友。下车后，小汤马上为客人叫好出租车。当客人见到待命的出租车时，既感激又惊讶，因为他根本没有料到小汤会帮他叫好车，因此，他很高兴地连声向小汤道谢。

两天后，客人要离开酒店了，他特意去跟小汤道别："小姐，我今天要离开你们酒店了，非常感谢你，希望下次来的时候能再次见到你。"瞬时，小汤也惊讶了：自己只不过主动为客人做了些力所能及的小事，客人却记在心里，一阵喜悦和满足感使小汤露出了甜甜的笑容。

从客人的反应来看，自己用心服务，为客人着想，得到了客人的认同和肯定。因此，她觉得干酒店这一行，虽然很辛苦，压力也大，但是只要肯付出的话，就会有收获的。

资料来源：riji. zqnf. com/104500. htm。

问题：你从案例中学到什么知识？

随着社会经济的发展，国际经济的融合进一步加快，加大开放、加快发展已经成为我国的基本国策。

涉外经济活动的经常化促使商务组织不得不高度重视商务礼仪，因为只有遵照规范的、得体的商务礼仪，才能树立组织和个人的良好形象，才能有助于商业目的的实现。在国际交往中，商务人员所代表的不仅仅是自己，同时还代表着所在企业的形象，甚至还代表整个国家的形象。因此，涉外活动中的言行举止必须遵循国际规则，符合涉外礼仪规范，以维护国家的尊严以及企业、个人的形象，促进合作的成功。

在涉外商务活动中，比较通行的观点是商务人员应当遵守 12 项商务礼仪，具体来讲就是维护形象、不卑不亢、求同存异、入乡随俗、信守约定、热情有度、不必过谦、不宜先为、尊重隐私、女士优先、爱护环境、以右为尊。由于世界上地域、民俗、文化、价值观等各方面的差异，使得世界各国的商务礼仪也表现出特别大的差异，商务人员只有掌握世界各国的主要商务礼仪，才能有助于在商务活动中互利、互惠、共存、共赢。

第一节　亚太地区主要国家的商务礼仪

一、日本

微型案例

日本某公司主管生产物资采购的负责人与兰州某公司洽谈下半年度高纯铝采购事项，由于日本客户由小王专门负责，因此公司委派小王接待日方采购负责人。

因为该日本公司是这家兰州公司最大的采购商，所以小王制订了周密的接待安排计划。接机和商务会谈都非常顺利，对下半年的采购量和价格双方都达成了一致意见，为了表示重视和庆祝，兰州公司在当地一家很有特色的酒店预订了筵席，进出口公司负责人也参加了宴会。

宴会开始后，日本客人看到这么多兰州特色菜，说："我以前来中国无数次了，兰州还是第一次来，这次一定要品尝兰州的美味。"此时小王的上司提出为了合作愉快大家干一杯，日本客人表示中国的酒太烈，喝不了，但是小王的上司表示来了兰州一定要品尝这种酒，无奈之下日本客人也只好喝了。此时小王的上司还向小王示意也向他们敬酒，无奈之下，日本客人在小王的再三劝说下又喝了几杯，很快日本客人就酩酊大醉，而且还把第一次品尝的美食都吐了出来。虽然次日小王送机时不断向日方客户道歉，但对方表示再也不敢来兰州了。

资料来源：吕维霞、刘彦波编著：《商务礼仪》，清华大学出版社 2007 年版。

问题：请分析案例中负责接待中方的失礼之处。

（一）见面礼仪

日本人通常以鞠躬作为商务见面礼节。在初次见面时一般不谈工作，相互鞠躬、相互引见、自我介绍、互递名片已经成为一整套的礼仪。如果是老朋友或者相互间已比较熟悉，就主动握手或拥抱。日本人在行鞠躬礼时，手中不得拿东西，头上不得戴帽子，行见面礼时，日本人讲究必须同时态度谦恭地问候交往对象。

（二）称呼礼仪

日本人常用的寒暄语有"您好""您早""请休息""晚安""对不起""请多关照""失陪了"等。称呼日本人时，可以在其姓氏之后加上一个"君"字，将其尊称为"某某君"。只有在很正式的情况下，称呼日本人时才须使用其全名。

（三）馈赠礼仪

日本人盛行送礼，包括商务活动，他们既讲究送礼，也讲究还礼。据说普通家庭的收入中大约有 8%是用于送礼的开支。访问亲友或者出席宴会是肯定要带礼物去的。送日本人礼物也要选择适当，中国的文房四宝、名人字画、工艺品等最受欢迎，但是字画的尺寸不宜过大。

(四)服饰礼节

日本人注意衣着仪表,特别是在正式的商务活动中,不修边幅被认为没教养。商务场合一般要着礼服,可以西装革履,西装为套服。天气炎热时穿衬衣也不能卷起袖子,参加集会时,主人没有请宽衣,不能随便脱外衣,一般场合下不允许穿背心或赤脚。民间节日,日本人最喜爱的还是和服,特别是妇女,认为只有穿上民族色彩的和服才是最正式、最有礼貌的。

(五)餐饮礼仪

"日本料理"自古被称为"五味(甜、酸、咸、苦、辣)、五色(白、黄、赤、青、黑)、五法(生、煮、烤、烫、蒸)料理";日本人以熟食为主,也喜生食。著名的日本风味食品有生鱼片、寿司等。早餐以牛奶、面包、稀饭为多,午餐、晚餐吃大米饭,副食主要是蔬菜和鱼类。日本人爱吃鱼、爱饮茶、爱吃面酱。日本男人喜欢喝酒,以日本清酒为主。日本人在宴客时,大多忌讳将饭盛得过满,并且不允许一勺盛一碗饭。

茶道,是日本人用来修身养性、进行交际而特有的沏茶、品茗的高尚技艺,是一种讲究礼仪、陶冶情操的民间习俗。它以"和、敬、清、寂"为精神,用它来款待远道而来的尊贵宾客是对客人的最高礼遇。

(六)礼仪禁忌

日本人忌讳荷花图案,因为在日本荷花是用来祭奠故去的人的;日本人也不愿意接受菊花或有菊花图案的东西作为礼物,因为菊花是日本皇室家族的标志;在看望病人时,忌讳送盆栽或者带着泥土的花,因为这种花在日语里的发音与"卧床不起"相似。商务馈赠时,切勿赠数字为"4"和"9"的礼物,因为"4"与"死"的发音相似,"9"与"苦"的发音相似;送日本人婚礼礼金时要避免偶数,因为偶数是 2 的倍数,容易导致夫妇分裂;在日本不能 3 人合影,认为中间的人被左右 2 人夹着,是不幸的预兆。日本商人忌讳 2 月和 8 月,因为这两个月是营业淡季。在日本发信时,邮票不能倒贴,倒贴是绝交的表示。日本人没有相互敬烟的习惯。商务宴请中,不宜劝导日本人开怀畅饮。日本人很忌讳别人打听他的工资收入,年轻的女性忌讳别人询问她的姓名、年龄以及是否结婚等。

小资料

日本商务谈判礼仪

日本人非常看重地位和规则,他们敬仰权力和崇拜自认为高贵的东西,而看不起自认为劣等的事物,他们有极其强烈的自我意识。他们非常讲究礼节,常常在轻松的谈判中讨价还价。他们有很强的时间观念,但是他们的决策过程十分缓慢,因为他们的决策过程是典型的集体通过方式,没有某个人对谈判负有全权责任,决议的过程是自上而下。决议一旦通过后其执行效率很高,因为每个人都明确自己的职责,并且都同意按照决定去行使。其他国家的谈判者常常感到与日本人打交道很困难,一个重要原因即是他们面对的不是一两个人而是一个整体。日本人在谈判中很难表现出灵活性,因为任何对他们提议中的修正都需要全体成员长时间的讨论。

与日本人谈判很关键的一点是在谈判前建立个人的友谊和信任,最有效的办法莫过于找到一个"局内人",即所谓的"熟人",通过他的引荐便可以与日本同行建立联系。日本文化属于高度关联文化,日本人在交往时喜欢用含蓄和间接的方式来表达自己。他们愿意私下讨论比较敏感的事情,并且避免在公共场合与他人公开辩论。

二、韩国

(一)见面礼仪

韩国人一般采用握手作为商务见面礼节，在行握手礼时，他们讲究使用双手，或单独使用右手。当晚辈、下属与长辈、上级握手时，后者伸出手来之后，前者须先以右手握手，随后再将自己的左手轻置于后者的右手之上。韩国妇女在一般情况下不与男子握手，而往往代之以鞠躬或者点头致意。韩国人初次见面时，经常交换名片。韩国人见面时，一般以咖啡、不含酒精的饮料或大麦茶招待客人。

(二)称呼礼仪

一般情况下，韩国人爱用尊称和敬语称呼他人。韩国很多人养成了通报姓氏的习惯，并和“先生”等敬称连用。商务合作伙伴若拥有能够反映其社会地位的头衔，韩国人在称呼对方时一定会屡用不止。

(三)馈赠礼仪

在韩国如应邀去做客，不可空手前往，应带一束鲜花或一份小礼物，并用双手奉上，接受礼物时不要当面打开。

(四)服饰礼仪

韩国人在商务活动中通常都穿着西式服装，逢年过节的时候，韩国人往往会穿自己本民族的传统服装。在韩国，参加社交活动时光脚穿鞋子，是一种失礼的行为。进屋之前需要脱鞋时，韩国人是不准将鞋尖直对房间之内的。

(五)餐饮礼仪

韩国人主食为米饭、打糕和冷面。韩国人爱吃辣椒、泡菜，烧烤中要加辣椒、胡椒、大蒜等调味品。韩国人喜欢吃牛肉、猪肉、鸡肉和海味。素菜中喜欢吃黄豆芽、卷心菜、细粉、菠菜、萝卜、洋葱等。韩国人用餐时不随便出声，不边吃边谈，与长辈同桌就餐时不许先动筷子，不可用筷子对别人指指点点，在用餐完毕后要将筷子整齐地放在餐桌的桌面上。

(六)礼仪禁忌

韩国人初次的商务接触，要有一位双方都尊敬的第三者介绍和委托，否则不容易得到对方的信赖。为了介绍方便，要准备好名片，中英文或韩文均可，但要避免在名片上使用日文。到公司拜会，必须事先约好。会谈的时间最好安排在上午 10：00 或 11：00 左右，下午 14：00 或 15：00。韩国人忌讳“4”，认为这个数字不吉利，所以许多楼房的编号都没有“4”，军队、医院等也不用“4”编号，因此在接待韩国人时须注意回避。在饮茶或饮酒时，主人总是以 1、3、5、7 的数字来敬酒、敬茶、布菜，并力避以双数停杯罢盏。

三、新加坡

(一)见面礼仪

新加坡人在商务场合与客人相见时，一般惯行握手礼。在与东方人相见时，也有施鞠躬礼的习惯；新加坡佛教徒在与客人相见时，惯以双手合十为礼，客人同时也应以双手合十还礼，以示相互尊重。

(二)称呼礼仪

新加坡人忌口出脏话。要多用谦辞、敬语。

（三）馈赠礼仪

如应邀去新加坡人家里赴宴，送一盒巧克力或一束鲜花将是受欢迎的。

（四）服饰礼仪

新加坡人忌蓬头垢面、衣冠不整。新加坡人喜欢穿自己的国服。新加坡人的国服，是一种以胡姬花作为图案的服装。在政务活动和商务交往中，新加坡人穿着也很讲究，男士一般穿深色西装或白色长袖衬衫和深色西裤，并打领带；女士则穿套装或深色长裙。在新加坡的许多公共场所，穿着过分随便者，如穿沙滩装、低胸装、露背（脐）装，会被禁止入内。

（五）餐饮礼仪

新加坡人的口味喜欢清淡，讲求营养，平时爱吃米饭和多种海鲜，如炒鱼片、炒虾仁等，对于面食不太喜欢。广东菜、福建菜和上海菜，很受欢迎。爱吃桃子、荔枝、梨等水果。下午爱吃点心，早餐喜欢吃西餐，午餐和晚餐多偏爱中餐。

（六）礼仪禁忌

新加坡人忌黑色。喜欢红色，认为红色是喜庆、热烈、庄严、吉祥的象征，具有激励人们奋发向上的作用，也看好白色，认为白色是纯洁与美德的象征。与新加坡人交往时要注意忌乌龟图案。喜爱吉祥字，如“喜”“鱼”等，喜爱的吉祥画有表示“平安”的苹果，表示“和平”的荷花，表示“力量”的竹子，表示“幸运”的蝙蝠等。也喜欢红双喜、大象、蝙蝠图案。

四、印度

微型案例

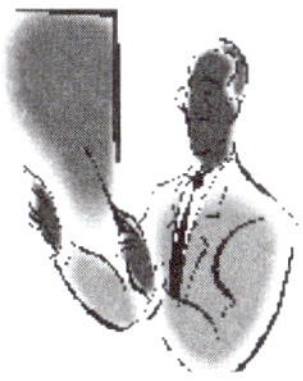

尊重禁忌，礼待客户

云南省的一家外贸公司与印度某商贸公司新近做成一笔生意。为表示合作愉快，加强两公司今后的联系，努力成为密切的商业伙伴，中方决定向印方赠送一批具有地方特色的工艺品——皮质的相框。中方向当地的一家工艺品厂定制了这批货，这家工艺品厂也如期保质保量地完成了。当赠送的日子快要临近时，这家外贸公司的一名曾经去过印度的职员突然发现这批皮质相框是用牛皮做的，这在奉牛为神明的印度是绝对不允许的，很难想象如果将这批礼品赠送给印方会产生什么样的后果。幸好及时发现，才使中国的这家外贸公司没有犯下错误，造成损失。他们又让工艺品厂赶制了一批新的相框，这回在原材料的选择上特地考察了一番。最后将礼品送给印方时，对方相当满意。

资料来源：赵春珍编著：《中外礼仪故事与案例赏析》，首都经济贸易大学出版社 2011 年版。

问题：在涉外交往馈赠礼品时，我们应当注意哪些问题？

（一）见面礼仪

印度人的商务见面礼节有合十礼、拥抱礼和握手礼。但不可用左手相握，印度妇女不习惯同男性握手。在社交场合，人们讲究等级，重视身份。迎接贵宾时，主人会献上花环，套在客人的脖子上。正统的锡克教信徒头戴包头巾，不抽烟，不吃牛肉并且不剪头发。进入印度人的住家要脱掉鞋子。

(二)馈赠礼仪

做客时可以带水果和糖果作为礼物,或给主人的孩子们送点礼品。

(三)服饰礼仪

印度人穿着朴素、清洁,体现民族特色。一般场合男子上身穿一件“吉尔达”,即一种宽松的圆领长衫;下身则穿一条“陀蒂”,即一种以一块白布缠绕在下身直至脚面的围裤。在正规的活动中,在“吉尔达”之外,再加上一件外套,年轻人则喜欢穿西装。女子最具民族特色的服装是“纱丽”,即一大块丝制长巾,披在内衣以外,好似一件长袍。纱丽色彩艳丽,图案优美漂亮。印度人外出尤其在正式场合,不能露出头顶,故女子头披纱巾,男子则根据宗教信仰不同,或戴帽子,或裹头巾。

(四)餐饮礼仪

印度人以米饭为主食,也喜欢吃印度烙饼。副食有鸡、鸭、鱼、虾、蛋及蔬菜,爱吃马铃薯。对中国菜中的鱼类感兴趣。咖喱是饭菜都离不开的调料,酱油不能被用作调料。不吃菇类、笋类、木耳。印度人中食素的人特别多,而且社会地位越高的人越不食荤。大多数印度人不喝酒、不吸烟。宴请印度客人,如对方不愿喝酒,不要勉强劝酒。白开水和红茶是主要饮料。喝茶时,通常将茶斟入盘内,用舌头舔饮。用餐时一般不用任何餐具,习惯于用右手抓食。请客时,印度人往往会请座中最有钱的人或最受欢迎的人买单。

(五)礼仪禁忌

印度人把1、3、7视为不吉利的数字,所以总要设法避免。忌讳白色、弯月的图案和百合花;印度奉牛为神圣,所以禁食牛肉,一般人忌穿牛皮鞋和使用牛皮制品。还崇拜蛇,认为杀蛇是触犯神明的行为。孔雀是国鸟,列为重点保护对象,禁止捕杀。不喜欢鹤、龟及其图案。忌用左手传递物品、接触别人,或摸别人的头。忌用澡盆给孩子洗澡,认为是“死水”,是不吉利、不人道的行为。当众吹哨是失礼行为。交谈时,不要主动涉及宗教与民族矛盾、印巴冲突、核武器、两性关系等问题。

小资料

印度商务谈判礼仪

印度人有着悠久的争取独立的历史,他们十分崇尚独立和自由,但他们缺乏责任感,常常会怀疑别人。他们可以与他人保持良好的关系,但是一旦事情涉及自身的利益时,就会设置障碍,使谈判很难有所进展。一般情况下,印度人并不珍惜时间并且常常在约会时迟到。

五、泰国

泰国有“佛教之国”“白象之国”之称。

(一)见面礼仪

泰国人见面时一般不握手,而是行合十礼,并互道一声“萨瓦迪卡”(泰语音译,意思为“安乐吉祥”)。合十的双手举得越高,表示对对方越尊重。行礼时双手合掌,十指并拢,置于胸前,手掌尖对鼻尖,微微低头。晚辈见长辈时双手举至眼部,平辈相见举到鼻部,长辈对晚辈还礼时至胸前。地位较低或年纪较轻者应先行礼。当一方致意时,受礼者应还合十礼。泰国人告辞时也互致合十礼。现在,泰国政府官员、知识分子见面时常握手问好。

(二)称呼礼仪

泰国人不用姓氏而用名字称呼;如果你被称为"比尔先生"或"玛丽小姐"时,不必感到奇怪。

(三)馈赠礼仪

泰国商人喜欢互赠礼物。他们喜欢对方送些小礼品给他们的孩子,玩具、书画都行。鲜花也是合宜的礼物。

(四)服饰礼仪

泰国各个民族都有自己的传统服饰。现在,泰国城市中的男子在正式社交场合通常穿着深色西装,打领带。女性在正式的社交场合穿民族服饰,也可穿裙子。在日常生活中,可穿流行服饰,但在公共场合忌穿短裤。但是,无论去哪里,都不要让鞋底露出,尤其不要把鞋底朝向对方。旅行时最好自带拖鞋。

(五)餐饮礼仪

泰国商人不喝热茶,而习惯在茶里放冰块,成为冰茶。喝果汁时习惯加少许盐。喜辛辣和鲜嫩之物,爱吃咖喱饭和冬荫功汤;不喜欢过咸和过甜的食物,不吃红烧的菜肴。泰国人习惯围着小圆桌跪膝而坐,用手抓食物,不用筷子,但现在有用叉子和勺子的。泰国食品和中国食品大同小异。

(六)礼仪禁忌

泰国男子满 20 岁后,都要出家一次,当 3 个月的僧侣,国王也不例外,否则会被人看不起。在泰国随便用手触摸他人的头部,被视为对他人的极大侮辱。即使对小孩表示亲昵,也不要随便抚摸头部,以免给小孩带来厄运。左手拿东西给别人是鄙视对方的行为。到泰国朋友家中做客,进门时要小心跨过门槛,万万不可踩着人家的门槛。泰国人认为门槛下住着神灵,断不可冒犯。在泰国,人们用红笔将死者的姓名写在棺木上。因此,泰国人忌用红笔签名,认为红色是不吉利的。鹤、龟的图案在泰国是不受欢迎的,泰国人忌讳这两种动物以及印有其形象的物品。鹤被视为"色情"鸟,龟则被视为男性"性"的象征。不要任意评说国王和王室成员,不要非议佛教。泰国人喜欢数字"9",泰语里的"9"是进步的意思。进入佛殿要脱鞋,进入当地人家的客厅也要脱鞋。

微型案例

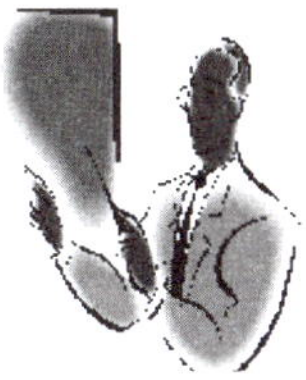

约翰逊访泰

20 世纪 60 年代,美国总统约翰逊访问泰国。在受到泰国国王接见时,约翰逊竟毫无顾忌地跷起了二郎腿,脚尖正对着国王,而这种姿势,在泰国是视为侮辱的,因此引起泰国国王的不满。更为糟糕的是,约翰逊在告别时竟然用得克萨斯州的礼节紧紧拥抱了王后。在泰国,除了泰国国王外,任何人都不得触及王后,这就使泰国举国哗然。约翰逊的举动产生了不小的遗憾,也成了涉外交往中的典型笑话。

资料来源:出国留学网,http://www.liuxue86.com/a/2337800.html。

问题:在与泰国人交往时,我们应当注意哪些礼仪?

六、澳大利亚

(一)见面礼仪

商务活动轻松、随意,不过不鼓励未经预约突然拜访的行为。会谈前应先预约,即使你是从 5 000 英里远的地方赶来也不例外。澳大利亚人见面时所行的既有拥抱礼、亲吻礼,也有合十礼、鞠躬礼、握手礼、拱手礼、点头礼,可谓五光十色。土著居民在见面时所行的勾指礼,就极具特色,即相见的双方各自伸出手来,令双方的中指紧紧勾住,然后再轻轻往自己身边一拉,以示相亲、相敬。

(二)称呼礼仪

同事、客户或饭店里的侍应生习惯于称“伙伴”,表示友好,女士们也在使用,“先生”这个称呼表示尊敬。

(三)馈赠礼仪

有英国文化背景的澳大利亚人可能喜欢红茶、橘子汁、苏格兰威士忌、脆饼和杰迈街衬衫等,来自亚洲和南欧的澳大利亚人则喜欢来自其祖国的礼物。

(四)服饰礼仪

澳大利亚人着装保守,冬天穿套装,夏天穿长裤、裙子或衬衫。职业女性多数穿套装。在非正式商务场合,男士可穿得体的短装、及膝长袜、衬衫以及戴领带。在澳大利亚的达尔文市,当地居民的穿着自成一体,他们在正式场合一定要穿衬衫、短裤和长袜。这种穿法,当地人称为“达尔文装”。

(五)餐饮礼仪

午餐时食物和饮料一般很清淡,不提倡喝酒。澳大利亚人对他们的酒引以为傲,澳大利亚出产的酒世界闻名。澳大利亚人的饮食习惯可谓多种多样。就主流社会而言,人们一般喜欢英式西餐。口味清淡,不喜油腻,忌食辣味。有不少的澳大利亚人还不吃味道酸的东西。

澳大利亚人大多爱吃牛肉、羊肉,对于鸡肉、鱼肉、禽蛋也比较爱吃。他们的主食是面包,爱喝的饮料则有牛奶、咖啡、啤酒与矿泉水等。澳大利亚人不吃狗肉、猫肉、蛇肉、动物的内脏与其头、爪。

(六)礼仪禁忌

避免批评任何与澳大利亚有关的事情,包括澳洲离欧洲相当遥远这个事实。不要随便对别人的观点表示同意,澳大利亚人尊重自己有见解的人。行为举止要随意,任何装腔作势只会产生笑料。他们认为,兔子是一种不吉利的动物,碰到了兔子,可能是厄运降临的预兆。在数目方面,受基督教的影响,澳大利亚人对“13”与“星期五”极为反感。议论种族、宗教、工会和私生活以及等级、地位问题,最令澳大利亚人不满。

第二节　欧美地区主要国家的商务礼仪

一、英国

(一)见面礼节

英国人在初次相识时,一般的礼节是:向老年人引见年轻人;向妇女引见男子;向有贵族头衔的人介绍没有头衔的人；向地位高的人引见地位低的人；在两个妇女之间，是向已婚的引见未婚的，如果未婚的妇女明显年长，则又是向年纪大的引见已婚的年轻妇女；如贵族是男性，另一方是妇女，则遵从“女士优先”的原则，把贵族介绍给妇女。

英国人一般不行拥抱礼，相互之间也很少拥抱，也较少跟别人握手，甚至跟常见面的朋友也不握手。只有在第一次介绍相识或朋友之间很久没有见面时才握手。介绍时一般是由妇女、地位高的、年纪大的一方先伸手，然后才是男子、地位低的、年纪轻的一方伸手。被介绍与一个男子相识时，应与他握手，但如果被介绍与一位女士相识时，就应等她先伸出手来，然后才可伸出自己的手。妇女被介绍时，不一定要伸出手来与人家握，但是她们常常伸出手来以示友好。男子在与女子握手前应该先脱下自己所戴的手套，而女子则不必如此做。到英国人家做客，一般要先和女主人寒暄、握手，然后才同男主人打招呼。

（二）称呼礼节

英国人，特别是那些上年纪的英国人，喜欢称呼别人世袭的爵位或荣誉的头衔，至少，也要郑重地称之为“阁下”或是“先生”“小姐”“夫人”。

由于种种原因，英国各个地区的人都十分重视自己的民族自尊。他们对于“英国人”这一笼统的称呼极为反感，认为它以偏概全，以“英格兰人”等同于其全国各民族的称呼，抹杀了其他民族的个性。因此，与他们进行交往时，一定要具体情况具体对待，将其分别称为“英格兰人”“苏格兰人”“威尔士人”或“北爱尔兰人”。不过，要是采用“不列颠人”这一统称，也能行得通。

（三）馈赠礼节

在人际交往中，英国人不欢迎贵重的礼物，尤其是涉及私生活的服饰、香水，对标有公司标记的礼品也普遍不欣赏。鲜花、名酒、高级巧克力、音乐会票、工艺品等是馈赠的适当之选。英国人常常当着送礼人的面打开礼品，无论礼品价值如何，或是否有用，都会给以热情的赞扬并表示谢意。给英国女士送鲜花时，切忌送被英国人认为象征死亡的菊花和百合花。

（四）服饰礼节

英国人在人际交往中十分注重衣着，经常是衣冠楚楚。而且他们还极爱以衣帽取人。在交往应酬之中的衣着，注意体现其“绅士”“淑女”之风。在正式场合的穿着，十分庄重而保守。一般是男士要穿三件套的深色西装，女士则要穿深色的套裙，或者素雅的连衣裙。庄重、肃穆的黑色服装往往是英国人优先的选择。英国人在正式场合的着装有“四忌”：一忌打条纹领带，二忌不系长袖衬衫袖口的扣子，三忌在正式场合穿凉鞋，四忌以浅色皮鞋配西装套装。在日常生活中英国人的衣着趋向多样化、舒适化，比较流行的有便装夹克和牛仔服。

（五）餐饮礼仪

90%的英国人家庭是一日三餐，由家中的女主人来烹饪，大多为早餐、正餐（午餐）、午茶和晚餐。英国人每餐吃水果，早餐喜欢吃麦片、三明治、奶油、橘酱点心、煮鸡蛋、果汁、牛奶、可可，午餐、晚餐喜欢喝咖啡和吃烤面包。午餐为一天中的正餐，英国人把午饭作为主餐，餐间往往要饮酒，爱吃牛（羊）肉、鸡、鸭、野味、油炸鱼等。晚餐较简单，通常以冷肉和凉菜为主，餐间喝茶，但不饮酒。英国人做菜时很少用酒作调料，调味品大多放在餐桌上，由进餐者自由挑选。他们一般口味偏重清淡、鲜嫩、焦香，喜爱酸甜、微辣味，不愿吃带粘汁或过辣的菜肴，不喜欢用味精调味，也不吃狗肉。

英国人爱喝茶，把喝茶当作每天必不可少的享受。英国人喝茶的习惯不同于中国，倒茶前要先往杯子里倒入冷牛奶或鲜柠檬，加点糖。茶壶除了女主人外，谁都不要动。如果先倒茶后倒牛奶,会被认为缺乏教养。

(六)礼仪禁忌

英国人偏爱蓝色、红色和白色,厌恶墨绿色;不喜欢孔雀、猫头鹰和大象,对它们的图案以及类似十字架的图案很反感;忌讳的数字主要是“13”与“星期五”。当二者恰巧碰在一起时,不少英国人都会产生大难临头之感,对“666”,他们也十分忌讳;忌讳以英国皇室的隐私作为谈资;动手拍打别人,翘起“二郎腿”,右手拇指与食指构成“V”形时都是失礼的动作。

英国人大多办事认真,实事求是,有点保守、冷漠,不轻易动感情和表态,谦虚但不过分。他们视夸夸其谈、自吹自擂为缺乏教养的表现。

与英国人打交道时,需要了解的主要民俗禁忌还有下列五条:一是忌讳当众打喷嚏,二是忌讳用同一根火柴连续点燃三根香烟,三是忌讳把鞋子放在桌上,四是忌讳在屋子里撑伞,五是忌讳从梯子下面走过。

微型案例

表　扬

一位英国老妇到中国旅游观光,对接待她的导游小姐评价颇好,认为她服务态度好,语言水平也很高,便夸奖该导游小姐说:“你的英语讲得好极了!”导游小姐按照中国人的习惯,于是谦虚地回应说:“我的英语说得不好。”英国老妇一听生气了,心想:“英语是我的母语,难道我都不知道英语该怎么讲?”她越想越气,第二天坚决要求旅行社给她换导游。这件事在旅游行业乃至所有的窗口行业引起极大反应。

问题:为什么会出现案例中的情况呢?

小资料

英国商务谈判礼仪

英国人由于过去曾有的辉煌而在谈判中显得傲慢、保守、机械和推崇绅士风度。他们不习惯于在公共场合表现自己且会与其他人保持一定的距离。他们从不把个人关系与生意上的关系相混淆,所以生意上的事情是第一位的。

在开始谈事情时,他们倾向于保守沉默,但随着谈判和彼此了解的深入,他们会逐渐地与对方接近。英国人很注重理解和仪式,其在谈判开始前的相互问候和客气谦让有时可能持续两个小时。英国人在谈判中的风格表现为平和、平衡、自信、谨慎,但缺乏灵活性。

二、美国

(一)见面礼节

一般而言,美国人以不拘礼节、自由自在著称。和陌生人打招呼,不见得便是想和你做朋友；一场愉快的交谈，不见得会变成知心莫逆，只有主动接触，以愉快的心情应对。只在正式场合行握手礼，一般场合见面时相视一笑，说声“Hey!”或“Hello!”即为见面礼节。

初次见面，相互介绍也很简单。一般原则为将卑介绍于尊，将客人介绍给主人，将年轻人介绍给年长者，将下级介绍给上级，将女士介绍给男士。介绍后握手须简短有力，美国人认为有力的握手代表诚恳坦率。在公务场合，美国女子会主动伸手(其他场合则不一定)，女性先伸手，男性才能握女性的手(女性之间一般不互相握手)。若女士无意握手，则男士点头或鞠躬致意。与女士握手不可太紧。握手前应脱手套，如来不及脱，应致歉。关系密切的亲朋之间，可行亲吻礼，女子之间互吻面颊，男女之间由男子吻女子面颊。对于别人的握手、拥抱、吻手、注目、点头等礼节，美国人也以同样方式回礼。告别时不必握手，挥挥手说声“再见”即可。美国人谈话时不喜欢双方离得太近，习惯于两人的身体保持一定的距离。一般应保持 120～150 厘米之间，最少也不得小于 50 厘米。

微型案例

失礼拥抱，招致祸害

有一个新到美国的中国留学生，属于比较新潮的那种。他一去就要住学校的宿舍，尽管学校宿舍的租金较外边租房更贵，但能更好地融入美国文化。这位可爱的同学来到学校报到，那时候刚来的留学生英语都不太好，他找不到自己的房间。刚好碰到一位热心肠的美国姑娘帮他把行李搬到他房间。这是很平常的事情，美国人常常会那么做，据说大家还聊了一会儿。在美国姑娘离去的时候，他拥抱和亲吻了那女孩一下，表示感谢。但 10 分钟以后，警察来了，把他铐上就走。原来那女孩报警，说他性骚扰，这下麻烦可就大了，直接就被关进了监狱。他在美国没有亲人，只好向领事馆求助。教育领事问他为什么要这样，他说：“在国内看美国电影，里面美国男女之间不都这样吗？拥抱和亲吻不是很平常的事吗？”他被关了很久，十分后悔，要求回国。律师说要等女方家长对案件没有兴趣以后才行。同时学校也做那女孩的工作，解释说那可能是对美国文化的误解和语言沟通问题，一个刚到美国第一天的中国新同学不太可能有其他的企图，最终才算无事。

资料来源：赵春珍编著：《中外礼仪故事与案例赏析》，首都经济贸易大学出版社 2011 年版。

问题：案例中留学生出了什么问题？在与美国姑娘交往时应注意些什么？

(二)称呼礼节

在日常生活中称呼别人时，多数美国人不太爱用先生、夫人、小姐、女士之类的称呼，认为那样做太郑重其事了。他们喜欢别人直接叫自己的名字，并视为亲切友好的表示。若非官方的正式交往，美国人一般不喜欢用行政职位称呼别人，乐于在人际交往中用作称呼的是能反映其成就与地位的学衔、职称，如“博士”“教授”“律师”“法官”“医生”等。

(三)馈赠礼节

一般来说，美国人不随便送礼。有的在接到礼物时常常显得有些难为情。如果他们凑巧没有东西回礼，就更是如此。但是逢到节日、生日、婚礼或探视病人时，送礼还是免不了的。

美国人最盛行在圣诞节互赠礼品。圣诞节时，天真烂漫的孩子们为收到各种新奇玩具而兴高采烈，以为这是圣诞老人送给他们的礼物。大人们之间常送些书籍、文具、巧克力糖或盆景等。礼物多用花纸包好，再系上丝带。探病时大多是赠鲜花，有时也赠盆景。芬芳的花朵给人带来春天的气息，使病人获得精神上的安慰。如果自己亲自去慰问，通常送插瓶的鲜花，不必附名片；如果请花店直接送去，就须附名片。送朋友远行时，也常赠礼品。礼物通常是鲜花、点心、水果或书籍杂志等。礼品上也附有名片，祝他一路平安。

此外，美国人认为单数是吉利的。有时只送三个梨也不感到菲薄，不同于中国人讲究成双成对。美国人收到礼物，一定要马上打开，当着送礼人的面欣赏或品尝礼物，并立即向送礼者道谢。礼物包装讲究，外表富丽堂皇，里面却不一定是太贵重的东西。有时打开里三层外三层的精美包装，露出来的只是几粒巧克力糖而已。

（四）服饰礼节

美国人穿着打扮的基本特征是平时穿着打扮不太讲究，崇尚自然，偏爱宽松，讲究着装体现个性，喜欢 T 恤装、运动装以及其他风格的休闲装，但美国人非常注重着装细节和服装的整洁。拜访美国人时，进门一定要脱帽子和外套，认为这是一种礼貌。穿睡衣、拖鞋会客，或是以这身打扮外出，都会被美国人视为失礼。在室内依旧戴着墨镜不摘的人，往往会被美国人视作“见不得阳光的人”。

在美国，女性的穿着打扮要注意三点：一是最好不要穿黑色皮裙，避免被人视为“非良家妇女”；二是不可以在男士面前脱下自己的鞋子，或者是撩动自己的裙子的下摆，否则往往会有故意引诱对方之嫌；三是不要在出入公共场合时化艳妆，或是在大庭广众化妆、补妆，因为这样不但会被人视为缺乏教养，而且还有可能令人感到“身份可疑”。

（五）餐饮礼仪

美国人的饮食习惯，一般可以说是因地区而异，因民族而异。总体上是一日三餐，讲究吃得是否科学、营养，讲求效率和方便，一般不在食物精美细致上下功夫。早餐较为简单，有烤面包、麦片及咖啡，有时还有牛奶、煎饼。午餐也比较简单。许多上班族和学生从家中带饭菜，或是到快餐店买快餐，常常是三明治、汉堡包，再加一杯饮料。晚餐是美国人较为注重的一餐，常吃的主菜有牛排、炸鸡、火腿，再加蔬菜，主食有米饭或面条等。

美国人喜欢吃生、冷食品，如凉拌菜、嫩肉排等，热汤也不烫，菜肴一般以煎、炸、炒、烤为主要烹调方式，不用红烧、蒸等方式。美国人以肉、鱼、蔬菜为主要食物，蔬菜中喜欢青豆、菜心、豆苗、刀豆、蘑菇等，不吃的食物主要有狗肉、猫肉、蛇肉、鸽肉，淡水鱼与无鳞无鳍的鱼，动物的头、爪及其内脏，生蒜、韭菜、皮蛋等。

受快节奏的社会生活影响，美国人的饮食日趋简便与快捷，因此，快餐在美国得以大行其道。热狗、炸鸡、土豆片、三明治、汉堡包、面包圈、比萨饼、冰淇淋等，在美国可谓老少皆宜，早已成为美国人平日餐桌上的主角。美国人爱喝的饮料有冰水、矿泉水、红茶、咖啡、可乐与葡萄酒。新鲜的牛奶、果汁，也是他们天天所必饮之物。

美国人用餐时有六件事不允许发生：(1)不允许进餐时发出声响；(2)不允许替他人取菜；(3)不允许吸烟；(4)不允许向别人劝酒；(5)不允许当众脱衣解带；(6)不允许议论令人作呕之事。

（六）礼仪禁忌

美国人忌讳“13”“星期五”“3”，认为这些数字和日期都是厄运和灾难的象征。他们还忌讳有人在自己面前挖耳朵、抠鼻孔、打喷嚏、伸懒腰、咳嗽等，认为这些都是不文明的、缺乏教养的行为。若喷嚏、咳嗽实在不能控制，则应避开客人，用手帕掩嘴，尽量少发出声响，并要及时向在场的人表示歉意。美国人忌讳有人冲他伸舌头，认为这种举止是污辱人的动作。他们讨厌蝙蝠，认为它是吸血鬼和凶神的象征。

美国人忌讳同性人结伴跳舞，因为在他们眼里，异性结伴跳舞是天经地义、不容违背的。同性结伴跳舞必有不轨之嫌，甚至可能会是“同性恋者”。他们忌讳黑色，认为黑色是肃穆的象征，是丧葬用的色彩。他们特别忌讳赠送带有公司标志的便宜礼物，因为这好像在为公司做广告。此外还忌讳向妇女赠送香水、衣物和化妆用品。

美国人还有三大忌：一是忌有人问他的年龄，二是忌问他买东西的价钱，三是忌在见面时说“你长胖了”。因为年龄和买东西的价钱都属于个人的私事，他们不喜欢别人过问和干涉。至于“你长胖了”这句中国人习惯的“赞赏话”，在美国人看来是贬义的。

微型案例

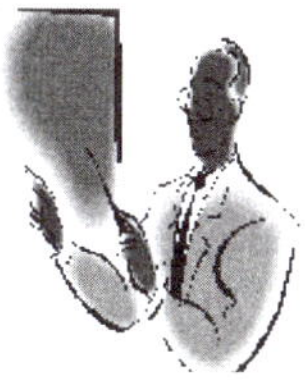

你这个岁数，一定结婚了吧？

一天，参加工作不久的李小姐被派到外地出差。在卧铺车厢里，碰到一位来华旅游的美国姑娘。美国姑娘热情地向李小姐打招呼，使她觉得不与人家寒暄几句实在显得不够友善，便操着一口流利的英语，大大方方地与对方聊了起来。交谈中，李小姐有点没话找话地询问对方：“你今年多大岁数呢？”美国姑娘答非所问地说：“你猜猜看。”李小姐自觉没趣，又问道：“你这个岁数，一定结婚了吧？”更令李小姐吃惊的是，对方居然转过头去，再也不理她了。一直到分手，两个人再也没说一句话。

问题：案例中李小姐的交谈中出了什么问题？在与美国姑娘交谈时应注意些什么？

小资料

美国商务谈判礼仪

美国人十分开朗、充满信心、幽默善谈、追求实效、喜欢冒险。在谈判中，美国人表现得外向，直截了当而且坚定自信。他们坚决实施自己的谈判目标，非常注重效率，并且愿意采用一揽子谈判方法并达成一揽子谈判交易。他们一般不太重视谈判前人际关系的建立，他们的想法是好的商业关系会带来好的人际关系，而不是先建立个人关系。美国人强烈的个性化特点通过他们的决策过程得到充分体现——个人有权做出决定，但同时他们也强调个人应负的责任。

三、法国

（一）见面礼节

法国人爱好社交，善于交际。对法国人来说社交是人生的重要内容，没有社交活动的生活是难以想象的。在商务交往中，常用的见面礼是握手。而在社交场合，亲吻礼和吻手礼则比较流行。法国人使用的亲吻礼，主要是相互之间亲面颊或贴面颊。至于吻手礼，主要限于男士在室内象征性地吻一下已婚妇女的手背，但少女的手不能吻。与法国人打交道，约会必须事先约定，并且准时赴约，但是也要对他们姗姗来迟事先有所准备。

(二)称呼礼节

正式称呼法国人的姓名时，宜只称其姓氏，或是姓与名兼称。家人、熟人、朋友、同事、同学之间，应直呼其名或爱称。商务或政务交往中多用谦称或敬称，法国人所用的谦称，多为第一人称，类似于“敝人”或“敝公司”；敬称为第二人称，类似于“您”，对官员、贵族和有身份者，多称“阁下”；对陌生人则称“先生”“夫人”“小姐”，但忌讳称“老先生”“老夫人”“老人家”等。

(三)馈赠礼节

在接受礼品时若不当着送礼者的面打开包装，是一种无礼的表现。法国人喜欢有文化和美学素养的礼品，如唱片、磁带、艺术画册等。他们非常喜欢名人传记、回忆录、历史书籍，讨厌那些带有公司标志的广告式礼品。

(四)服饰礼节

法国人讲究衣饰，在正式场合，法国人通常要穿西装、套裙或连衣裙，颜色多为蓝色、灰色或黑色，质地则多为纯毛。出席庆典仪式时，一般要穿礼服，男士所穿的多为配以蝴蝶结的燕尾服，或黑色西装套装；女士所穿的则多为连衣裙式的单色大礼服或小礼服。对于穿着打扮，法国人讲究搭配。在选择发型、手袋、帽子、鞋子、手表、眼镜时，都十分强调使之与自己着装相协调。

(五)餐饮礼仪

作为举世皆知的世界三大烹饪王国之一，法国人十分讲究饮食，并且人人喜欢以美食家自居。他们的看法是：“烹饪是文明的无名先锋”“一顿晚餐比一首诗价值更高”。在西餐之中，法国菜可以说是最讲究的。法国人爱吃面食。在法国，面包的种类之多，难以数计。在肉食方面，他们爱吃牛肉、猪肉、鸡肉、鱼子酱、蜗牛、鹅肝、蛙腿，不吃肥肉、宠物、肝脏之外的动物内脏、无鳞无鳍的鱼和带刺带骨的鱼。法国人特别善饮葡萄酒，他们几乎餐餐必喝，但不劝酒。另外讲究在餐桌上要以不同品种的酒水搭配不同的菜肴。

(六)礼仪禁忌

法国人忌讳黄色的花，认为是不忠诚的表现；忌黑桃图案，认为不吉祥；忌仙鹤图案，认为仙鹤是蠢汉和淫妇的象征；忌送香水等化妆品给法国女人，因为它有过分亲热或求爱之嫌。法国人对核桃十分厌恶，认定它代表着不吉利，以之招待法国人，将会令其极其不满。对黑桃图案，他们也深为厌恶。

小资料

法国商务谈判礼仪

法国人天性热情乐观，充满幽默和浪漫，同时还是爱国主义者。他们认为在生意场上友谊是重要的，因此，在没有建立起友谊和信任关系之前，他们不会签订重大合同。法国人有很强的民族文化意识，这一点从他们要求使用法语来进行国际谈判上可见一斑。

在谈判前，他们会认真地做好准备工作，但他们经常以较为轻松和随便但富有逻辑性的话题开始对话。法国人认为享受生活与他们的工作同等重要，所以应当注意避免在假期来临时要求与法国人进行谈判。

四、德国

微型案例

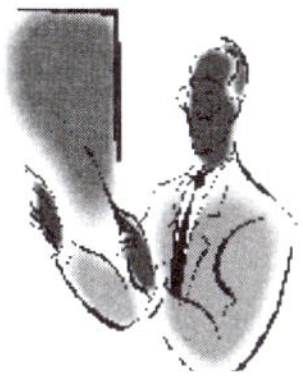

失败的交往

王先生是一家大型国有企业的总经理。有一次，他获悉有一家著名的德国企业的董事长正在本市进行访问，并有寻求合作伙伴的意向。于是他想尽办法，请有关部门为双方牵线搭桥。

让王先生欣喜若狂的是，对方也有兴趣同他的企业进行合作，而且希望尽快与他见面。到了双方会面的那天，王先生对自己的形象可是进行了一番修饰。他根据自己对时尚的理解，上身穿夹克衫，下身穿牛仔裤，头戴棒球帽，足蹬旅游鞋。无疑，他希望给对方留下自己精明强干、时尚新潮的形象。但不幸的是，在去约定地点的途中，王先生遇上了堵车，虽然万分着急，但也没有办法。最终，王先生在超过约定时间一个小时后才赶到约定地点。外方人士在听取了王先生的解释后，客气并且委婉地向王先生说明了自己的意思，那便是由此合作之事当再作他议。说完，一行人头也不回地离开了。

资料来源：罗宇编著：《商务礼仪实用手册》，人民邮电出版社2008年版。

问题：案例中的王先生在与德国客人交往时犯了什么禁忌？

（一）见面礼节

德国人通常都采用握手礼作为商务见面礼节。与德国人握手时，要特别注意握手时务必要坦然地注视对方；握手的时间宜稍长一些，晃动的次数宜稍多一些，握手时所用的力量宜稍大一些。与亲朋好友见面时，德国人往往会施拥抱礼。在德国，亲吻礼多用于夫妻、情侣之间，并未广泛使用。有些上了年纪的人，与人相逢时，还往往习惯于脱帽致意。

（二）称呼礼节

德国人在商务交往中的一个鲜明特点就是重视称呼。在一般情况下，切勿直呼德国人的名字。称其全称，或仅称其姓。

德国人对于有职衔、学衔、军衔者，在进行称呼时一定要不忘使用其头衔，这被视为向对方致敬的一种做法。“阁下”这一称呼，在德国是不通用的。

与德国人交谈时，切勿疏忽对“您”与“你”这两种人称代词的使用。对于初次见面的成年人以及老年人，务必要称之为“您”。对于熟人、朋友、同龄者，方可以“你”相称。在德国，称“您”表示尊重，称“你”则表示地位平等、关系密切。

（三）馈赠礼节

向德国人赠送礼品时，不宜选择刀、剑、剪、餐刀和餐叉。以褐色、白色、黑色的包装纸和彩带包装、捆扎礼品，也是不可行的。

（四）服饰礼节

德国商人讲究穿着打扮，一般男士穿深色的三件套西装，打领带，并穿深色的鞋袜；女士穿长过膝盖的套裙或连衣裙并配以长筒袜，化淡妆。不允许女士在商务场合穿低胸、紧身、透明的性感上装和超短裙，也不允许她们佩戴过多的首饰。德国人对发型也比较重视，男士不宜剃光头，免得被人当作“新纳粹”分子，德国少女的发式多为短发或披肩发，烫发的妇女大多是已婚者。

(五)餐饮礼仪

德国是一个具有悠久饮食文化的国家,对食品的制作及就餐程序十分讲究。德国人饮食口味较重,以面包、土豆为主食,偶尔用大米、面条作主食。在饮料方面,德国人最欣赏啤酒,啤酒杯一般很大,一般情况下不碰杯,一旦碰杯,则需一口气将杯中酒喝光。德国人在用餐时,若同时饮用啤酒与葡萄酒,习惯先饮啤酒后饮葡萄酒。餐具上规定吃鱼用的刀叉不得用来吃肉或奶酪,食盘中不宜堆积过多的食物,不得用餐巾扇风。自助餐发明于德国,全国各地的自助餐小店极多,在这种小店就餐,既方便又实惠,所以很受人们欢迎。

(六)礼仪禁忌

德国人比较忌讳红色、茶色或深蓝色;也忌讳送马蹄莲、百合花、石楠花,因为它们都属于葬礼和墓地所用之花;忌讳"13"和星期五;德国人对纳粹党党徽的图案十分忌讳;与德国人交谈时,不宜涉及纳粹、宗教与党派之争。在公共场合窃窃私语,德国人认为是十分无礼的。

小资料

德国商务谈判礼仪

德国人的谈判风格是冷静、勤奋、自信、傲慢、缺乏灵活性和追求完美。他们对事情一向认真、谨慎,这一点也可以从他们非常重视自己的衣着上反映出来。他们非常崇尚个性化,因此在谈判中,个人意见和能力被认为是十分重要的因素。

德国人常常把谈判前的准备工作做得很充分,研究和收集必要的背景资料,包括产品性能、质量、对方的业务经营情况。在进入会议室之前,他们要对谈判做出详细、认真的安排。所有这些努力使他们在谈判一开始便可以占据主动地位。德国人严格地遵守谈判的日程和时间安排,因此,他们不会信任那些不遵守时间的合作伙伴。此外,他们对自己的产品感到非常骄傲,因而很少在谈判中做出让步。

德国人有重合同、讲信用的传统,他们认真对待谈判中的每一个细节,并且总是试图把所有的问题解决后才签合同,正是由于这一原因,他们也非常严格地执行所签订的合同。

五、俄罗斯

(一)见面礼仪

俄罗斯人在商务活动中与客人见面时,一般惯施握手礼,拥抱礼也为他们常施的一种礼节。他们还有施吻礼的习惯,但对不同人员,在不同场合,所施的吻礼也有一定的区别:一般在朋友之间,或长辈对晚辈,以吻面颊者为多,不过长辈对晚辈以吻额为更亲切和慈爱;男子对特别尊敬的已婚女子,一般多施吻手礼,以示谦恭和崇敬之意。吻唇礼一般只是在夫妇或情侣间流行。

(二)称呼礼仪

在正式场合,目前他们已采用"先生""小姐""夫人"之类的称呼。在俄罗斯,人们非常看重人的社会地位,对有职务、学衔、军衔的人,最好以职务、学衔、职衔相称。俄罗斯人养成了注重礼貌的良好习惯。与客人相见，总要相互问好并道“早安”“日安”或“晚安”。言谈中“对不起”“请”“谢谢”时常挂在嘴边。他们在待客中，常以“您”字表示尊敬和客气；而对亲友往往则用“你”字相称，认为这样显得随便，同时还表示出对亲友的亲热和友好。

(三)馈赠礼仪

俄罗斯的女主人，对来访客人带给她的单数鲜花是很欢迎的；男主人则喜欢高茎、艳丽的大花。

(四)服饰礼仪

俄罗斯人外出，习惯衣冠整齐。衣扣要扣得完整，而不像有些国家的人那样，把外衣搭在肩上或系在身上。

(五)餐饮礼仪

在饮食习惯上，俄罗斯人讲究量大实惠，油大味浓。他们喜欢酸、辣、咸味，偏爱炸、炒、煎、烤的食物，爱吃冷菜。平时以面食为主，爱吃用黑麦烤制的黑面包。有名的特色食品还有鱼子酱、酸黄瓜、酸牛奶等。饮料方面，俄罗斯人能喝冷饮，爱吃冰淇淋，爱喝酒，酒量一般较大，特别喜欢该国有名的烈酒伏特加。参加俄罗斯人的宴请时，宜对其菜肴加以称赞，并且尽量多吃一些。俄罗斯人将手放在喉部，一般表示已经吃饱。

(六)礼仪禁忌

俄罗斯人忌讳“13”与“星期五”，偏爱“7”；讨厌黑色，喜爱红色；厌恶黑猫，不喜欢兔子。俄罗斯人忌谈的话题有：政治矛盾、经济难题、宗教矛盾、民族纠纷、苏联解体、阿富汗战争，以及大国地位问题。

小资料

俄罗斯商务谈判礼仪

俄罗斯人热情好客，坚强而且固执。与他们做生意最关键的一点是建立良好的人际关系。俄罗斯人办事严重依赖关系网络，因此在与他们做生意前非常有必要通过直接或间接的关系与对方建立联系。俄罗斯人非常善于使用谈判策略，善于与人讨价还价。他们从来不接受对方的第一次发盘，无论这个价格有多低。

第三节　非洲及中东地区主要国家的商务礼仪

一、埃及

(一)见面礼仪

埃及人与商务合作伙伴，一般都惯以握手为礼，或施拥抱礼。还时兴亲吻礼，并有多种亲吻礼节：“亲吻礼”有男女间亲昵性的亲吻、抚爱性亲吻、敬重性亲吻、崇敬性亲吻。“亲手礼”往往是对恩人的亲吻礼的另一种形式。“飞吻”是情人间的一种亲吻礼。“亲脸”多是妇女们相见时的一种礼节，即先亲一下右颊，后亲左颊；若是亲戚或关系密切者，再亲一下右颊；男人间也亲吻，不过他们是先亲左颊，再亲右颊，若是亲戚或关系密切者，再亲一下左颊。

(二)约会礼仪

埃及商人每周的工作日是从星期六到星期四。星期五是穆斯林的休息日。

(三)款待与馈赠

商务活动的时间通常比美国开始得晚些,晚餐可能要在22:30或更晚。应邀去吃饭时,习惯要带鲜花或巧克力做礼物。递送或接受礼物时要用双手或右手,切忌用左手。招待埃及客人时,一定要备有非酒类饮料,尽管酒类饮料的消费正日益广泛地被人接受。不要把你盘子里的食品吃光,这被认为是不礼貌的。

(四)交谈礼仪

必须回避中东的政治问题,恰当的话题是:埃及的进步与成就、埃及领导人的杰出声誉、埃及的优质棉花和古老的文明。

(五)礼仪禁忌

埃及人大多信奉伊斯兰教。他们绝对禁食自死物、血液和猪肉,以及非诵真主之名而宰的动物,也禁止使用猪制品。埃及还有少数信奉基督教和犹太教的教徒,他们有忌讳"13"的习俗,因其认为"13"是不吉祥的数字。埃及人忌讳黄色,不喜欢珍稀动物大熊猫,忌讳左手传递东西或食物,特别忌讳谈"针"这个字和借针使用,忌讳称赞女人窈窕,忌讳当众吐唾沫。

二、南非

南非商务礼仪的特点可概括为"黑白分明""英式为主"。"黑白分明"是指由于受各自种族、宗教和习俗的制约,南非黑人与白人的社交礼仪有明显的差别。

(一)见面礼仪

在官方活动和商务交往中,南非黑人往往感情外露,形体语言十分丰富,而南非白人则大多较为矜持,喜怒不形于色。见面礼节主要是握手礼。但他们的握手礼有两点很特别:一种是先用左手握住自己右手手腕,然后再用右手去与人握手。另一种是双方手掌的虎口先相接,握对方的手掌,再由握掌变为拉掌,双手指掌部位相扣,最后又再两手相握。

(二)称呼礼仪

对交往对象的称呼主要是"先生""小姐"或"夫人"。

(三)服饰礼仪

在正式一些的场合,南非人讲究着装端庄、严谨。因此在同他们进行商务交往时,最好穿样式保守、色彩偏深的套装或裙装,不然的话会被对方视作失礼。在日常生活中,南非人大多爱穿休闲装,南非黑人爱穿色彩鲜艳的衬衣。

(四)餐饮礼仪

在饮食方面,南非人同样"黑白分明"。白人平日以吃西餐为主,常吃牛肉、鸡肉、鸡蛋和面包,爱喝咖啡和红茶。黑人的主食是玉米、薯类和豆类,喜欢吃牛、羊肉,一般不吃猪肉,也不大吃鱼。南非最著名的饮料,是被称为"南非国饮"的如宝茶,与钻石、黄金一道,被称为"南非三宝"。

(五)礼仪禁忌

信仰基督教的南非人,忌讳"13"与"星期五",特别是与"13日"同为一天的"星期五",更讳言忌提,并尽量避免外出。在许多黑人部族,妇女地位低下,被视为神圣宝地的一些地方,诸如火堆、牲口棚等处,绝对是禁止妇女接近的。南非人为人处世大胆而直爽。与对方交谈时,过分委婉是不受欢迎的。

三、沙特阿拉伯

(一)见面礼节

沙特阿拉伯人同别人商务见面时，一般首先会互问对方："您好！"随后，他们还会同对方握手，并且接着问候对方："身体好！"有些时候，沙特阿拉伯人还会以阿拉伯世界流行的问候语，即"在你面前的，是你的亲人"，或者"在你面前摆着的，是平坦的大道"，诚恳地去问候他人。

外国人在沙特阿拉伯时，异性之间，最好不要当众拥抱亲吻，在公共场合不要表现得过分亲昵。拜访沙特阿拉伯人之前，需要预约。沙特阿拉伯人赴约之时，通常还喜欢带上几个未被邀请的人一同前去。

(二)称呼礼节

称呼沙特阿拉伯人时，在正式场合应称其全名。若对方有一定的社会地位，则最好以其姓氏作为简称。

(三)馈赠礼节

与沙特阿拉伯男子打交道时，不要问候其夫人或恋人，并且注意不要向她们赠送礼品。

向沙特阿拉伯人赠送礼品时，忌送酒类、雕塑、公仔、猪皮与猪毛制品、美女照、带有熊猫图案的东西，不要将与以色列有关的十字形、六角星图案送给沙特阿拉伯人。

(四)服饰礼节

沙特阿拉伯男子的传统服装，是一种长垂及地的大袍。在穿长袍的时候，还要在头上自右而左缠上一条长约1米的白色的薄纱头巾。妇女通常会身穿一件黑色长袍，将自己的周身包裹得严严密密。她们头上所戴的黑色面纱有三角形、正方形、五角形等多种形状，但是必须严密地遮盖住面容，仅仅允许双眼露在外面。

在沙特阿拉伯，拖鞋也被分为三六九等，不同身份的人会穿不同档次的拖鞋。只有在极为隆重的活动里，人们才会穿皮鞋。前往沙特阿拉伯之时，女性尽量不要穿过分随便、过分暴露身体的服装。

(五)餐饮礼仪

沙特阿拉伯人的主食有面饼、面包、面条等。在肉类方面，他们则大多以牛肉、羊肉、鸡肉为主。喜欢甜、辣的东西。羊眼是最美味的。按照伊斯兰教教规，沙特阿拉伯人忌食猪肉，忌食自死之物、未诵安拉之名宰杀之物和动物的血液。禁食狗、马、驴、骡、蛇、虾、蟹、鳖、龟、无鳞鱼、贝壳类海鲜以及其他一切食肉的禽兽。沙特阿拉伯人还不准饮酒和其他一切含有酒精的饮料，并且不得吸烟。在饮料方面，沙特阿拉伯人爱喝驼奶、红茶、咖啡。在拜访沙特阿拉伯人时，主人劝饮的咖啡是不可不喝的。

(六)礼仪禁忌

沙特阿拉伯人不下国际象棋，不看电影，不喜欢拍照、录像，十分忌讳雕塑、洋娃娃等礼品。

与沙特阿拉伯人进行商务交往时，不要谈论休闲、娱乐，或是邀其参加舞会、去夜总会玩乐，不要对以色列加以评论。

小资料

阿拉伯国家商务谈判礼仪

阿拉伯国家的人通常比较保守、倔强、固执，但是十分好客。他们绝不轻易信任对方，十分珍视名声和关系。在谈判中，讨价还价是重要的部分。如果谈判中没有激烈的讨价还价，就不是认真严肃的谈判。他们常常用“安拉的意志”来为自己辩解。

四、伊朗

（一）见面礼仪

伊朗人在商务活动中喜欢别人在打招呼时称他们的姓并加上学术或职务的头衔。他们对打招呼的礼貌语言很注重，一般人们相见时都要说：“萨拉姆！”（你好）。

（二）称谓与问候礼仪

握手加上欠身弯腰是习惯的见面方式。来访者对伊朗主人应以姓氏称呼，或用他们的学衔或职衔称呼。

（三）约会与准时礼仪

商务上的会面多半是预先约定的。商务会议要求准时到达，而在一般社交活动中准时就不那么重要了。

（四）款待与馈赠礼仪

伊朗游牧地区的人们以牛奶、黄油和奶酪为主；在农业地区，主食是面饼、馕和米饭。他们普遍喜食被称作“毛斯特”的酸奶，常把米饭、肉、蔬菜和调料调在一起做成抓饭。伊朗的土库人对羊头肉、羊脑和羊脚最感兴趣，认为其营养价值最高，所以总习惯留给小孩吃。他们也喜食羊排，吃时常敲开骨头吮吸骨髓。饮茶是伊朗人日常生活中必不可少的一部分，大多爱喝红茶，并喜欢在茶中加些糖，或把块糖放在嘴里再饮茶。应邀赴宴时，带一份盆景或鲜花或糖果是合乎习惯的。礼貌的做法是经过再三推辞而后接受邀请。

（五）礼仪禁忌

伊朗人大多信奉伊斯兰教。他们除禁食猪肉和使用猪制品外，还规定不食自死、病死或未经阿訇、毛拉念经宰杀的牲口，也不吃外形可憎或不端正的动物之肉。他们忌讳“13”这个数字，认为“13”数会给人们带来不幸或灾难。他们忌讳左手递送物品，把左手称为肮脏之手、下贱之手。他们对婴儿的眼睛特别敏感，最忌讳别人议论婴儿的眼睛，若有人这样，他们可能会出钱让人挖掉婴儿的“邪眼”。

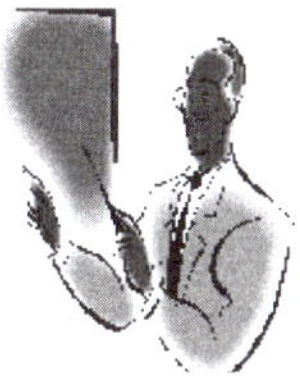

微型案例

王先生一行人做错了吗

王先生是国内一家大型工程公司的总经理，为合作修建铁路事宜，携秘书韩小姐一行赴伊朗参加最后的商务洽谈。

王先生一行在抵达伊朗的当天下午就到合作方的公司进行拜访，然而正巧遇上他们的祷告时间。主人示意他们稍做等候再进行会谈，以办事效率高而闻名的王先生对这样的安排表示出不满。东道主为表示对王先生一行的欢迎，特意举行了欢迎晚会。秘书韩小姐希望以自己简洁、脱俗的服饰向众人展示中国妇女的精明、能干、美丽、大方。她上穿白色无袖紧身上衣，下穿蓝色短裙，在众人略显异样的眼光中步入会场。为表示敬意，主人向每一位中国来宾递上饮料，当习惯使用左手的韩小姐很自然地伸出左手接饮料时，主人立即改变了神色，并很不礼貌地将饮料放在了餐桌上。

令王先生一行不解的是，在接下来的会谈中，一向很有合作诚意的东道主没有再和他们进行任何实质性的会谈。

资料来源：胡晓涓主编：《商务礼仪》，中国人民大学出版社2005年版。

问题：为何王先生的会谈没有取得预期的成功？在与伊朗的客人相处时，我们应该注意些什么礼仪？

五、伊拉克

（一）见面礼仪

伊拉克人在与商务合作伙伴见面时，男子习惯相互拥抱，把脸贴一贴，然后各自扪胸俯首，嘴里说着祝愿的话。他们在与客人告别时，一般要施贴脸吻别礼。妇女之间施贴脸吻别礼时，其感情表现得极为丰富，她们“吻”得真挚、热烈，并要发出“吧吧”的吻声。她们认为这样的“吻”才显出互相间的尊重和爱戴。

（二）约会礼仪

提前赴约是必要的。然而，如果你的东道主未能准时出席，也不必烦恼不安。

（三）款待与馈赠礼仪

伊拉克不像其他阿拉伯国家那样，在那里可以买到酒类饮料。交谈中不谈论宗教或中东的政治问题是明智的。

（四）信仰忌讳

伊拉克人大多信奉伊斯兰教，少数人信奉基督教。伊拉克人忌讳左手传递东西或食物。他们视左手为肮脏之手，认为用肮脏之手来传递东西或食物，实际上是对人的一种污辱。他们讨厌蓝色，视蓝色为魔鬼的色彩。他们忌讳黑色，认为黑色是丧葬的色彩，并给人以不幸的印象。他们忌讳别人送给他们的礼物中带有星星的图案。他们忌讳客人赴宴餐毕不及时洗手就告辞，认为在饭店拖延或迟迟不走为贪吃和不礼貌的表现。伊拉克信奉伊斯兰教的人占绝大多数，其教规禁止教徒饮酒，禁食猪肉，忌讳使用猪制品。伊拉克南部的什叶派穆斯林不吃兔肉。

(五)饮食习惯

伊拉克人的餐桌上一般是看不见刀、叉、勺等餐具的，只有水杯、盘子等食具，他们惯以右手抓饭入口。他们喜欢吃类似中国的牛舌饼大小的酵面烤饼。吃时用手扯成小块，夹以牛肉、羊肉或番茄、生黄瓜等一起吃。当地产的椰枣是他们饭桌上的一种主要食品。还习惯把枣汁和牛奶、羊奶混在一起食用，并视之为“美味佳肴”。他们习惯食用熟透的菜肴。

小结

关键术语

涉外商务礼仪

本章小结

1. 亚太地区主要国家的商务礼仪包括日本、韩国、新加坡、印度、澳大利亚等国的见面礼仪、称呼礼仪、馈赠礼仪、服饰礼仪、餐饮礼仪和礼仪禁忌。

2. 欧美地区主要国家的商务礼仪包括英国、美国、法国、德国、俄罗斯等国的见面礼仪、称呼礼仪、馈赠礼仪、服饰礼仪、餐饮礼仪及礼仪禁忌。

3. 非洲及中东地区主要国家的商务礼仪包括埃及、南非、沙特阿拉伯、伊朗、伊拉克等国家的见面礼仪、称呼礼仪、馈赠礼仪、服饰礼仪、餐饮礼仪及礼仪禁忌。

知识结构图

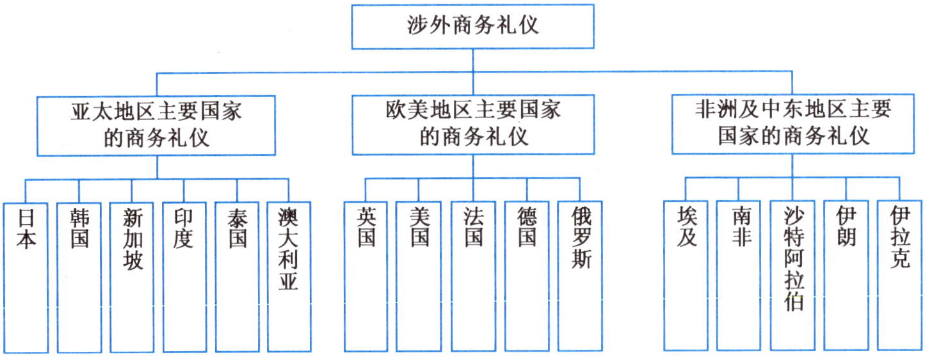

应用

案例研究

案例一

涉外谈判中的餐桌礼仪

东北某集团与某跨国公司正在谈一项重要的合作项目，对方派来了四位谈判代表，其中一位全权代表是埃及人，另外有两个巴西人和一位意大利人。客人到达的当晚，该集团主要领导在某大饭店宴请来宾。他们得知全权代表是穆斯林，本来准备好的菜单里安排的东北名菜“猪肉炖粉条”取消了，换上了朝鲜名菜“红焖狗肉”。席间，大家谈得很投机。当红焖狗肉上来时，翻译告诉主人，他们的代表也不吃狗肉。这时该集团领导灵机一动，对翻译说：“你就告诉他这是东北原始森林里的一种野味。”翻译立刻生气了，并对其全权代表说了实话。这时，这位全权代表立刻起身拂袖而去。当然这项合作也就泡汤了。

资料来源：王家贵编著：《现代商务礼仪简明教程》，暨南大学出版社 2009 年版。

问题：

1. 案例中的客人为何拂袖而去？
2. 如果你碰到这类问题，你会怎么做？

案例二

周恩来的烤鸭外交

1971 年 7 月，美国总统尼克松的特使基辛格来到北京，与周恩来总理举行秘密会谈。7 月 10 日上午参观完故宫后，基辛格来到人民大会堂福建厅，出席在这里举行的会谈。会谈之初，由于双方互不摸底，谈话都非常谨慎，神经高度紧张。到了中午，会谈仍没有取得一致意见。这时，周恩来话锋一转：“我们不如先吃饭，烤鸭要凉了。”

午饭共有 12 道菜，“唱主角”的是北京烤鸭。周恩来向基辛格介绍烤鸭的吃法，并亲自为他夹上切好的鸭肉，放在荷叶饼上。临近午饭结束时，周恩来提议大家举杯，喝中国的“国酒”——茅台酒，预祝双方下午的会谈取得成功。这次举杯喝酒，后来被国际舆论称为周恩来的“茅台外交”。

这天下午和第二天的会谈，取得了积极的进展：起草基辛格这次访问的联合公报、我国政府决定发表邀请美国总统尼克松访华的公告。尼克松愉快地接受这一邀请，并于 1972 年 2 月按计划如期访华。从此，中美关系揭开了新的一页。

在此之前——1971 年 4 月，美国乒乓球队来华访问和进行友谊比赛，也在世界上引起很大反响，被国际舆论称为周恩来的“乒乓外交”。后来，人们把“乒乓外交”“烤鸭外交”“茅台外交”统称为周恩来的“三大外交策略”。

资料来源：出国留学网，http://www.liuxue86.com/a/2337800.html。

问题：

1. 周恩来的外交策略在中美交往中起到了什么作用？
2. 请谈一下在与美国人交往中我们要注意哪些礼节。

实验实训

1. 与学校所在地外办联系，组织学生参与企业的涉外商务活动。
2. 组织学生自己收集资料，对本章所涉及的某一国家的商务礼仪进行调研，并形成一篇调研报告。

复习思考题

1. 涉外商务谈判需要注意哪些礼仪？
2. 与美国人交往时，涉外商务馈赠要注意些什么？
3. 与中东地区人员交往时，涉外宴请需要注意哪些问题？

参考文献

[1]金正昆编著:《涉外礼仪教程》,中国人民大学出版社 1999 年版。
[2]黄士平主编:《现代礼仪学》,武汉大学出版社 2003 年版。
[3]赵宏中主编:《公共关系学》,武汉理工大学出版社 2003 年版。
[4]金正昆主编:《商务礼仪》,北京大学出版社 2005 年版。
[5]金正昆主编:《商务礼仪教程》,中国人民大学出版社 2005 年版。
[6]何伶俐编著:《高级商务礼仪指南》,企业管理出版社 2003 年版。
[7]傅琼、杨秀英、章克昌主编:《实用公关与礼仪》,中国人民大学出版社 2004 年版。
[8]宋常桐主编:《公共关系与现代礼仪》,清华大学出版社 2004 年版。
[9]董桂英主编:《公关礼仪教程》,东南大学出版社 2004 年版。
[10]李玮编著:《优秀文秘的 100 个细节》,海天出版社 2005 年版。
[11]顾诚编著:《商务礼仪大全》,哈尔滨出版社 2005 年版。
[12]胡晓涓主编:《商务礼仪》,中国人民大学出版社 2005 年版。
[13]周朝霞主编:《人际关系与公共礼仪》,浙江大学出版社 2005 年版。
[14]杨眉主编:《现代商务礼仪》,东北财经大学出版社 2005 年版。
[15]张百章、何伟祥编著:《公关礼仪》,东北财经大学出版社 2005 年版。
[16]吕维霞主编:《现代商务礼仪》,对外经济贸易大学出版社 2005 年版。
[17]陈福明、王红蕾主编:《商务谈判》,北京大学出版社 2006 年版。
[18]徐俊主编:《现代文明礼仪》,上海中医药大学出版社 2006 年版。
[19]张耀辉主编:《应用文写作简明教程》,高等教育出版社 2006 年版。
[20]未来之舟编著:《求职礼仪手册》,海洋出版社 2006 年版。
[21]方尤瑜、任曼主编:《现代秘书交际礼仪》,暨南大学出版社 2007 年版。
[22]林友华主编:《社交礼仪》,高等教育出版社 2007 年版。
[23]吕维霞、刘彦波编著:《商务礼仪》,清华大学出版社 2007 年版。
[24]姜红、候新冬主编:《商务礼仪》,复旦大学出版社 2009 年版。
[25]王家贵主编:《现代商务礼仪简明教程》,暨南大学出版社 2010 年版。
[26]周朝霞主编:《商务礼仪》,中国人民大学出版社 2010 年版。
[27]杜汉明主编:《商务礼仪》,高等教育出版社 2010 年版。
[28]杨丽主编:《商务礼仪与职业形象》,大连理工大学出版社 2011 年版。
[29]赵春珍编著:《中外礼仪故事与案例赏析》,首都经济贸易大学出版社 2011 年版。
[30]秦丹、胡东莉主编:《商务礼仪》,经济科学出版社 2012 年版。
[31]史锋主编:《商务礼仪》,高等教育出版社 2012 年版。
[32]黎明主编:《商务礼仪与职业形象》,中国铁道出版社 2013 年版。

[33]胡爱娟、陆青霜编著:《商务礼仪实训》,首都经济贸易大学出版社 2014 年版。
[34]徐汉文、张云河主编:《商务礼仪》,东北财经大学出版社 2014 年版。
[35]王炎、杨晶主编:《商务礼仪》,电子工业出版社 2014 年版。
[36]刘睿伣、苏中义主编:《国际商务谈判》,西安电子科技大学出版社 2014 年版。
[37]韦克俭主编:《公关礼仪与交流沟通技巧》,清华大学出版社 2014 年版。
[38]赵敏主编:《商务礼仪》,人民邮电出版社 2014 年版。
[39]左显兰主编:《商务谈判与礼仪》,机械工业出版社 2014 年版。
[40]黄琳主编:《商务礼仪》,机械工业出版社 2015 年版。
[41]王玉苓编著:《商务礼仪案例与实践》,人民邮电出版社 2018 年版。